친절한
유튜브 무료
영상 편집 DIY

Presented to
Your Channel
For passing 1,000,000 subscribers

▶ YouTube

홍은정, 문택주 지음

터닝
포인트

친절한
유튜브 무료
영상 편집 DIY

Copyright ⓒ 2021 by Hong Eunjung, Moon Takju
All rights reserved. First edition Printed 2021, Printed in Korea.

2021년 8월 10일 초판 1쇄 인쇄
2021년 8월 20일 초판 1쇄 발행

지은이	홍은정, 문택주
펴낸이	정상석
펴낸 곳	터닝포인트
등록번호	2005. 2. 17 제6-738호
주소	(03993) 서울시 마포구 동교로 27길 53 지남빌딩 308호
대표전화	(02)332-7646
팩스	(02)3142-7646
홈페이지	www.diytp.com
ISBN	979-11-6134-102-6 13000
정가	25,000원

편집 진행	앤미디어
내용 문의	www.diytp.com

원고 집필 문의   diamat@naver.com
터닝포인트는 삶에 긍정적 변화를 가져 오는 좋은 원고를 환영합니다

아직도 영상 편집을 돈 내고
어렵게 만드나요?

한창 블로그가 유행할 때는 사진에 대한 관심으로 이미지 편집 프로그램인 포토샵을 많이 사용하였습니다. 원래 포토샵은 그래픽 디자인을 위한 전문 그래픽 프로그램이었지만, 포토샵을 대체할만한 프로그램은 없었습니다. 이제 유튜브의 시대를 맞아 영상 편집을 위한 프로그램이 필요하게 되었습니다. 물론 영상 편집하면 대표적인 프로그램은 바로 프리미어 프로이지만, 프리미어 프로는 방송 영상 편집에 최적화되어 있을 뿐만 아니라 비교적 높은 시스템 사양을 요구하고 있습니다. 유튜브 영상은 방송 영상에서 요구하는 고급 영상 품질은 필요하지 않음에도 프리미어 프로를 사용하여 편집하는 경우가 많습니다. 이러한 단점을 보완한 프로그램이 바로 유튜브 영상 제작에 필요한 기능은 제공하면서도 가볍고 무료인 프로그램인 히트필름입니다.

히트필름을 이용하면 프리미어 프로에서 구현하는 영상물의 컷 편집이 가능하며, 손쉽게 작업이 가능하도록 프리미어 프로와 유사한 인터페이스를 제공합니다. 이제 일상의 영상 편집을 원한다면 무료 영상 편집 프로그램인 히트필름을 이용하여 편집해 보세요. 바쁜 영상 작업자의 빠른 영상 편집 해결 방법을 체감하게 될 것입니다. 이 책에서는 비용적인 측면뿐만 아니라 장소에 상관없이 스마트폰에서 영상을 편집하는 방법도 소개하고 있으며, 영상 작업에 필요한 이미지 작업과 사운드 제어 방법 등 놓치기 쉬운 부분들을 쉽게 이해할 수 있도록 따라하기로 구성되었습니다.

이미지 작업보다 영상 작업이 어렵다고 생각하는 사용자들을 위해 최선의 학습 방식과 꼭 알아두어야 할 프로그램 등 실무에서 유용하게 사용할 수 있도록 다양한 콘텐츠를 담았습니다. 이 책에서 소개되는 히트필름부터 스마트폰 영상 편집 툴인 VLLO, 간편한 사운드 편집을 위한 오다시티 프로그램 등은 실무에서도 유용하게 사용되는 도구들이며, 전부 무료로 제공하고 있습니다. 물론 특별한 기능을 사용하기 위해서는 부분적으로 유료 기능들도 있지만, 무료 기능만으로도 충분히 멋진 영상을 제작할 수 있습니다. 특히 목적에 맞게 특화된 프로그램을 자신이 골라 사용하는 재미도 있습니다.

영상 편집이 어렵지 않다는 것을 느낄 수 있도록 실무 영상 편집자가 직접 집필하여 필요한 요소들을 빠짐없이 수록하였으므로, 따라만 하면 영상 편집의 기본과 활용 노하우를 학습할 수 있을 것입니다. 유튜브 영상뿐만 아니라 다양한 영상을 자유자재로 만들 수 있는 스킬을 얻으시길 바랍니다.

홍은정, 문택주

PREVIEW

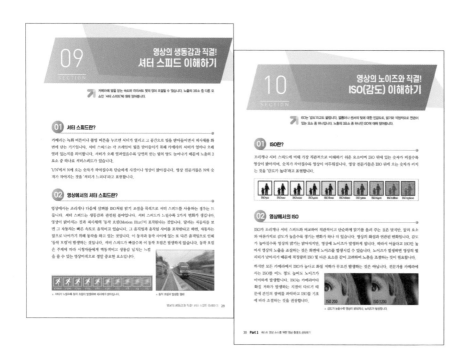

이론 구성

영상을 편집하기 전에 꼭
알아두어야 할 준비 사항
부터 촬영까지의 내용들
을 정리하였습니다.

스마트폰 영상 편집

장소에 상관없이 스마트
폰에서 영상 편집하는 노
하우를 쉽게 따라할 수
있도록 구성하였습니다.

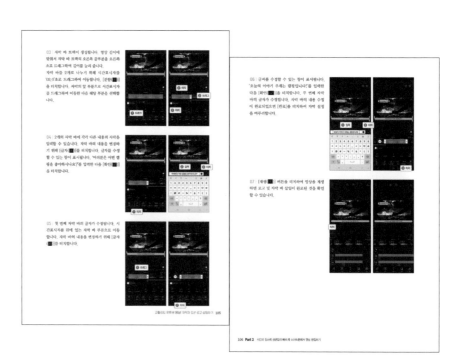

예제 따라하기

자주 사용되는 유용한 예제들을 누구나 쉽게 따라할 수 있도록 따라하기 형태로 구성하고, 소스 파일과 완성 파일을 제공합니다.

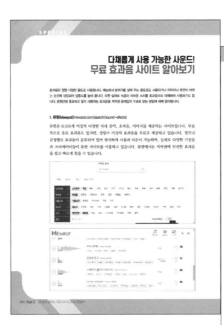

스페셜 페이지

영상 편집 작업 시 알아두면 좋은 콘텐츠를 모아 별도의 스페셜 페이지로 구성하였습니다.

CONTENTS

CONTENTS

CONTENTS

PART 4

내게 필요한
영상 효과!
실전 영상
편집하기

CONTENTS

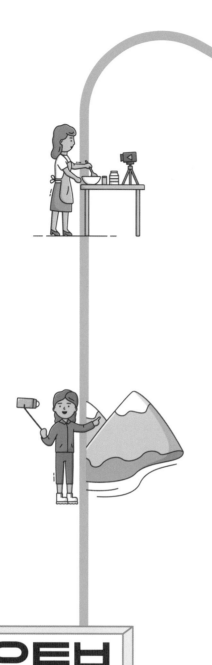

유튜브
무료
영상 편집

베스트 영상 소스를 위한

영상 촬영 & 공유하기

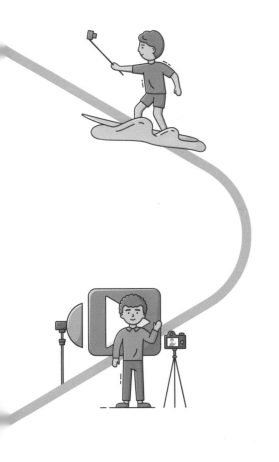

영상을 편집하는 과정을 요리에 빗대어 표현하면, 촬영 단계는 재료 준비라고 할 수 있습니다. 재료가 신선해야 맛있는 요리가 나올 수 있듯이, 촬영에 대한 이해가 완벽해야 편집 과정에서 좋은 영상을 출력할 수 있습니다. 촬영에 대해 알아 두어야 할 사항들에 대해 살펴봅니다.

PART 1

01
SECTION

알아 두면 도움이 되는
촬영 도구

스마트폰의 보급화로 누구나 카메라로 사진이나 영상을 찍을 수 있는 시대가 왔습니다. 스마트폰부터 미러리스 카메라, DSLR 카메라, 캠코더 등 다양한 종류의 카메라가 존재합니다. 카메라별로 특징과 대표 브랜드, 용도에 맞게 사용하는 방법 등을 알아봅니다.

01 스마트폰

스마트폰은 휴대가 간편하며, 언제 어디서든 주머니에서 꺼내서 촬영을 할 수 있습니다. 기술의 발달로 최근 핸드폰은 4K나 8K와 같은 고화질 촬영도 지원하고 있습니다. 개인 카메라가 없다면 추가로 돈을 들여서 카메라를 구입하기 전에 스마트폰으로 영상을 촬영하는 것을 권장합니다.

▲ 삼성 갤럭시 스마트폰   ▲ 애플 아이폰

02 DSLR 카메라

DSLR 카메라의 기본적인 구조는 일반 필름 SLR 카메라와 같으나, 필름이 디지털 센서로 바뀌었고 그 디지털 센서를 조정하기 위한 마이크로 컴퓨터와 전원 장치, 필름 대신 사진을 저장하기 위한 저장 장치 등이 들어가 있는 디지털 카메라입니다. 전문적인 영상이나 사진을 위한 카메라이기 때문에 고품질의 고화소 카메라이며, 렌즈를 교환하면서 사용할 수 있습니다. 부피가 크기 때문에 주로 실내에 삼각대를 활용하여 고정해서 사용합니다.

▲ 니콘 DSLR 카메라   ▲ 캐논 DSLR 카메라

03 미러리스 카메라

미러리스 카메라는 카메라 구조에서 '반사경'을 제거한 카메라로 DSLR에 비해 상대적으로 가볍고 저렴한 카메라입니다. 반사경을 제거하였기 때문에 DSLR 카메라에서 소형화 및 경량화가 가능해졌으며, 초점 기술도 센서로 대체해 기술의 발달과 함께 주목받기 시작한 카메라입니다. 예전에는 상대적으로 화질이 안 좋다는 이야기가 많았지만, 기술의 발달로 DSLR보다 높은 점유율을 보이고 있는 고품질, 고화소의 카메라이며, 렌즈를 교환하면서 사용할 수 있습니다. 부피가 작기 때문에 가볍게 들고 나가서 브이로그나 야외 촬영을 하는 상황에서 주로 활용됩니다.

▲ 소니 미러리스 카메라　　　▲ 파나소닉 미러리스 카메라

04 캠코더

동영상 촬영을 목적으로 사용하는 휴대용 가전제품으로, 일반적으로 비디오 카메라에 녹화기능을 추가한 기기를 말합니다. 전문가용 이동형 캠코더나 스튜디오용 대형 캠코더 및 시네마 카메라, 영화 촬영용 특수 캠코더, 홈비디오 수준의 소형 캠코더, 고프로 같은 스포츠용 캠코더 등 영상과 음성을 기록할 수 있다면 기본적으로 캠코더라고 지칭할 수 있습니다.

▲ 소니 캠코더　　　　　　▲ 고프로

05 웹캠

Web과 Camera의 합성어로, 주로 PC와 연결하여 화상 데이터를 네트워크상에 스트리밍 목적으로 개발된 카메라입니다. 과거에는 별도의 캡처 보드를 장착하고 단자로 연결하는 경우가 많았으나, USB의 보급 이후로 대부분 USB를 통해 자동으로 연결이 됩니다. 스트리밍이 주 용도이지만 요새는 화질이 좋고 마이크도 달려 있어서 웹캠으로 리뷰 콘텐츠나 ASMR, 먹방 등 다양한 용도로 사용되고 있습니다. 대표적인 웹캠 브랜드로는 로지텍이 있습니다.

▲ 조이트론 HD20(FHD)　　　▲ 로지텍 C920(FHD)

어떤 것으로 촬영할까?
목적에 맞는 캠 & 카메라

카메라를 장만하는 과정에서 구매자들이 가장 고려를 많이 하는 것은 대부분 용도에 맞는 가성비 좋은 카메라일 것입니다. 일반적으로 널리 사용되는 추천 카메라를 용도, 장점 및 단점, 가격대와 함께 살펴봅니다.

모델명	용도	장점 및 단점	가격대
▲ 조이트론 QHD40(QHD)	웹캠	• 컴퓨터에 유선 연결하여 강의 및 리뷰, 먹방 영상을 촬영할 수 있습니다. • 다른 종류의 카메라 대비 가격이 저렴합니다. • 컴퓨터에 연결하기 때문에 촬영 구도가 단조롭습니다.	5만 원대
▲ 소니 A6000	다용도	• 렌즈를 교환하며 다양한 장르의 영상을 촬영할 수 있습니다. • FHD 화질까지만 지원합니다. 4K 영상 촬영이 불가능합니다. • 화면을 혼자서 확인하는 셀프 카메라 모드를 사용할 수 없습니다.	30~40만 원대
▲ DJI OSMO POCKET 2	브이로그	• 크기가 작아 주머니에서 꺼내 일상을 영상으로 담을 수 있습니다. • 짐벌 기능이 내장되어 있어서 흔들림 없는 영상을 찍을 수 있습니다. • 4K 영상 촬영이 가능합니다. • 외장 마이크가 없으면 녹음 품질이 떨어집니다.	40만 원대
▲ 캐논 M50	다용도	• 렌즈를 교환하며 다양한 장르의 영상을 촬영할 수 있습니다. • 4K 영상 촬영이 가능합니다. • 셀프 카메라 모드가 가능합니다. • 카메라 자체 색감이 따뜻하게 촬영됩니다.	70만 원대
▲ 고프로 히어로9	레저 및 스포츠	• 작고 가벼워서 어디서든 촬영할 수 있습니다. • 넓은 화각으로 창의적인 영상을 만들 수 있습니다. • 다른 미러리스 카메라나 DSLR 카메라에 비해 화질이 떨어집니다.	50~60만 원대

▲ 소니 ZV-1	다용도	• 렌즈가 내장되어 있어서 편리하게 영상을 촬영할 수 있습니다. • 4K 영상 촬영 및 뷰티 모드 촬영이 가능합니다. • 셀프 카메라 모드가 가능합니다. • 성능 좋은 AF(오토 포커스)를 지원합니다. • 손 떨림 방지 기능을 지원합니다.	80만 원대
▲ 소니 A6400	다용도	• 렌즈를 교환하며 다양한 장르의 영상을 촬영할 수 있습니다. • 4K 영상 촬영이 가능합니다. • 셀프 카메라 모드가 가능합니다. • 성능 좋은 AF(오토 포커스)를 지원합니다.	100만 원대
▲ 소니 RX100 VII	다용도	• 렌즈가 내장되어 있어서 편리하게 영상을 촬영할 수 있습니다. • 4K 영상 촬영 및 뷰티 모드 촬영이 가능합니다. • 셀프 카메라 모드가 가능합니다. • 성능 좋은 AF(오토 포커스)를 지원합니다. • 손 떨림 방지 기능을 지원합니다.	130만 원대
▲ 캐논 EOS 90D	다용도	• 렌즈를 교환하며 다양한 장르의 영상을 촬영할 수 있습니다. • 4K 영상 촬영이 가능합니다. • 셀프 카메라 모드가 가능합니다. • 3300만 화소의 높은 화질의 결과물을 촬영할 수 있습니다. • 카메라 자체 색감이 따뜻하게 촬영됩니다.	140만 원대
▲ 소니 A7M3	전문가용 다용도	• 렌즈를 교환하며 다양한 장르의 영상을 촬영할 수 있습니다. • 4K 영상 촬영이 가능합니다. • 셀프 카메라 모드가 가능합니다. • 성능 좋은 AF(오토 포커스)를 지원합니다. • 센서 크기가 크기 때문에 저조도 촬영에 유리합니다.	200만 원대
▲ 캐논 EOS R6	전문가용 다용도	• 렌즈를 교환하며 다양한 장르의 영상을 촬영할 수 있습니다. • 4K 영상 촬영이 가능합니다. • 셀프 카메라 모드가 가능합니다. • 센서 크기가 크기 때문에 저조도 촬영에 유리합니다. • 카메라 자체 색감이 따뜻하게 촬영됩니다.	300만 원대
▲ 파나소닉 루믹스 S1	전문가용 다용도	• 렌즈를 교환하며 다양한 장르의 영상을 촬영할 수 있습니다. • 4K 영상 촬영이 가능합니다. • 셀프 카메라 모드가 가능합니다. • 센서 크기가 크기 때문에 저조도 촬영에 유리합니다.	300만 원대

03

사운드를 책임질
마이크 종류 알아보기

영상의 품질이 좋아도 소리가 잘 들리지 않으면 좋은 영상이라고 할 수 없습니다. 기본적으로 카메라와 핸드폰 등에는 녹음 기능이 탑재되어 있지만 종종 노이즈로 인해 만족스러운 소리의 녹음이 어려운 경우가 많습니다. 별도의 외장 마이크를 살펴보면서 사운드의 품질을 높여 주는 장비에 대해 알아봅니다.

01 샷건 마이크

샷건 마이크는 카메라에 달아서 사용하는 외장 마이크로, 구조가 총구처럼 생겼다고 하여 붙여진 이름입니다. 망원경의 원리처럼 마이크관(Inteference Tube)의 길이가 길수록 먼 거리의 녹음이 가능한 초지향성의 마이크입니다. 주변의 환경음을 포함하여 모든 소리를 증폭시키는 역할을 합니다.

▲ Rode VideoMic   ▲ 보야 BY-MM1

02 핀 마이크

핀 마이크는 작고 가벼워 휴대하기 좋으며, 클립이 있어 옷에 부착해서 사용하는 마이크입니다. 예능이나 인터뷰에서 옷에 끼워서 사용하는 마이크를 자주 볼 수 있는데, 핸드 마이크나 이어 마이크에 비해 비교적 저렴하고 깔끔하게 보일 수 있다는 게 장점입니다. 일반적으로, 환경음을 배제하고 인물의 소리만 집중해서 녹음할 목적으로 사용합니다. 인터뷰나 말 콘텐츠를 주로 진행하는 제작자에게 권장합니다. 카메라에 연결하여 쓰는 유선 마이크부터 일정 거리 이상 떨어져도 송수신기를 통해 멀리서도 녹음할 수 있는 무선 마이크까지 있습니다.

▲ 조이트론 P5 핀마이크   ▲ 소니 UWP-D11

03 콘덴서 마이크

콘덴서 마이크는 주로 PC에 연결하여 사용하는 마이크로 주변의 소음을 최대한 배제하고 특정 소리를 전달하는 마이크입니다. 방송 라이브 스트리밍 목적과 더불어 소리가 중요한 ASMR, 성대모사, 말 콘텐츠, 노래 녹음 등 웹캠과 주로 세트를 이루면서 PC를 활용하여 콘텐츠를 하는 사람에게 권장합니다.

▲ 인프라소닉 UFO 마이크 ▲ TSG CM200U ▲ 블루 예티 마이크

04 다이내믹 마이크

다이내믹 마이크는 노래방에서 볼 수 있는 마이크로, PC나 카메라에 연결하는 것이 아니라 대부분 오디오 인터페이스나 오디오 앰프에 연결하여 사용하는 마이크입니다. 악기 연주나 노래 라이브 같이 폭발적인 소리 증폭이 필요한 경우에 사용하며, 노래를 부르는 가수나 노래 크리에이터에게 권장합니다.

▲ 슈어 SM58 마이크 ▲ 조이트론 DM58 ▲ Pylepro Pdmic58 마이크

TIP 악기 녹음 및 높은 품질의 사운드 녹음을 위한 오디오 인터페이스 _____

컴퓨터에는 기본적으로 3.5mm 케이블을 연결하는 단자와 USB가 있습니다. 이외에 주로 악기나 전문 마이크에서 사용하는 장비들은 오디오 인터페이스라는 기기를 통해 컴퓨터와 연결해야 합니다. 컴퓨터에 직접 사용이 불가능한 악기 및 고품질의 마이크를 사용하게 해 주는 기기가 오디오 인터페이스입니다. 확장성뿐만 아니라 높은 품질과 낮은 레이턴스(지연)를 이해 목소리가 주 콘텐츠인 크리에이터들은 마이크와 함께 오디오 인터페이스를 사용하기도 합니다.

▲ 오디오 인터페이스

04
SECTION

영상미를 업그레이드하는
조명 알아보기

↗ 영상 촬영에서 조명은 다양한 역할을 수행합니다. 기본적으로는 대상에 빛을 주어 색을 입힙니다. 밝기에 따라 대상의 모습과 투사하는 느낌은 상당히 차이가 큽니다. 아무리 익숙한 풍경이나 인물이라 할지라도 조명에 따라 낯설게 만들 수가 있습니다. 이외에도, 어두운 공간을 밝게 만들어서 영상에 발생하는 노이즈를 제거하거나 공간감을 투여하여 그림자를 제거, 생성하고 배경과 피사체간의 관계를 설정하기도 합니다. 카메라가 어느 정도 구비된 상태라면 카메라의 업그레이드 이전에 조명에 관심을 가져 보는 것이 좋습니다.

01 플리커 현상이 없는 LED 조명

형광등, 백열등, 전구 등 다양한 조명이 존재하지만, 촬영용으로는 LED 조명이 대중적으로 활용됩니다. 모든 LED 조명이 다 좋은 것은 아니고, 플리커 현상이 없는 '플리커 프리' LED 지속광 조명을 선호합니다. 플리커 현상은 화면에 나타나는 깜빡임 현상을 뜻합니다. 조명이 발산하는 빛의 떨림으로 인해 노출이 시시각각 변하거나 검은 줄이 생기는 것이 플리커 현상입니다. 이를 방지하기 위해서는 플리커 프리 제품을 사용하고 촬영용 LED 조명을 구입하여 설치하는 것이 좋습니다.

▲ 1인 크리에이터가 대중적으로 사용하는 룩스패드 조명

02 1개보다는 2개, 2개보다는 3개의 효과!

조명의 기본은 '3점 조명'입니다. 피사체를 기준으로 세 방향에서 쏘는 것이 일반적으로 실무나 현업에서 애용하는 조명 형태입니다. 이에 맞게 조명은 3개에 가까울수록 조명적으로 완성도가 높은 영상이 됩니다. 그렇지만, 3개의 조명은 가격이 부담되기 때문에 2개의 조명으로도 다양한 느낌을 낼 수 있습니다.

1개만 설치하는 경우, 그림자를 조명으로 지울 수 없기 때문에 1개보다는 2개, 2개보다는 3개가 표현할 수 있는 폭이 더 넓습니다.

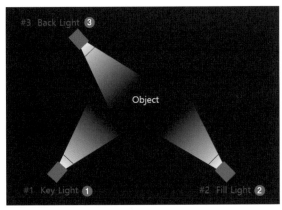

▲ 3점 조명

❶ Key Light : 물체의 앞쪽에서 빛을 직접 비추어, 주된 역할을 합니다. 주광의 세기나 색깔, 각도 등은 물체 조명의 전반적인 모습을 결정합니다.

❷ Fill Light : 물체의 정면이 아닌 측면에서 빛을 비추어, Key Light에 의해 그늘진 부분의 명암 대조를 줄이거나 없애는 역할을 수행합니다.

❸ Back Light : 물체의 뒤에서 빛을 비추어, 물체의 가장자리에 빛을 주거나, 물체를 배경과 분리해 윤곽선을 강조합니다.

03 조명이 부담된다면 반사판을 활용하자

조명을 여러 개 마련하기 부담스러운 경우가 많습니다. 가격이 만만치 않고, 부피가 크기 때문에 설치하는 과정에서 불편함이 생길 수 있습니다. 이럴 때, 반사판을 활용하여 조명과 비슷한 효과를 낼 수 있습니다. 사진이나 영화 등을 촬영할 때, 빛을 반사시켜 피사체에 비춰 그늘이 생기지 않게 하거나 그늘이 강하지 않게 표현하는 판이 반사판입니다. 조명만큼은 아니지만, 조명의 빛을 반사시켜 새로운 느낌을 만들어냅니다. 역광에서도 빛의 양을 조절하여 인물을 촬영하거나 반사되는 빛을 활용하여 어두운 부분에 화사한 빛을 만드는 것이 가능합니다.

▲ 반사판 : 주로 은색이 일반적입니다.

04 유튜브나 개인 방송용 조명은 링라이트로 가성비를 높이자

조명은 기본적으로 비싼 가격이 형성된 장비입니다. 가볍게 유튜브 촬영이나 개인 방송을 취미로 즐기는 사람에게는 조명 및 주변 장비의 가격을 합해서 1개당 20~100만 원 돈이 상당히 부담될 수 있습니다. 컴퓨터에 USB로 연결해서 가볍게 사용할 수 있는 조명이 있습니다. 고리 모양의 링라이트는 5만 원 내외로 가격이 형성되어 있기 때문에 실내에서 가볍게 촬영하는 경우에는 링라이트를 권장합니다. 색온도 조절 및 밝기 조절이 가능한 제품이 많기 때문에 최고의 가성비 조명이라고 할 수 있습니다.

▲ 조이트론 LD30 Kit ▲ 1인 미디어 환경에 최적화된 링라이트 조명

05

영상 품질을 높이는
촬영 장비 알아보기

 카메라에 연결하여 사용할 수 있는 장비는 정말 많습니다. 모든 장비를 갖추기는 쉬운 일이 아닙니다. 하지만, 카메라에 따라 값비싼 장비가 아니더라도 저렴한 장비로 최고의 효율을 낼 수 있으므로 장비를 최대한 구비해 놓는 것이 좋습니다.

01 삼각대

장시간 카메라를 손으로 들고 촬영하면 영상이 흔들립니다. 화면이 흔들리면 영상을 시청하는 과정에서 몰입도와 품질이 떨어지게 됩니다. 삼각대는 카메라를 고정하고 촬영하는 도구입니다. 미러리스 카메라나 DSLR 카메라와 같은 장비뿐만 아니라 스마트폰용 삼각대도 있으므로 기종에 따라 알맞은 삼각대를 선택하여 사용합니다.

▲ 미러리스, DSLR 카메라용 삼각대   ▲ 스마트폰용 삼각대

02 짐벌

삼각대는 한 장소에 고정해서 카메라를 고정하는 도구지만 짐벌은 삼각대와 다르게 피사체와 함께 카메라도 움직이면서도 흔들림이 보정됩니다. 짐벌을 사용하면 흔들림 방지는 물론 자유로운 카메라 무빙을 만들어낼 수 있습니다. 장소 변화가 많거나 브이로그, 스포츠, 영화 등을 촬영할 때 사용합니다. 짐벌의 대표 브랜드로는 DJI, MOZA, 지윤텍, 페이유 등이 있으며, 미러리스 카메라나 DSLR 카메라와 같은 장비뿐만 아니라 스마트폰용 짐벌도 있으므로 기종에 따라 알맞은 짐벌을 선택하여 사용합니다.

▲ 미러리스, DSLR용 카메라용 짐벌   ▲ 스마트폰용 짐벌

03 거치대

카메라 배치에 따라서 영상의 구도는 다양하게 나올 수 있습니다. 삼각대나 짐벌로 촬영하기 어려운 구도의 장면은 벽에 부착하거나 기둥에 걸어 놓는 형태로 만들 수 있습니다. CCTV처럼 위에서 아래의 전체적인 느낌과 인물을 같이 보여 주는 구도라던가, 음식을 위에서 아래로 찍는 부감 샷, 접근하기 어려운 공간에서의 촬영 구도 등 특이한 구도를 표현해야 할 때 스마트폰 거치대나 카메라 매직암을 활용하면 좋습니다. 옛날에는 고급 장비로 분류되었으나, 요즘은 아이디어 상품으로 시중에 많이 판매하기 때문에 가지고 있다면 든든한 장비가 될 것입니다.

▲ 스마트폰 마운트

▲ 카메라 매직암

04 웨어러블 장비

위에서 살펴본 거치대와 같이 1인 미디어 영상이 유행하면서 다양한 아이디어 상품들이 출시되고 있습니다. 예능이나 드라마에서 머리나 몸에 부착하여 놀이 기구를 타거나 익스트림 스포츠 장면을 촬영하는 형태의 제품들은 스마트폰용이나 일반 카메라용으로 시중에서 찾아볼 수 있습니다. 뿐만 아니라 몸에 부착하는 형태의 장비를 '웨어러블' 장비라고 합니다. 자주 쓰이는 장비는 결코 아니지만, 특수한 상황에서 활용될 여지가 많은 장비가 될 수 있습니다.

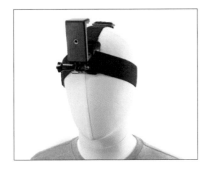
▲ 1인칭 촬영용 스마트폰 헤드 마운트

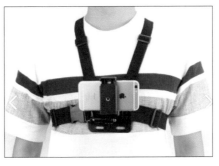
▲ 1인칭 촬영용 스마트폰 가슴 스트랩

06 SECTION

영상의 용량과 화질에 직결!
영상 해상도 이해하기

영상을 촬영하거나 장비를 구매할 때 카메라 해상도에 대해 알아 두면 많은 이점을 볼 수 있습니다. 카메라의 화질과 용량을 고려하여 최고의 촬영물을 뽑아낼 수 있기 때문입니다. 4K, FHD, HD로 불리는 영상 해상도에 대해 알아봅니다.

01 해상도란?

유튜브나 페이스북, 네이버TV 등의 동영상 플랫폼에서 영상 매체를 보면, 480p, 720p, 1080p, 2160p(4K)와 같이 영상의 화질을 조절할 수 있는 기능이 있습니다. 숫자가 커질수록 높은 화질을 의미합니다. 해상도는 종이나 스크린 등에 표현된 그림이나 글씨, 영상 등이 표현된 섬세함의 정도를 나타냅니다. 촬영을 시작하기 전에 촬영본의 해상도를 설정해야 하므로 영상의 해상도는 반드시 숙지해야 할 개념 중 하나입니다.

02 종류별 해상도

영상 해상도가 높을수록 선명한 영상을 얻을 수 있습니다. 하지만, 그만큼 파일 용량도 커지고 요구하는 장비의 수준도 올라가게 됩니다. 예를 들어, FHD 크기의 영상으로 촬영한 1분 분량의 영상이 100MB라고 하면 4K 크기로 촬영한 1분 분량의 영상은 400MB가 넘게 되고 같은 조건의 8K 영상은 1,600MB가 넘어가게 됩니다. 사회적으로 4K 해상도가 상용화되고 있는 단계라고는 하지만, 현실적으로 가장 사랑받고 채택되는 화질은 FHD입니다. 해상도별로 상황과 여건에 맞게 종류를 알아 두면 촬영 및 편집 단계에서 도움이 됩니다.

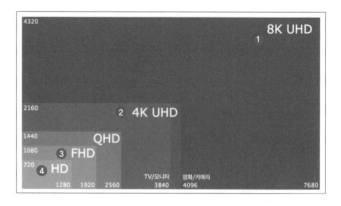

❶ 8K : 4320p(7680 x 4320 픽셀)

❷ 4K : 2160p(3840 x 2160 픽셀(상용화 단계))

❸ FHD : 1080p(1920 x 1080 픽셀(표준 해상도))

❹ HD : 720p(1280 x 720 픽셀)

영상 장르에 따른 프레임률(FPS) 이해하기

촬영을 위해서는 기본적으로 알아야 하는 개념과 용어들이 있습니다. 그중 하나가 프레임률 (FPS)입니다. 숫자들의 의미와 프레임률이 촬영 및 편집 단계에서 왜 중요한지 알아봅니다.

01 프레임률이란?

영상은 사진의 집합체로, 영상을 재생하다가 멈추면 결국 하나의 사진으로 표시됩니다. 이러한 사진 토막이 1초에 몇 장으로 구성되어 있는지에 대한 개념이 프레임률입니다. 흔히 '초당 프레임(FPS)'으로도 사용되며 숫자로 표기됩니다. 주로 해상도와 묶어서 1080/60p, 1080/60i와 같은 형태로 표기합니다. 디지털 방식에는 TV 화면 표시 방식인 비월주사(i) 방식보다 모니터 화면 표시 방식인 순차주사(p) 방식을 사용하기 때문에 'p'로 지정합니다.

▲ 24FPS에는 1초에 24장의 사진이, 60FPS에는 1초에 60장의 사진으로 구성되어 있습니다.

02 영상 장르별 프레임률(FPS) 살펴보기

FPS(초당 프레임) 숫자가 작을수록 1초당 보이는 사진 수가 적은 것입니다. 따라서 영상이 뚝뚝 끊겨 보이게 됩니다. 그래서 프레임마다 컴퓨터 그래픽을 적용하는 이유라던가, 끊김에서 나오는 감성적이고, 사람에게 많은 느낌을 줄 수 있는 뮤직비디오나 영화에서는 1초당 24장이라는 낮은 숫자를 선택하여 촬영합니다. 반면에 게임이나 디지털 콘텐츠의 경우에는 원본을 최대한 다 보여 주는 것을 선호하기 때문에 조금의 끊김도 불편해하는 경우가 많습니다. 따라서 1초에 60장이라는 숫자를 선택하여 화면을 녹화하고는 합니다.

영상을 120p로 찍게 되면 슬로우 모션을 1/4로 줘도 30p의 느낌을 줄 수 있으므로 어색함과 끊김 현상이 없게 됩니다. 그래서 촬영이 끝나고 편집 단계에서 슬로우 모션 효과를 줄 생각이라면, 120p나 60p 촬영을 고려하면 영상의 부드러움을 유지한 채 자연스럽게 슬로우 모션을 적용할 수 있습니다. 목적에 맞게 프레임률을 고려하여 촬영 장비를 설정하는 것을 권장합니다.

종류	FPS
뮤직비디오 및 영화	24
방송 및 드라마	30
디지털 콘텐츠 및 게임	60
슬로우 모션	60, 120

08 영상의 전문성과 직결!
조리개 이해하기
SECTION

영상은 빛과 조화를 맞추는 과정입니다. 카메라를 사람의 눈이라고 생각하면 너무 밝은 날씨에는 대상에게 빛이 너무 노출되어 피사체가 하얗게 보이게 되며, 너무 어두운 날씨에는 대상에게 빛이 너무 노출되지 않아 피사체가 보이지 않게 됩니다. 이러한 밝기와 관련된 항목을 '노출'이라고 합니다. 노출의 3요소 중 하나인 '조리개'에 대해 알아봅니다.

01 조리개란?

카메라는 사람의 눈과 구조적으로 비슷합니다. 사람의 눈으로 빗대면 조리개는 눈의 동공에 해당하는 사진기의 구성 요소이며, 눈의 동공이 커지면 빛이 많이 들어오고, 동공이 작아지면 빛이 적게 들어오는 것처럼 조리개는 렌즈로 들어오는 빛의 양을 결정합니다.

'f'로 표시하며, 조리개를 개방할수록 f 뒤에 붙는 숫자가 낮아지고, 조리개를 닫을수록 f 뒤에 붙는 숫자가 커집니다. 영상 전문가들은 조리개를 개방하면 피사계 심도가 더 얕아진다고 말하며, 조리개를 닫으면 피사계 심도가 더 깊어진다고 말합니다.

02 조리개 값에 따른 밝기 및 변화 비교

조리개를 열면 열수록 2가지 변화가 생깁니다. 하나는 영상의 밝기와 관련된 변화고 다른 하나는 영상의 퀄리티와 관련된 변화입니다. 우선, 빛이 많이 들어오기 때문에 단순하게 영상의 밝기가 밝아집니다. 이러한 밝기 변화로 인해 노출의 3요소 중 하나로 조리개가 포함되는 것입니다. 다른 변화로는 특정 인물 뒤에 생기는 '아웃포커싱(배경 흐림)' 효과가 생성됩니다. 사람은 뭔가를 집중해서 보거나 자세히 보려고 할 때 눈을 찡그리는 행동을 합니다. 눈을 작게 뜨면 특정 물체가 선명하게 잘 보이는 것과 같이 조리개를 닫으면 닫을수록 물체가 선명하게 보이게 됩니다. 이와 같은 원리로 조리개의 개념에 접근하면 이해하기 쉽습니다.

▲ 조리개의 개방 정도에 따라 배경의 흐림 정도가 달라집니다.

영상의 생동감과 직결!
셔터 스피드 이해하기

카메라에 빛을 받는 속도에 따라서도 빛의 양이 조절될 수 있습니다. 노출의 3요소 중 다른 요소인 '셔터 스피드'에 대해 알아봅니다.

01 셔터 스피드란?

카메라는 녹화 버튼이나 촬영 버튼을 누르면 셔터가 열리고 그 공간으로 빛을 받아들이면서 피사체를 화면에 담는 기기입니다. 셔터 스피드는 각 프레임이 빛을 받아들이기 위해 카메라의 셔터가 얼마나 오래 열려 있는지를 의미합니다. 셔터가 오래 열려있을수록 당연히 받는 빛의 양도 늘어나기 때문에 노출의 3요소 중 하나로 셔터 스피드가 있습니다.

'1/N'에서 N에 오는 숫자가 작아질수록 단순하게 사진이나 영상이 밝아집니다. 영상 전문가들은 N의 숫자가 작아지는 것을 '셔터가 느리다'라고 표현합니다.

02 영상에서의 셔터 스피드란?

영상에서는 조리개나 다음에 살펴볼 ISO처럼 밝기 조절을 목적으로 셔터 스피드를 사용하는 경우는 드뭅니다. 셔터 스피드는 생동감과 관련된 분야입니다. 셔터 스피드가 느릴수록 2가지 변화가 생깁니다. 영상이 밝아지는 것과 피사체의 '동작 흐림(Motion Blur)'이 포착된다는 것입니다. 달리는 자동차를 보면 그 자동차는 빠른 속도로 움직이고 있습니다. 그 움직임과 움직임 사이를 포착한다고 하면, 자동차는 앞으로 나아가기 위해 동작을 하고 있는 것입니다. 이 동작과 동작 사이에 있는 또 다른 움직임으로 인해 '동작 흐림'이 발생하는 것입니다. 셔터 스피드가 빠를수록 이 동작 흐림은 발생하지 않습니다. 동작 흐림은 주제에 따라 시청자들에게 역동적이고 생동감 넘치는 느낌을 줄 수 있는 영상미적으로 정말 중요한 요소입니다.

| 1/1000 | 1/500 | 1/250 | 1/125 | 1/60 | 1/30 | 1/15 | 1/8 | 1/4 | 1/2 |

▲ 셔터가 느릴수록 동작 흐림이 발생하며 피사체가 밝아집니다.

▲ 동작 흐림이 발생한 형태

SECTION 10

영상의 노이즈와 직결!
ISO(감도) 이해하기

ISO는 '감도'라고도 불립니다. 필름이나 센서의 빛에 대한 민감도로, 밝기와 직접적으로 연관이 있는 요소 중 하나입니다. 노출의 3요소 중 하나인 ISO에 대해 알아봅니다.

01 ISO란?

조리개나 셔터 스피드에 비해 가장 직관적으로 이해하기 쉬운 요소이며 ISO 뒤에 있는 숫자가 커질수록 영상이 밝아지며, 숫자가 작아질수록 영상이 어두워집니다. 영상 전문가들은 ISO 뒤에 오는 숫자가 커지는 것을 '감도가 높다'라고 표현합니다.

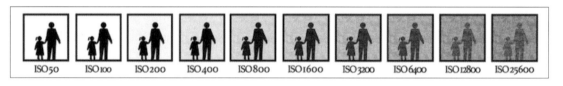

02 영상에서의 ISO

ISO가 조리개나 셔터 스피드와 비교하여 직관적이고 단순하게 밝기를 올려 주는 것은 맞지만, 앞의 요소와 마찬가지로 감도가 높을수록 생기는 변화가 하나 더 있습니다. 영상의 화질과 연관된 변화입니다. 감도가 높아질수록 영상의 밝기는 밝아지지만, 영상에 노이즈가 발생하게 됩니다. 따라서 어둡다고 ISO만 높여서 영상의 노출을 조절하는 것은 화면에 노이즈를 발생시킬 수 있습니다. 노이즈가 발생하면 영상의 퀄리티가 낮아지기 때문에 적정량의 ISO 및 다른 요소를 같이 고려하여 노출을 조절하는 것이 필요합니다.

하지만 모든 카메라에서 ISO가 높다고 화질 저하가 무조건 발생하는 것은 아닙니다. 전문가용 카메라에서는 ISO를 어느 정도 높여도 노이즈가 미미하게 발생합니다. ISO는 카메라마다 화질 저하가 발생하는 지점이 다르기 때문에 본인의 장비를 파악하고 ISO를 기호에 따라 조절하는 것을 권장합니다.

▲ 감도가 높을수록 영상이 밝아지나, 노이즈가 발생합니다.

11
SECTION

알아 두면 영상 UP!
촬영 구도 및 상식

촬영 개념에 대해 살펴보았으면 이제는 실전 촬영 과정에서 알아 두면 좋은 촬영 구도 및 구성에 대해 알아봅니다.

01 삼등분 법칙(Rule of Thirds)

삼등분의 법칙은 사진의 구도를 재는 가이드라인 중 하나로, 1797년에 처음으로 사용되었습니다. 굉장히 오래된 법칙이지만, 여전히 많은 사진 및 영상 촬영자들이 선호하는 방식 중 하나입니다. 이 법칙은 화면을 가로 3등분, 세로 3등분하여 총 9등분으로 나눈 다음, 사진 속 중요 요소들을 선이 만나는 지점에 위치하는 것입니다. 기본적으로는 사진에서 출발한 이론이지만 정적이고 배경이 강조되는 영상에서 이 법칙을 활용하면, 균형감 있고 안정적인 느낌을 시청자에게 제공할 수 있습니다.

▲ 삼등분 법칙이 적용된 사례

02 보케(Bokeh) 효과

조리개를 많이 열 수 있는 카메라의 경우에는 아웃 포커싱 효과를 이용해서 멋진 장면을 만들 수 있습니다. 조리개를 많이 열 수 있는 렌즈는 상대적으로 비싸지만 장만하여 촬영에 이용한다면 밝은 결과물은 물론, 인물과 배경을 분리하고 배경만 흐릿해지는 '보케(Bokeh)' 효과를 만들어낼 수 있습니다. 인물과 배경이 같이 선명하게 나오면 산만해 보일 수

있으며, 감성적인 느낌보다는 현실적이고 다큐멘터리 같은 느낌이 강하게 나타날 수 있습니다. 보케 효과를 활용하면 같은 구도와 같은 영상임에도 전혀 다른 퀄리티의 사진 및 영상을 표현할 수 있습니다.

▲ 야경 불빛을 이용한 보케 사진

▲ 인물을 제외하고 배경이 흐릿하게 표현된 사진

03 바스트 샷(Bust Shot)

바스트 샷은 특정 인물을 강조하거나 인터뷰를 할 때 가장 많이 사용하는 촬영 구도입니다. 인물의 가슴 부분 위를 촬영하는 샷으로 뉴스나 인터뷰 등과 같은 영상에 주로 쓰입니다. 인물에 집중하면서도 객관적인 느낌을 전달합니다.

▲ 바스트 샷

04 클로즈업 샷(Close-up Shot)

클로즈업 샷은 인물의 표정 위주로 화면을 구성하는 촬영 구도입니다. 바스트 샷에서 좀 더 타이트하게 인물을 촬영하는 것으로 인물의 감정과 상황을 표정으로 알 수 있게 촬영하는 방법입니다. 극적인 장면이나 감정적인 느낌을 시청자에게 전달할 때 사용하면 좋습니다.

▲ 클로즈업 샷

05 풀 샷(Full Shot)

풀 샷은 장면의 전체를 보여 주는 샷으로 촬영 구성에 있어서 제일 먼저 고려해야 할 사항 중 하나입니다. 풀 샷은 인물이나 특정 피사체에 초점을 두고 머리부터 발끝까지 화면에 꽉 채워서 인물의 몸 전체가 나오도록 하여 전체적인 모습을 살펴볼 수 있습니다. 배경과 인물을 같이 보여 주기 때문에 풀 샷을 보고 시청자들은 해당 인물이 겪는 상황과 주변의 분위기를 유추할 수 있습니다.

▲ 풀 샷

06 롱 샷(Long Shot)

롱 샷은 인물은 배제된 채 배경을 위주로 보여 주는 경우에 사용되는 촬영 구도입니다. 풀 샷은 인물이나 피사체가 배경과 같이 보이기 때문에 인물의 상황을 보여 주는 장면입니다. 그러나 롱 샷은 인물이 아닌 배경에 중점을 두었기 때문에 전체적인 맥락과 상황을 보여 주는 경우에 사용합니다. 지금 보여 주는 공간의 분위기, 상황을 설명할 때 사용하면 좋습니다.

▲ 롱 샷

07 오버 더 숄더 샷(Over the Shoulder Shot)

오버 더 숄더 샷은 2명 이상의 인물이 대화를 나누는 장면에서 사용되는 촬영 구도입니다. 카메라가 한 인물의 어깨 뒤에 있다고 생각하고 촬영을 하는 방식입니다. 이 장면은 카메라의 시점에서 대화를 하는 상대를 쳐다볼 수 있기 때문에 시청자에게 직접 대화에 참여하고 있는 느낌과 동시에 과몰입이 아닌 적당한 거리감을 줍니다. 영화나 드라마 또는 두 명 이상의 대화하는 피사체 간 연계성을 표현하고 싶을 때 사용합니다.

▲ 오버 더 숄더 샷

08 아이 레벨 앵글(Eye Level Angle)

아이 레벨 앵글은 카메라의 높이를 인물의 눈높이에 맞게 설정하는 것을 말합니다. 눈높이에 따라 전혀 다른 느낌을 낼 수 있기 때문에 수평을 맞추는 것은 정말 중요합니다. 위에서 아래로 내려다보는 장면은 피사체가 상대적으로 낮은 위치나 신분이라는 것을 암시할 수 있습니다. 반대로 아래에서 위로 올려다보는 장면은 피사체가 상대적으로 높은 위치나 신분이라는 것을 의미합니다. 따라서 의도하는 것이 아니라면 일반적으로는 카메라와 피사체의 눈높이를 동등하게 하여 촬영합니다.

▲ 아이 레벨 앵글

촬영하기 전 확실하게 스토리보드 작성하기

스토리보드란 영화나 영상물을 제작하기 위해 작성하는 문서입니다. 영상의 흐름을 설명하기 위한 스토리나 구성 요소, 촬영 정보, 동선 등의 촬영 과정에서 필요한 정보들이 표시됩니다. 스토리보드에 대해 알아봅니다.

01 스토리보드란?

기존의 생각, 아이디어, 콘셉트 등을 좀 더 발전시켜 한 장면씩 세밀하게 세부 묘사를 하게 되는데 이 세부 묘사를 한 것이 스토리보드입니다. 혼자 기획과 촬영을 전부 하는 경우에는 스토리보드를 작성하는 경우가 적습니다. 하지만 다른 사람이 카메라를 운용하거나 파트너가 있는 경우에는 파트너에게 스토리보드로 촬영 과정의 동선이나 정보, 구성 요소 등을 설명할 수 있습니다. 머릿속에 있는 것을 꺼내서 그림처럼 보여 줄 수 없기에 다수의 사람과 영상 콘텐츠를 제작하는 경우에는 스토리보드를 만들어서 공유하면 여러 가지 촬영과 관련된 커뮤니케이션을 확실하게 할 수 있습니다. 다른 사람에게 영상에 대해 설명하는 경우에는 스토리보드를 작성해서 커뮤니케이션하는 것을 권장합니다.

▲ 스토리보드에는 장소의 느낌이나 동선에 대한 정보가 들어 있습니다.

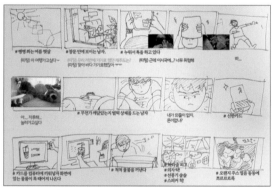

▲ 30초 분량의 광고 콘티(방준영, 전은재 감독)

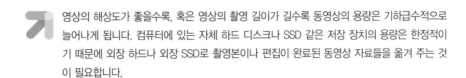

13

SECTION

촬영 or 편집 완료!
외장 하드 & SSD

영상의 해상도가 좋을수록, 혹은 영상의 촬영 길이가 길수록 동영상의 용량은 기하급수적으로 늘어나게 됩니다. 컴퓨터에 있는 자체 하드 디스크나 SSD 같은 저장 장치의 용량은 한정적이기 때문에 외장 하드나 외장 SSD로 촬영본이나 편집이 완료된 동영상 자료들을 옮겨 주는 것이 필요합니다.

01 외장 하드 vs 외장 SSD

일반적으로 외부 저장 장치로 많이 쓰이는 것이 외장 하드와 외장 SSD입니다. 외장 하드는 상대적으로 가격이 저렴하고 용량이 크다는 장점이 있습니다. 500GB부터 20TB까지 다양한 제품군이 존재합니다. 가격도 같은 용량 대비 SSD에 비교해서 1/4 수준으로 구매할 수 있습니다.

외장 SSD는 가격이 상대적으로 4배가량 비싸고, 용량도 현재 최대 4TB보다 큰 제품은 구매할 수 없지만, 파일 전송의 속도에서 4~5배가량 빠릅니다. 외장 하드가 100MB/s의 속도라면 외장 SSD는 500MB/s의 속도도 낼 수 있습니다. 본인의 형편과 필요한 용량을 고려하여 외부 저장 장치를 선택하면 촬영본 관리에 큰 도움이 됩니다.

▲ 외장 하드

▲ 외장 SSD

14

종류별로 살펴보는
동영상 플랫폼에 대한 이해

동영상을 출력하기 전에 올리고자 하는 동영상 플랫폼에 대해 이해할 필요가 있습니다. 동영상 플랫폼마다 최적의 영상 사이즈와 특징이 있습니다. 동영상 플랫폼별 특징에 대해 알아보고 최적의 영상을 출력할 준비를 해 봅니다.

01 유튜브(Youtube)

유튜브는 국내 이용자 4,000만 명 이상, 전 세계 이용자 19억 명 이상이 사용하는 경쟁자 및 라이벌 없는 1등 동영상 플랫폼입니다. 누구나 쉽게 동영상을 올릴 수 있으며, 단순히 콘텐츠 공유뿐만 아니라 일기장이나 과제 제출 등 커뮤니티적 요소가 더해져 다양한 용도로 활용되고 있습니다.

유튜브는 세계 최대 규모의 동영상 플랫폼인 만큼, 영상 업로드에 있어서 자유로운 요소가 많습니다. 8K 영상부터 SD 영상까지 다양한 해상도의 영상을 지원하며, 화면 비율도 보편적으로 통용되는 16:9 비율의 영상뿐만 아니라 1:1, 9:16과 같은 특이한 비율의 영상을 업로드해도 문제가 없으며, 스마트폰과 PC 전부 지원합니다.

02 인스타그램(Instagram)

인스타그램은 국내 이용자 1,100만 명 이상, 전 세계 이용자 8억 명 이상이 사용하는 사진 및 동영상 플랫폼입니다. 스마트폰으로 인스타그램에 접속하여 언제 어디서든 사진과 동영상을 올릴 수 있으며, 폐쇄적인 특징으로 인해 가벼운 일상이나 짧은 영상을 공유하면서 사람들과 소통하는 형태로 많이 사용됩니다.

인스타그램에는 독특한 사이즈의 영상이 존재합니다. 1:1 비율 정사각형 형태의 영상입니다. 일반적인 형태인 16:9 비율의 가로가 긴 영상이나 스마트폰 비율에 맞는 4:5 비율의 세로 영상도 존재하지만, 인스타그램에서 가장 정형화된 패턴의 영상은 1:1 비율의 영상입니다. 따라서 인스타그램에 업로드하는 것이 목적이라면 스마트폰으로 가장 잘 보이는 1:1 비율이나 4:5 비율의 영상으로 업로드하는 것을 권장합니다.

03 틱톡(Tiktok)

틱톡은 국내 이용자 400만 명 이상, 전 세계 이용자 9억 명 이상이 사용하는 숏비디오 플랫폼입니다. 스마트폰으로 접속한다는 점에서는 인스타그램과 비슷하지만 폐쇄적인 인스타그램과 성격이 많이 다릅니다. 외향적이고 화려한 영상이 주를 이루며, 15초 내외의 짧은 영상이 자주 보이는 형태입니다. 주 이용 연령대는 10대입니다.

인스타그램과 마찬가지로 틱톡에도 독특한 사이즈의 영상이 존재합니다. 스마트폰 비율의 세로 영상입니다. 일반적인 형태인 16:9 비율의 가로가 긴 영상이나 인스타그램에서 자주 사용되는 1:1 비율의 정사각형 형태도 존재하지만, 틱톡에서 가장 정형화된 패턴의 영상은 9:16 비율의 세로 영상입니다. 따라서 틱톡에 업로드하는 것이 목적이라면 스마트폰 화면 비율에 맞는 사이즈의 영상으로 업로드하는 것을 권장합니다.

04 카카오톡(KakaoTalk)

카카오톡은 국내 이용자 4,600만 명 이상이 이용하는 커뮤니티적 성격이 강한 플랫폼입니다. 카카오톡은 동영상이나 사진을 주로 공유하는 다른 SNS와 다르게 정보를 공유하거나 소통을 하는 형태로 사용됩니다. 사진이나 동영상 및 각종 파일을 PC와 스마트폰에서 편리하게 공유할 수 있기 때문에 현재 우리나라에서 국민 대표 메신저로 자리매김하였습니다.

카카오톡에서는 파일 공유에 있어서 용량 제한이 있습니다. 300MB 이상의 영상은 한번에 공유할 수 없기 때문에 용량이 큰 영상을 공유하는 상황에서는 인코딩과 최적화를 통해 용량을 낮춘 다음 영상을 타인에게 공유해야 합니다.

05 이메일(E-mail)

이메일은 사이버 환경에서 타인에게 파일을 공유하는 가장 보편화된 방법입니다. 카카오톡처럼 실시간으로 커뮤니티를 이룰 수는 없지만, 상대적으로 카카오톡보다 큰 파일을 공유할 수 있다는 장점이 있습니다. 네이버 기준으로는 2GB, 다음 기준으로는 3GB의 넉넉한 용량의 파일을 공유할 수 있기 때문에 과제 및 프로젝트 제출, 고화질의 긴 영상 전송, 다수의 파일을 전송할 때 활용됩니다. 제한 용량인 2~3GB를 초과하는 영상이나 파일을 공유하는 경우에는 분할 압축을 활용하여 파일을 여러 개로 나눠서 전송할 수도 있습니다.

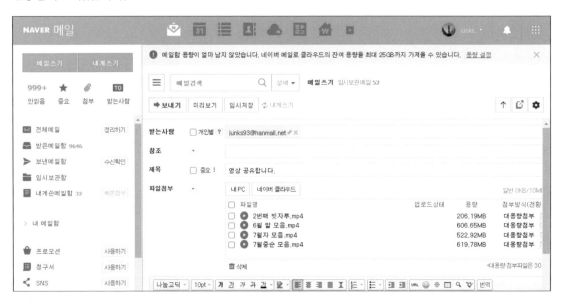

클라우드 스토리지(Cloud Storage)

클라우드 스토리지는 디지털 데이터를 PC에 있는 특정 저장소에 보관하는 개념의 웹 외장 하드입니다. 파일을 클라우드 스토리지에 공유하면 영구적으로 파일을 보관하고 공유할 수 있습니다. 클라우드 스토리지에는 대표적으로 구글 드라이브, 네이버 N드라이브가 있습니다. 구글 드라이브의 경우에는 무료로 15GB, 네이버 N드라이브의 경우에는 무료로 30GB까지의 각종 파일을 공유할 수 있습니다. 단순한 파일 보관이 아니라 링크 공유를 통해 파일을 공유하거나 파일 다운로드를 제공할 수 있기 때문에 영상이나 파일 공유가 목적이라면 적극 이용을 권장합니다.

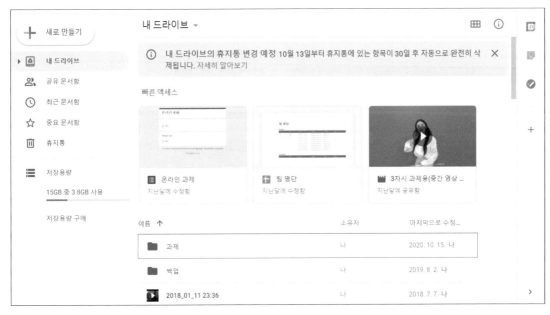

15 SECTION

스마트폰으로
유튜브에 영상 공유하기

스마트폰에서는 VLLO라는 무료 앱을 활용하여 다양한 형태로 영상을 편집할 수 있습니다. VLLO에서 바로 유튜브에 영상을 공유하는 방법도 있지만, 스마트폰에 있는 영상을 직접 유튜브에 공유하는 것이 일반적입니다. 스마트폰에서 유튜브에 영상을 공유하는 방법에 대해 알아봅니다.

▶ 유튜브에 영상 공유하기

▶ 영상 업로드 완료하기

01 유튜브에 영상 공유하기

01 스마트폰에 설치되어 있는 유튜브 앱을 터치하여 실행합니다. 유튜브 화면이 표시됩니다. 오른쪽 상단에 [만들기(▣)]를 터치합니다.

02 | [동영상 업로드]를 터치합니다. 스마트폰에 저장된 영상이 표시됩니다. 업로드할 영상을 선택합니다.

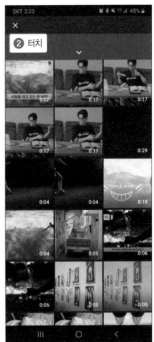

03 | 세부정보 추가 창이 표시됩니다. [제목 만들기]를 터치하여 영상의 제목을 입력합니다. 제목을 입력한 다음 [설명 추가]를 터치합니다.

04 | 설명 추가 창이 표시됩니다. 영상에 대한 설명을 입력한 다음 [다음] 버튼을 터치합니다.

05 | 시청자층 선택 창이 표시됩니다. 특별한 시청자층이 없으면 [업로드] 버튼을 터치합니다. 내가 선택한 영상의 업로드가 진행됩니다.

16
SECTION

스마트폰으로
인스타그램에 영상 공유하기

스마트폰에 있는 영상을 인스타그램에 업로드하여 사람들에게 일상을 공유할 수 있습니다. 스마트폰에서 영상을 인스타그램에 업로드하는 방법에 대해 알아봅니다.

● 인스타그램에 영상 업로드하기

● 영상 색감 보정하기

01 인스타그램에 영상 공유하기

01 │ 스마트폰에 설치되어 있는 인스타그램 앱을 실행합니다. 인스타그램 화면이 표시됩니다. 하단에 [만들기(⊕)]를 터치합니다. 갤러리에 있는 사진과 영상이 표시됩니다. 업로드할 영상을 선택하고 [다음]을 터치합니다.

02 | 영상을 수정할 수 있는 창이 표시됩니다. 필터를 통해 영상의 색감을 변경할 수 있습니다. 예제에서는 'Valencia'를 선택합니다. 하단에 있는 [커버 사진] 탭을 터치합니다.

03 | 인스타그램에 표시되는 영상의 섬네일을 선택할 수 있습니다. 타임라인을 드래그하면서 원하는 장면을 선택한 다음 [다음]을 터치합니다. 새 게시물 창이 표시되면 게시물에 대한 내용을 작성할 수 있습니다. 표시할 내용을 입력하고 [공유]를 터치하면 영상이 인스타그램에 공유됩니다.

스마트폰으로
틱톡에 영상 공유하기

> 스마트폰에 있는 영상을 틱톡에 업로드하여 사람들에게 일상을 공유할 수 있습니다. 스마트폰에서 영상을 틱톡에 업로드하는 방법에 대해 알아봅니다.

● 업로드할 영상 선택하기

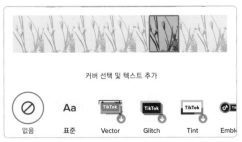

● 영상 섬네일 지정하기

01 틱톡에 영상 공유하기

01 | 스마트폰에 설치되어 있는 틱톡 앱을 실행합니다. 틱톡 화면이 표시됩니다. 하단에 [만들기(■)]를 터치합니다. 카메라가 표시됩니다. 하단에 [업로드]를 터치합니다.

02 | 갤러리에 있는 동영상이 표시됩니다. 업로드할 영상을 선택하고 [다음] 버튼을 터치합니다. 영상을 확인할 수 있는 창이 표시됩니다. 확인하고 [다음] 버튼을 터치합니다.

03 | 영상에 각종 효과 및 음악을 삽입할 수 있는 창이 표시됩니다. 효과를 추가할 것이 없다면 [다음] 버튼을 터치합니다. 게시 창이 표시됩니다. 표시되는 커버 사진을 바꾸기 위해 [커버 선택]을 터치합니다.

04 | 타임라인을 넘기면서 원하는 장면을 메인에 표시되는 섬네일로 지정할 수 있습니다. 지정을 완료하면 [저장]을 터치합니다. 게시물에 대한 내용을 작성한 다음 [게시] 버튼을 터치하면 영상이 틱톡에 공유됩니다.

SECTION 18

스마트폰으로 구글 드라이브에 영상 공유하기

스마트폰에 있는 영상을 구글 드라이브에 공유하여 용량을 확보하거나 링크 형태로 다른 사람에게 공유할 수 있습니다. 구글 드라이브에 스마트폰으로 영상을 업로드하는 방법에 대해 알아봅니다.

● 구글 드라이브 앱 실행하기

● 영상 업로드하기

01 구글 드라이브에 영상 공유하기

01 스마트폰에 설치되어 있는 구글 드라이브 앱을 실행합니다. 구글 드라이브 화면이 표시됩니다. 오른쪽 하단에 [추가(⊞)] 버튼을 터치합니다.

02 새로 만들기 창이 표시됩니다. [업로드] 버튼을 터치하면 핸드폰에 있는 이미지, 오디오, 동영상, 문서가 표시됩니다. [동영상] 버튼을 터치합니다.

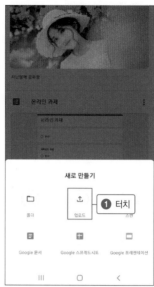
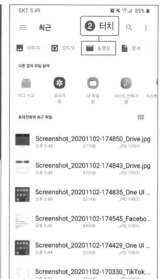

03 동영상만 표시됩니다. 업로드할 영상을 선택한 다음 [선택]을 터치합니다.

TIP
구글 드라이브는 복수의 동영상 선택이 가능합니다.

04 업로드가 자동으로 진행됩니다.

스마트폰에서 구글 드라이브 링크로!
상대방에게 내 영상 공유하기

> ↗ 구글 드라이브에 업로드한 영상은 다른 사람들에게 링크 형태로 공유해서 보거나 다운받게 할
> 수 있습니다. 링크 공유의 장점은 용량에 구애받지 않고 공유가 가능하다는 점과 사용자가 직
> 접 다운로드하는 것이 가능하다는 점입니다. 스마트폰에서 편리한 링크 공유를 통해 능동적으
> 로 받는 사람만 열어볼 수 있는 공유 기능에 대해 알아봅니다.

○ 구글 드라이브 영상 공유하기

○ 영상 링크 복사하기

01 구글 드라이브 링크 상대방에게 공유하기

01 | 스마트폰에 설치되어 있는 구글 드라
이브 앱을 실행합니다. 구글 드라이브 화면
이 표시됩니다. 공유하려는 영상의 오른쪽
상단에 [더보기(⋮)]를 터치합니다.

02 | [링크 복사]를 터치합니다. 해당 파일의 구글 드라이브 링크가 복사됩니다. '링크를 클립보드에 복사했습니다.'라고 표시되면 복사가 완료된 것입니다.

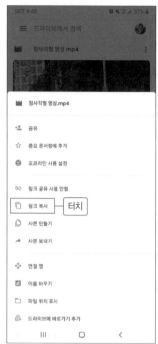

03 | 카카오톡, 네이트온, 네이버 라인과 같은 메신저에 복사한 링크를 붙여 넣어 공유합니다. 상대방이 링크를 통해 영상을 바로 확인하고 원한다면 다운로드까지 받을 수 있습니다.

↗ 카카오톡은 우리나라 대표 국민 메신저입니다. 단순한 채팅뿐만 아니라 문서, 음성, 영상, 파일 등 다양한 것을 공유할 수 있습니다. 용량에 제한이 있기 때문에 모든 영상을 공유할 수 있는 것은 아니지만, 편리하게 스마트폰으로 영상을 전송할 수 있다는 점에서 카카오톡은 여러모로 큰 도움이 됩니다. 스마트폰에서 카카오톡으로 영상을 공유하는 방법에 대해 알아봅니다.

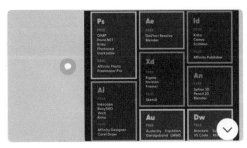

● 카카오톡으로 영상 공유하기

● 전송할 영상 선택하기

01 카카오톡으로 영상 전송하기

01 | 보내고자 하는 대상의 채팅방에 접속합니다. 채팅창 옆에 [추가(⊞)]를 터치한 다음 [앨범]을 터치합니다. 사진 및 영상 목록이 표시됩니다. 한눈에 목록들을 보기 위해 [전체]를 터치합니다.

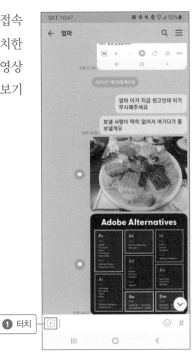

❶ 터치 ⊞

▦ 전체 ❷ 터치

02 | 전체 사진 및 영상이 표시됩니다. 목록을 위아래로 드래그하면서 보내고자 하는 영상을 선택합니다. 영상을 터치하여 선택한 다음 [전송]을 터치합니다. 그림과 같이 영상이 전송됩니다.

TIP _____

핸드폰 카카오톡에서는 원본 사진은 보낼 수 있지만 원본 영상은 보낼 수 없습니다. 카카오톡 [설정] – [채팅]을 터치하여 접속하면 동영상의 화질을 설정할 수 있습니다. 가장 높은 화질인 고화질로 선택합니다.

21

SECTION

스마트폰에서
메일로 영상 공유하기

카카오톡은 편리하고 실시간 소통이 가능하다는 점이 큰 장점입니다. 하지만, 용량 제한으로 인해 길거나 화질이 좋은 영상은 보낼 수 없다는 단점이 있습니다. 상대적으로 많은 용량 제한을 지원하는 메일을 통해 많은 영상을 한번에 상대방에게 공유하는 방법에 대해 알아봅니다. 예제에서는 네이버 메일을 이용하여 영상을 공유해 봅니다.

메일 작성하기

공유할 영상 선택하기

01 메일로 상대방에게 영상 공유하기

 상대방에게 메일을 작성하기 위해 메일 작성 창에 접속합니다. 용도에 맞게 받는 사람, 제목, 내용을 입력합니다.

TIP

다음, 네이버, 구글. 네이트 등 이메일은 모두 파일 첨부 기능을 제공합니다. 사이트마다 지원하는 용량이 다르기 때문에 확인이 필요합니다.

• **네이버** : 파일당 최대 2GB, 10개 전송 가능
• **다음** : 파일당 최대 4GB, 무제한 전송 가능
• **G메일** : 파일 총합 최대 25MB, 대용량 전송 시 구글 드라이브 사용 권장
• **네이트** : 파일 총합 최대 2GB까지 전송 가능

02 | [파일 첨부(📎)]를 터치합니다. [파일 첨부]를 터치한 다음 [파일]을 터치합니다.

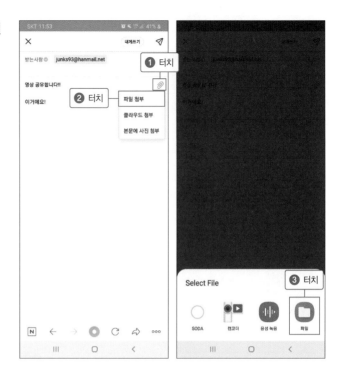

03 | 핸드폰에 있는 이미지, 오디오, 동영상, 문서가 표시됩니다. [동영상] 버튼을 터치하여 동영상만 표시되게 설정합니다. 공유할 영상을 선택합니다. 길게 터치하면 복수의 동영상을 선택할 수 있습니다. 공유할 영상들을 선택 완료한 다음 [선택]을 터치합니다.

04 | 첨부파일에 공유할 영상들이 표시됩니다. [보내기(➤)]를 터치하면 상대방에게 내 영상이 공유됩니다. 게이지가 다 차면 영상 공유가 완료됩니다.

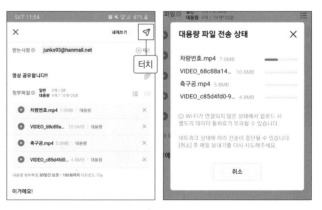

PC로 유튜브에 영상 공유하기

PC에서는 히트필름 익스프레스라는 무료 프로그램을 활용하여 다양한 형태로 영상을 편집할 수 있습니다. 히트필름 익스프레스에서 출력한 영상을 유튜브에 접속하여 업로드할 수 있습니다. PC로 유튜브에 영상을 공유하는 방법에 대해 알아봅니다.

● 업로드할 동영상 드래그 앤 드롭하기

● 공유할 영상 선택하기

01 PC에 영상 공유하기

01 │ 유튜브(youtube.com)에 접속합니다. 오른쪽 상단에 '만들기' 아이콘( )을 클릭합니다.

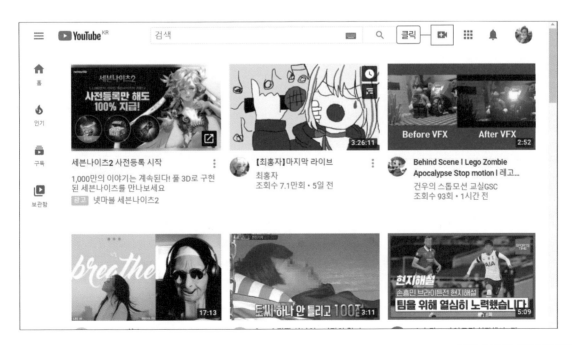

02 | 동영상을 공유하기 위해 **동영상 업로드**를 실행합니다.

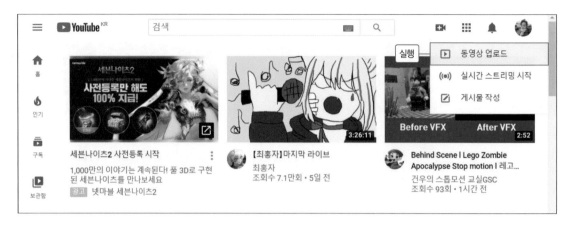

03 | 동영상 업로드 대화상자가 표시되면 PC에 있는 동영상 파일을 드래그하거나 [파일 선택] 버튼을 클릭하여 업로드를 진행할 수 있습니다. 예제에서는 [파일 선택] 버튼을 클릭합니다.

04 | 열기 대화상자가 표시되면 공유할 영상을 선택하고 [열기] 버튼을 클릭합니다.

05 | 영상에 대한 설정을 할 수 있는 대화상자가 표시됩니다.

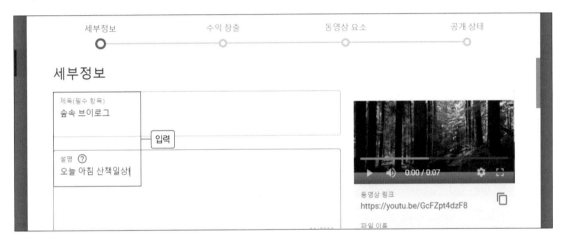

06 | 영상에 알맞은 제목과 설명을 입력합니다. 제목을 '숲속 브이로그', 설명을 '오늘 아침 산책일상!'으로 입력합니다.

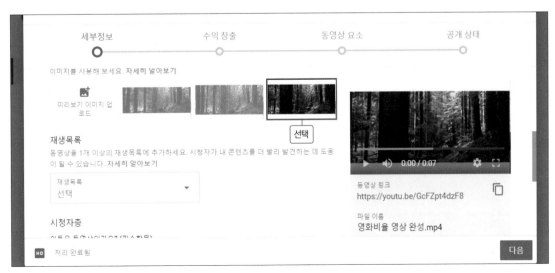

07 | 표시되길 원하는 장면의 섬네일을 선택합니다.

08 | 스크롤을 내려 하단에 아동용 영상에 관련된 설정에서 '아니요. 아동용이 아닙니다'를 선택하고 [다음] 버튼을 클릭합니다.

09 | 구독자 1,000명 이상, 1년 시청 시간 4,000시간 이상의 크리에이터의 경우에는 '수익 창출' 탭이 활성화됩니다. 수익 창출에 대한 설정을 하고 [다음] 버튼을 클릭합니다.

10 구독자 1,000명 이상, 1년 시청 시간 4,000시간 이상의 크리에이터의 경우에는 수익 창출의 일환으로 광고가 붙습니다. '광고 적합성' 탭에서 스크롤을 내려 '해당 사항 없음'에 체크 표시한 다음 [다음] 버튼을 클릭합니다.

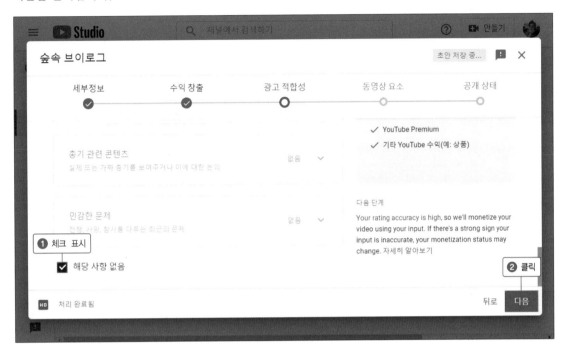

TIP

'수익 창출'과 '광고 적합성'은 수익 창출 신청이 완료된 크리에이터만 표시됩니다.

11 '동영상 요소' 탭이 표시됩니다. 영상의 끝이나 중간에 다른 영상으로 이동할 수 있는 카드 생성에 대한 설정을 하는 곳입니다. 특별히 설정을 할 것이 아니라면 [다음] 버튼을 클릭합니다.

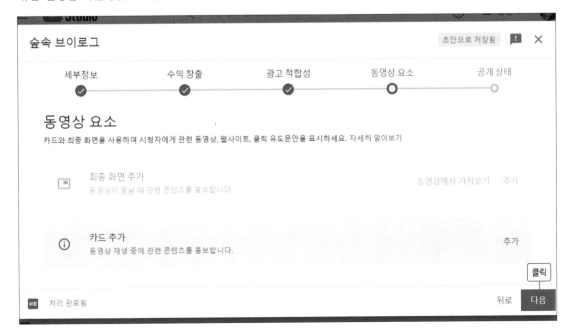

12 | '공개 상태' 탭이 표시되면 '저장 또는 게시'에서 '공개'를 선택하고 [게시] 버튼을 클릭합니다.

13 | 영상의 업로드가 완료됩니다.

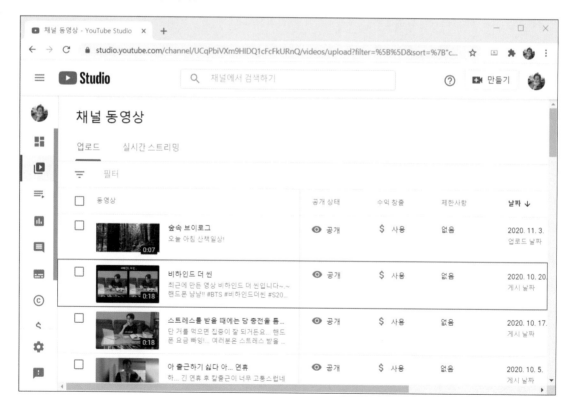

23

SECTION

PC로 구글 드라이브를 활용하여
내 영상 업로드하기

PC에 있는 영상을 구글 드라이브에 공유하여 용량을 확보하거나 링크 형태로 다른 사람에게 공유할 수 있습니다. 구글 드라이브에 PC를 활용하여 영상을 업로드하는 방법에 대해 알아봅니다.

● PC로 구글 드라이브에 영상 업로드하기

● 내 드라이브에 업로드 확인하기

01 | 구글 드라이브(drive.google.com/drive/my-drive)에 접속합니다. 왼쪽 상단에 [새로 만들기] 버튼을 클릭합니다.

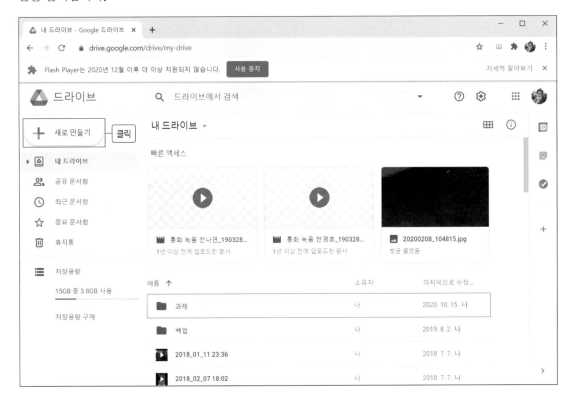

02 | 여러 가지 선택 사항이 표시됩니다. **파일 업로드**를 실행합니다.

03 | 열기 대화상자가 표시되면 업로드할 영상을 선택합니다. 복수의 동영상 선택이 가능합니다. 선택이 완료되면 [열기] 버튼을 클릭합니다.

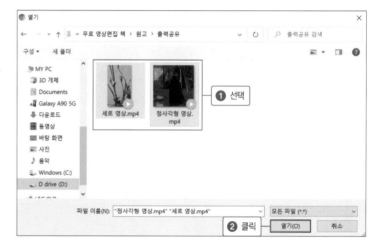

04 | 오른쪽 하단에 업로드의 진행 정도가 표시됩니다.

05 업로드가 완료되면 그림과 같이 초록색 체크가 표시됩니다.

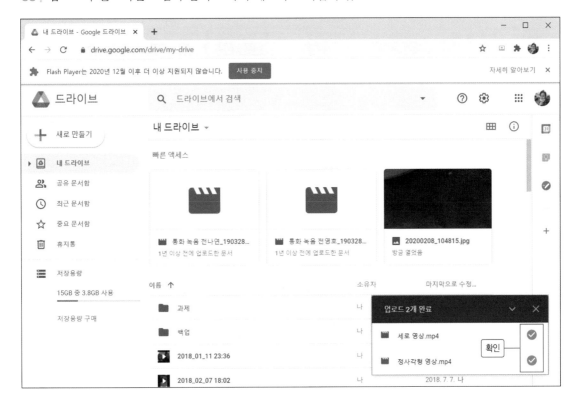

06 왼쪽 목록에서 '최근 문서함'을 선택합니다. 방금 업로드한 영상이 표시됩니다.

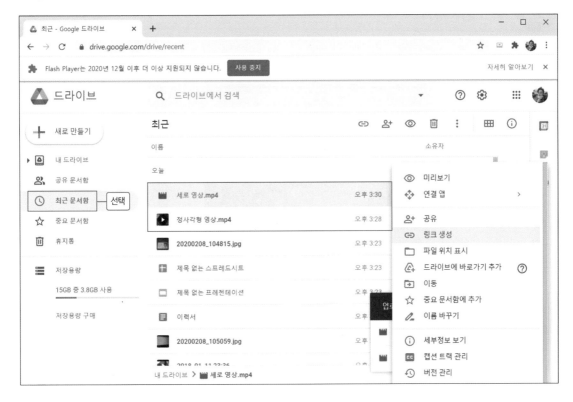

24

SECTION

PC에서 구글 드라이브 링크로
상대방에게 내 영상 공유하기

구글 드라이브에 업로드한 영상은 다른 사람들에게 링크 형태로 공유해서 보거나 다운받게 할 수 있습니다. 링크 공유의 장점은 용량에 구애받지 않고 공유가 가능하다는 점과 사용자가 직접 다운로드하는 것이 가능하다는 점입니다. 편리한 링크 공유를 통해 능동적으로 받는 사람만 열어볼 수 있는 공유 기능에 대해 알아봅니다.

● 구글 드라이브 접속하기

● 사용자 권한 제한 설정하기

01 링크 공유하기

01 │ 구글 드라이브(drive.google.com/drive/my-drive)에 접속합니다.

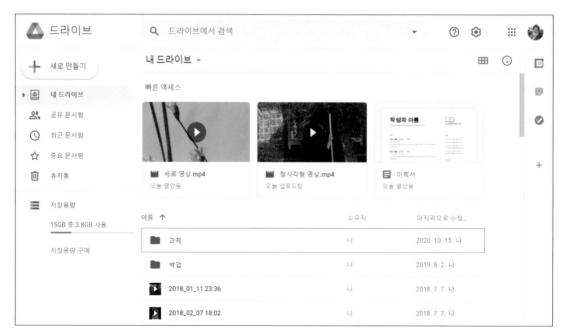

02 | 검색창에 공유할 영상의 이름을 검색합니다.

03 | 공유할 영상을 선택하고 마우스 오른쪽 버튼을 클릭하여 **링크 생성**을 실행합니다.

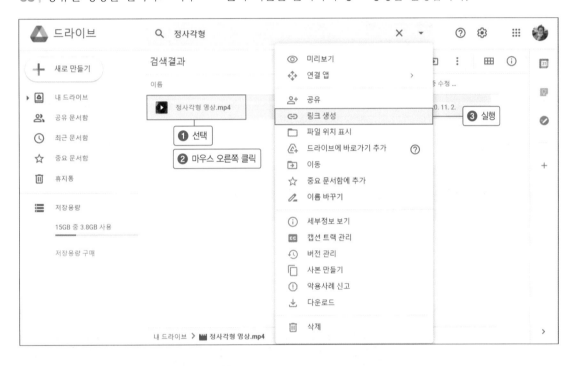

04 | 해당 영상 파일에 대한 구글 드라이브 링크가 표시됩니다. [링크 복사] 버튼을 클릭하여 링크를 복사합니다.

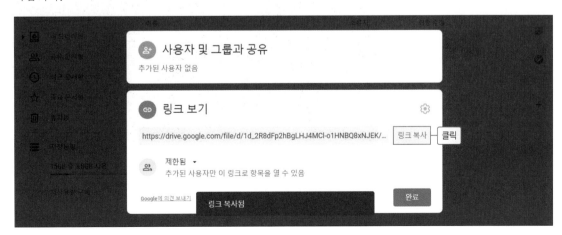

05 아래에 있는 설정을 '제한됨'에서 '링크가 있는 모든 사용자에게 공개'로 변경합니다. [완료] 버튼을 클릭합니다.

06 카카오톡, 네이트온, 네이버 라인과 같은 메신저에 복사한 링크를 붙여 넣어 공유합니다. 상대방이 링크를 통해 영상을 바로 확인하고 원한다면 다운로드까지 받을 수 있습니다.

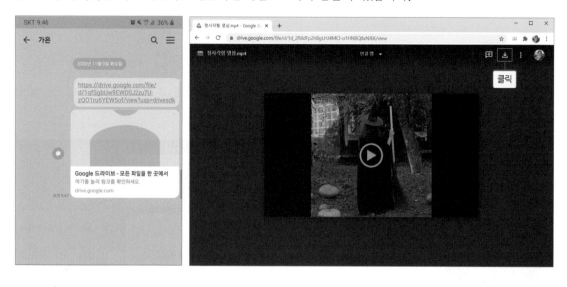

25
SECTION

PC에서 카카오톡으로
영상 공유하기

카카오톡은 우리나라 대표 국민 메신저입니다. 단순한 채팅뿐만 아니라 문서, 음성, 영상, 파일 등 다양한 것을 공유할 수 있습니다. 카카오톡의 장점은 핸드폰뿐만 아니라 PC로도 이용이 가능하다는 점입니다. PC에서 카카오톡으로 영상을 공유하는 방법에 대해 알아봅니다.

● 영상을 공유할 대상 검색하기

● 카카오톡으로 영상 공유하기

01 PC 카카오톡으로 영상 공유하기

01 │ PC 버전 카카오톡에 접속합니다. 왼쪽 하단에 '설정' 아이콘
(⚙)을 클릭한 다음 **설정**을 실행합니다.

02 '채팅' 탭을 클릭하여 '채팅 옵션'에서 동영상 화질 설정을 진행할 수 있습니다. '동영상 원본으로 보내기'를 체크 표시합니다. 친구 창에서 영상을 공유할 사람의 이름을 검색합니다. 표시된 사람의 프로필을 더블클릭합니다.

TIP

'동영상 원본으로 보내기'를 체크 해제하면 영상의 화질이 저하된 상태로 용량이 최적화됩니다. 화질의 저하를 없애기 위해서는 반드시 해당 항목을 체크 표시해야 합니다.

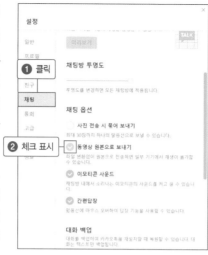

03 채팅 창에서 하단에 '파일 전송' 아이콘(▨)을 클릭합니다. 열기 대화상자가 표시되면 공유할 영상을 선택한 다음 [열기] 버튼을 클릭합니다.

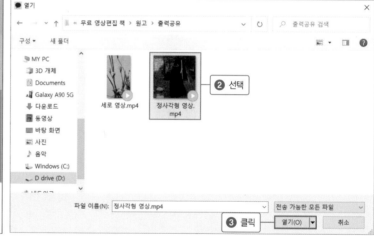

04 영상이 자동으로 공유됩니다.

동영상 용량 제한을 줄이는 방법!
인코더 사용하기

용량이 큰 파일이나 화질이 너무 좋은 영상의 경우에는 카카오톡이나 메일로 공유하는 과정에서 용량 제한이 있을 수 있습니다. 다시 영상 편집 프로그램을 실행한 다음 새로 출력하는 것은 너무나 번거롭습니다. 인코더라는 프로그램을 통해 영상의 형식과 사이즈, 용량을 최소화하는 방법에 대해 알아봅니다.

● 인코딩할 영상 선택하기

● 다음팟으로 영상 인코딩하기

01 다음팟인코더 다운받기

01 │ 다음팟인코더(potencoder.miasnu.com/potdown)에 접속합니다. '[팟인코더 다운로드]'를 클릭합니다. 다운로드가 자동으로 실행됩니다.

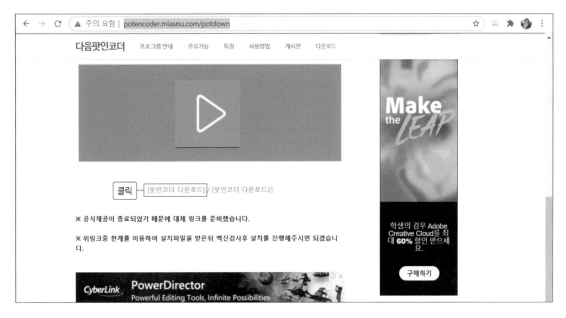

02 설치 대화상자가 표시되면 [다음] 버튼을 클릭합니다.

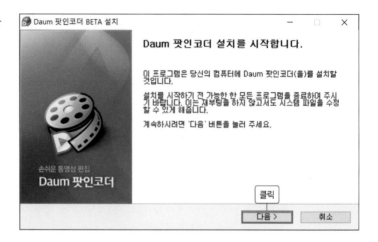

03 [동의함] 버튼을 클릭합니다.

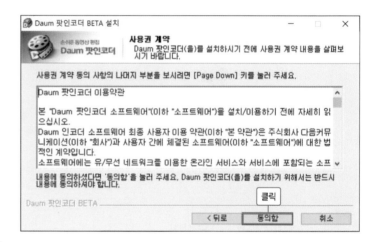

04 사용의 편의성을 위해 '바탕화면에 바로가기 만들기'와 '시작메뉴에 바로가기 만들기'를 체크 표시한 다음 [다음] 버튼을 클릭합니다.

TIP

Daum 클리너는 컴퓨터의 용량 확보에 도움이 되는 프로그램입니다. 필요에 따라 다운받아도 문제는 없습니다.

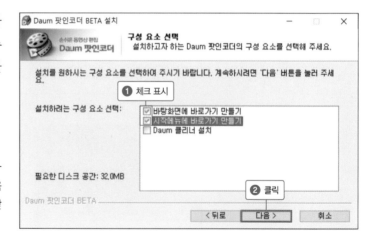

05 | [설치] 버튼을 클릭하면 설치
가 진행됩니다.

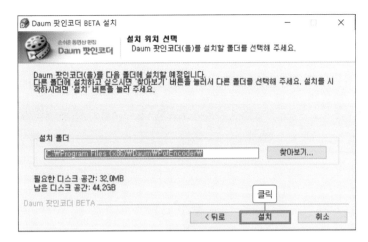

06 | 설치가 자동으로 진행됩니다.

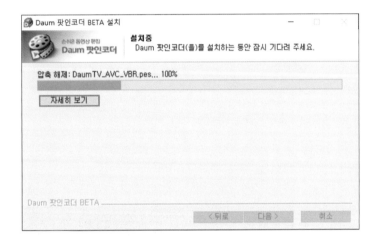

07 | [마침] 버튼을 클릭하면 설치
가 마무리되고 다음팟인코더가 실
행됩니다.

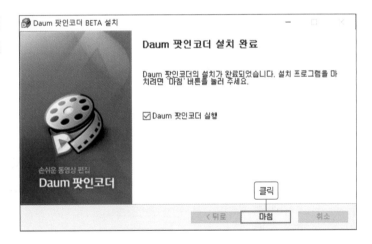

02 영상 인코딩하기

01 | 다음팟인코더를 실행합니다. 인코딩할 영상을 불러오기 위해 [불러오기] 버튼을 클릭합니다.

02 | 파일 열기 대화상자가 표시되면 용량을 최적화할 영상 파일을 선택하고 [열기] 버튼을 클릭합니다.

03 | 하단에 인코딩 옵션에서 'PC/PMP 용'을 선택합니다.

04 | 인코딩 옵션에서 영상화질을 '고화질(100%)', 파일형식을 'MP4'로 지정합니다. 오른쪽 가운데에 있는 [환경설정] 버튼을 클릭합니다

05 환경설정 대화상자가 표시되면 화면설정에서 화면크기를 '사용자 입력'으로 지정합니다. 가로를 '1920', 세로를 '1080'으로 설정하여 FHD 영상으로 설정한 다음 [확인] 버튼을 클릭합니다.

06 [인코딩 시작] 버튼을 클릭하면 4K 영상에 대한 인코딩이 진행됩니다. 게이지가 차면 인코딩이 완료됩니다.

07 | 인코딩이 완료되면 '폴더열기'를 클릭합니다.

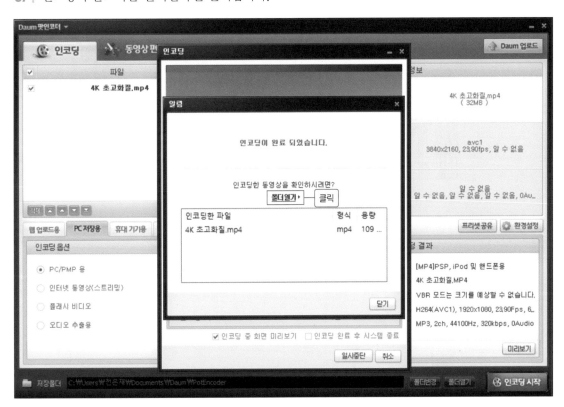

08 | PotEncoder 폴더가 표시됩니다. 해당 폴더에 방금 인코딩을 진행한 영상이 표시됩니다.

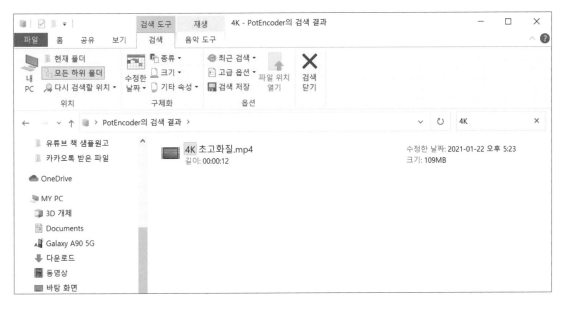

TIP ───

인코더는 영상 편집 도구는 아니지만, 영상을 최적화할 수 있는 간편한 도구입니다. 영상 편집 프로그램을 실행하여 출력하지 않아도 인코더를 통해 간편하게 영상의 형식을 바꾸거나 최적화할 수 있습니다.

유튜브
무료
영상 편집

스마트폰에서 영상 편집하기

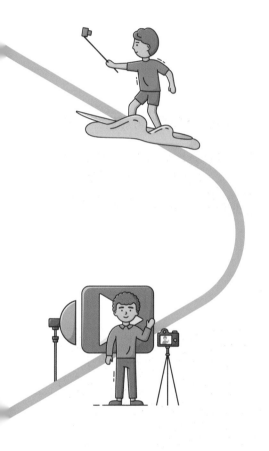

스마트폰의 보급에 따라 기존의 컴퓨터에서 하던 영상 편집이라는 과정을 스마트폰에서도 할 수 있게 됐습니다. 스마트폰 영상 편집의 장점은 스마트폰에서 찍은 영상과 사진을 바로 편집할 수 있다는 것입니다. 여러 가지 편집 프로그램이 있지만, 이 챕터에서는 무료 프로그램 중에 간편함과 다양한 디자인을 내세우는 'VLLO'를 이용한 영상 편집을 살펴봅니다.

PART 2

01 SECTION
초간편 스마트폰 편집 앱 VLLO 살펴보기

VLLO는 비모소프트에서 개발한 영상 편집 앱입니다. VLLO에는 컷 편집, 자막, 음악, 트랜지션, 모자이크, 필터 등 Vlog 및 간단한 유튜브 영상에 필요한 모든 기능이 들어 있습니다. 터치 몇 번으로 높은 퀄리티의 영상을 간단하게 만들 수 있는 VLLO에 대해 알아봅니다.

01 VLLO 인터페이스 살펴보기

❶ 비디오 / GIF 만들기
영상을 편집할 수 있게 새 프로젝트를 설정하고 만들 수 있습니다.

❷ 프로젝트 섬네일
VLLO는 자동 저장 기능을 지원합니다. VLLO에서 편집했던 영상 프로젝트들이 순차적으로 표시됩니다.

❸ 모니터
편집 과정이 반영돼 화면에 표시됩니다.

❹ 타임라인
시간마다 해당 장면에 대응하는 영상 장면이 표시됩니다.

❺ 메뉴 탭
VLLO에는 여러 가지 메뉴들이 존재합니다. 하단의 메뉴 탭에서 큰 주제의 메뉴를 클릭하면 해당 주제에 맞는 메뉴 화면이 표시됩니다.

02 SECTION

편집을 시작하기 전에!
VLLO 다운받고 실행하기

스마트폰에 익숙한 사람이라면 앱을 실행하고 종료하는 과정에서 어려움이 없을 것입니다. 하지만, PC에 익숙한 사람은 스마트폰의 구동과 영상 편집 앱이라는 것이 굉장히 생소할 수 있습니다. 영상 편집기인 VLLO를 다운받고 실행하는 것에 대해 알아봅니다.

01 VLLO 앱 다운받기

01 | 스마트폰 화면에서 [Play 스토어] 앱을 터치합니다. Play 스토어가 실행됩니다. 스토어 상단에 검색할 수 있는 검색창을 터치합니다.

TIP

Play 스토어는 유저들이 사용할 수 있는 스마트폰 앱을 다운받을 수 있는 곳입니다.

02 | 검색창에 'VLLO'를 입력하고 [검색(🔍)]을 터치합니다. 가장 상단에 있는 'VLLO 블로 – 쉬운 동영상 편집 어플 브이로그 앱'이 표시됩니다. [설치] 버튼을 터치합니다.

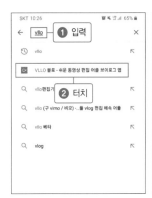

03 | VLLO 앱의 다운로드가 시작됩니다. 다운로드가 완료되면 [열기] 버튼이 활성화됩니다. [열기] 버튼을 터치합니다. 또는 Play 스토어 앱을 종료하고 스마트폰 앱 화면에서 VLLO 앱의 아이콘을 터치해도 앱이 실행됩니다.

04 | VLLO를 실행하면 'VLLO에서 기기의 사진, 미디어, 파일에 액세스하도록 허용하시겠습니까?'라는 문구가 표시됩니다. [허용]을 터치합니다. VLLO의 시작 화면이 표시됩니다.

편집 잠깐 STOP!
VLLO 앱 종료하기

VLLO에는 '자동 저장' 기능이 있어서 실시간으로 프로젝트가 저장됩니다. 편집을 하다 보면 개인적인 스케줄이나 일정으로 인해 나중에 이어서 편집을 해야 하는 상황이 발생할 수 있습니다. VLLO 앱을 종료하는 방법에 대해 알아봅니다.

01 VLLO 앱 종료하기

01 영상을 편집하다가 VLLO 앱을 종료해야 하는 상황이 발생하면 왼쪽 상단에 [뒤로 가기 (◀)]를 터치합니다. VLLO의 시작 화면으로 이동합니다. 시작 화면에서 왼쪽 상단에 [설정 (☰)]을 터치합니다.

TIP

VLLO는 자동 저장 기능을 지원하기 때문에 언제든 종료했다가 다시 편집하는 것이 가능합니다.

02 | 다양한 설정이 표시됩니다. 가장 아래에 [앱 종료]를 터치합니다. 앱 종료에 대한 대화 상자가 표시되면 [종료]를 터치합니다.

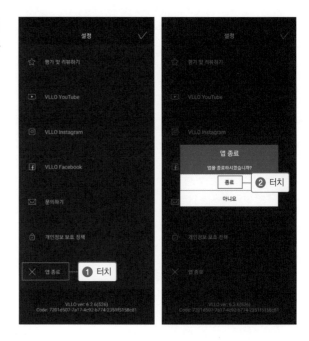

TIP ────────────────────────────────────

VLLO에는 프로젝트 자동 저장 기능이 있기 때문에 별도의 저장 과정이 없어도 VLLO 시작 화면 아래 '내 프로젝트'에 작업한 내역이 표시됩니다. 그렇기 때문에 편집을 중단하고 나중에 다시 이어서 편집을 진행해도 괜찮습니다.

스마트폰으로 영상을 편집하자!
컷 편집하기

기기의 특성으로 인해 전문적이고 복잡한 편집은 스마트폰보다는 PC로 편집하는 것이 현명합니다. 하지만, 스마트폰으로 찍은 영상을 바로 간단하게 편집할 수 있다는 것은 정말 큰 장점이 될 수 있습니다. VLLO 앱은 이러한 목적에 정말 충실한 앱입니다. VLLO로 영상 2개를 컷 편집하는 과정에 대해 알아봅니다.

● **예제 파일** 02\배경.mp4, 디테일.mp4

● **완성 파일** 02\컷 편집 완성.mp4

01 VLLO에 영상 불러오기

01 VLLO 앱을 실행합니다. 시작 화면이 표시되면 [비디오/GIF 만들기]를 터치합니다. 소스를 불러올 수 있는 창이 표시됩니다. [비디오] 탭을 터치하여 스마트폰에 있는 비디오 목록을 확인합니다.

02 | 02 폴더에서 '배경.mp4', '디테일.mp4' 영상을 선택합니다. 하단에 선택한 영상 2개가 표시됩니다. 편집 과정을 진행하기 위해 프로젝트를 불러옵니다. 오른쪽 상단에 [다음(➤)] 버튼을 터치합니다. 경고에 대한 대화상자가 표시되면 [확인]을 터치합니다.

03 | 설정 창이 표시됩니다. 설정 창에서는 프로젝트 영상의 크기를 설정할 수 있습니다. 원본 영상의 크기에 맞출 필요 없이 출력하려는 영상 크기를 선택하고 [다음(➤)] 버튼을 터치합니다. 예제에서는 '16:9'로 설정하였습니다. 프로젝트가 생성됩니다.

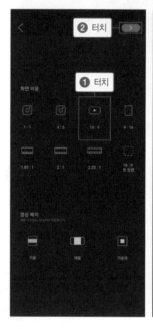

TIP 상황별 영상 크기 고르는 법 ─────────────

- **인스타그램(Instagram)** : 보통 1:1이나 4:5 크기로 프로젝트를 만들어 진행합니다.
- **유튜브(Youtube)나 페이스북(Facebook)** : 16:9 크기로 프로젝트를 만들어 진행합니다.
- **세로 영상이나 틱톡(Tiktok)** : 핸드폰을 세로로 들고 촬영한 경우 9:16 크기로 프로젝트를 만들어 진행합니다.
- **기타** : 시네마틱한 영상을 만들 때는 주로 1.85:1이나 2.35:1 크기로 프로젝트를 만들어 진행합니다.

02 영상 컷 편집하기

01 │ 영상 트랙 부분을 오른쪽에서 왼쪽으로 드래그하면 시간표시자를 움직일 수 있습니다. 화면을 드래그하여 '03.0'초로 이동합니다. '배경.mp4' 영상 트랙을 터치합니다. 영상이 선택되면 [분할]을 터치합니다.

02 │ 시간표시자를 기준으로 영상 트랙이 나뉩니다. '03.0'초 뒤에 있는 영상 트랙을 선택한 다음 [삭제]를 터치하면 영상이 삭제됩니다. [완료]를 터치합니다.

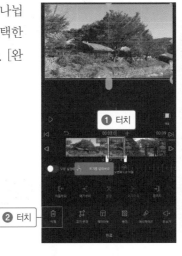

03 │ [재생(▶)] 버튼을 터치하여 영상을 재생하면 컷 편집이 완료된 것을 확인할 수 있습니다.

TIP

컷 편집은 영상 편집의 기본이라고 할 수 있습니다. 영상 편집에서 컷 편집에 집중하면 사람들이 집중할 수 있는 영상을 만들 수 있습니다.

05

음악으로 영상을 멋지게!
배경음악 넣기

유튜브 영상, 특히 브이로그 장르나 여행 영상의 경우에는 영상을 돋보이게 해 주는 배경음악이 필수입니다. VLLO에서는 브이로그에 좋은 무료 음원 몇 가지를 제공하고 있습니다. 터치 몇 번으로 영상에 배경음악을 적용하는 방법에 대해 알아봅니다.

⊙ **예제 파일** 02\기와.mp4

⊙ **완성 파일** 02\배경음악 완성.mp4

01 VLLO에 영상 불러오기

01 | VLLO 앱을 실행합니다. 시작 화면이 표시되면 [비디오/GIF 만들기]를 터치합니다. 소스를 불러올 수 있는 창이 표시됩니다. [비디오] 탭을 터치하여 스마트폰에 있는 비디오 목록을 확인합니다.

02 | 02 폴더에서 '기와.mp4' 영상을 선택합니다. 하단에 선택한 영상이 표시됩니다. 편집 과정을 진행하기 위해 프로젝트를 불러옵니다. 오른쪽 상단에 [다음(　＞　)] 버튼을 터치합니다. 경고에 대한 대화상자가 표시되면 [확인]을 터치합니다.

03 | 설정 창이 표시됩니다. 설정 창에서는 프로젝트 영상의 크기를 설정할 수 있습니다. 원본 영상의 크기에 맞출 필요 없이 출력하려는 영상의 크기를 선택하고 [다음(　＞　)] 버튼을 터치합니다. 예제에서는 '16:9'로 설정하였습니다. 프로젝트가 생성됩니다.

02 배경음악 넣기

01 | 영상 트랙 왼쪽에 [배경음악(♬)]을 터치
하면 내장된 배경음악을 장르별로 선택할 수 있
는 창이 표시됩니다. [#일상]을 터치합니다.

02 | 빨간 자물쇠 표시가 없는 음악이 VLLO에
서 무료로 제공하는 음원입니다. 'Buenos Dios'
음악의 [다운로드(⤓)] 버튼을 터치하여 음원
을 다운받습니다. 다운이 완료되면 음원을 들어
보고 선택할 수 있습니다. 'Buenos Dios'가 활
성화된 상태에서 오른쪽 하단에 [확인(✓)]을
터치합니다.

TIP

VLLO는 기본적으로 무료 툴이지만 유료 버전도 제공하고
있습니다. 잠금(🔒) 아이콘이 표시된 음원은 무료 버전에서
사용이 제한된 음원입니다.

03 | 음원이 자동으로 컷 편집되어 영상 길이만
큼 배치됩니다. [재생(▷)] 버튼을 터치하여 영
상을 재생합니다. 음원이 잘 적용되었는지 확인
합니다.

06

SECTION

움직임이 있는 라벨을 이용한
오프닝 만들기

VLLO는 간단하지만 강력한 브이로그 영상을 위한 편집 툴입니다. 브이로그에 적합한 디자인의 스티커와 라벨을 제공하여 전문가가 아니어도 그럴듯한 브이로그 영상 오프닝을 만들 수 있습니다. 트렌디한 브이로그 오프닝을 만들어 봅니다.

⊙ **예제 파일** 02\낙엽.mp4, 가을 배경음악.mp3

⊙ **완성 파일** 02\오프닝 완성.mp4

01 VLLO에 영상 불러오기

01 | VLLO 앱을 실행합니다. 시작 화면이 표시되면 [비디오/GIF 만들기]를 터치합니다. 소스를 불러올 수 있는 창이 표시됩니다. [비디오] 탭을 터치하여 스마트폰에 있는 비디오 목록을 확인합니다.

02 | 02 폴더에서 '낙엽.mp4' 영상을 선택합니다. 하단에 선택한 영상이 표시됩니다. 편집 과정을 진행하기 위해 프로젝트를 불러옵니다. 오른쪽 상단에 [다음(>)] 버튼을 터치합니다. 설정 창이 표시됩니다. 설정 창에서는 프로젝트 영상의 크기를 설정할 수 있습니다. 원본 영상의 크기에 맞출 필요 없이 출력하려는 영상의 크기를 선택하고 [다음(>)] 버튼을 터치합니다. 예제에서는 '16:9'로 설정하였습니다. 프로젝트가 생성됩니다.

02 배경음악 넣기

01 | 영상 트랙 왼쪽에 [배경음악(♬)]을 터치하면 내장된 배경음악을 장르별로 선택할 수 있는 창이 표시됩니다. 하단에 [파일(▣)]을 터치합니다.

02 핸드폰에 저장된 오디오 파일들이 표시됩니다. 02 폴더에서 '가을 배경음악.mp3' 파일을 선택하고 [확인(☑)]을 터치합니다.

03 배경음악 끝부분의 소리가 자연스럽게 줄어드는 효과를 적용합니다. 하단에 [페이드(⯐)]를 터치한 다음 [끝 부분]을 터치합니다.

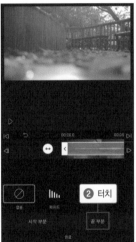

04 [페이드(⯐)]를 터치하여 효과를 적용한 다음 [완료]를 터치합니다. 한 번 더 [완료]를 터치합니다. 배경음악 끝부분의 소리가 자연스럽게 줄어드는 효과가 적용되었습니다.

03 스티커 넣기

01 | 영상 트랙 하단에 [글자(T)]를 터치하면
왼쪽에 다양한 옵션들이 표시됩니다. [라벨(📷)]
을 터치합니다. 글씨와 움직이는 스티커가 합쳐
진 라벨이 표시됩니다.

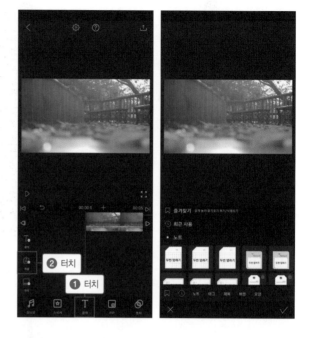

02 | 핸드폰 모양의 스티커를 선택합니다. 스티
커 오른쪽 하단을 드래그하여 크기를 조절하고
스티커의 가운데를 드래그하여 영상 왼쪽에 배
치합니다. 배치가 완료되면 [확인(✓)]을 터치
합니다.

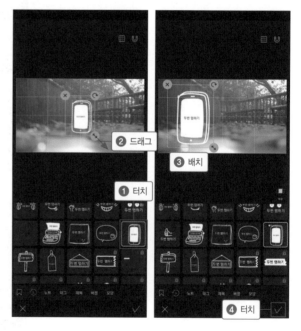

03 | 스티커 안에 있는 텍스트를 바꾸기 위해 [글자(✎)]를 터치합니다. 텍스트 입력 창이 표시되면 '나의 가을 이야기'를 입력하고 [확인(✔)]을 터치합니다. 영상에 스티커가 적용됩니다.

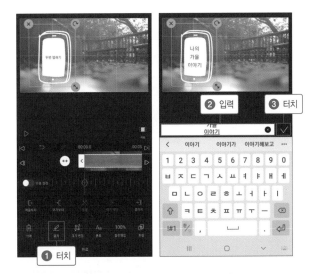

04 | 스티커가 나오는 시간을 조절하기 위해 타임라인의 [시간 조절(❮)] 버튼을 드래그하여 '01.0'초에서 스티커가 나오도록 조절한 다음 [완료]를 터치합니다.

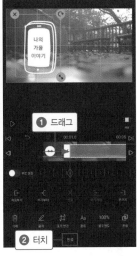

05 | 하단에 [애니메이션(⬦)]을 터치합니다. 스티커의 시작 부분과 끝부분의 애니메이션을 설정할 수 있습니다. 시작 부분에서 [확대]를 터치하여 활성화한 다음 [완료]를 터치합니다. 스티커가 점점 커지면서 나오는 애니메이션이 적용됩니다.

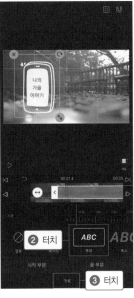

07

감성 느낌 물씬!
흑백 영상으로 감성을 더하기

일반적인 영상에 감성과 감각을 더하는 방법에는 여러 가지가 있습니다. 특히 인스타그램의 유행으로 다양한 색감을 이용하여 사진이나 영상을 업로드하는 방법이 가장 대중적이고 널리 퍼져 있습니다. VLLO에서도 다양한 무료 필터로 기본 영상에 다양한 색감을 더할 수 있습니다. 흑백 필터로 나의 영상을 예술적인 장면으로 만들어 봅니다.

▶ **예제 파일** 02\갤러리.mp4

▶ **완성 파일** 02\흑백 완성.mp4

01 VLLO에 영상 불러오기

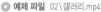

01 | VLLO 앱을 실행합니다. 시작 화면이 표시되면 [비디오/GIF 만들기]를 터치합니다. 소스를 불러올 수 있는 창이 표시됩니다. [비디오] 탭을 터치하여 스마트폰에 있는 비디오 목록을 확인합니다.

02 | 02 폴더에서 '갤러리.mp4' 영상을 선택합니다. 하단에 선택한 영상이 표시됩니다. 편집 과정을 진행하기 위해 프로젝트를 불러옵니다. 오른쪽 상단에 [다음(>)] 버튼을 터치합니다. 설정 창이 표시됩니다. 설정 창에서는 프로젝트 영상의 크기를 설정할 수 있습니다. 원본 영상의 크기에 맞출 필요 없이 출력하려는 영상의 크기를 선택하고 [다음(>)] 버튼을 터치합니다. 예제에서는 '16:9'로 설정하였습니다. 프로젝트가 생성됩니다.

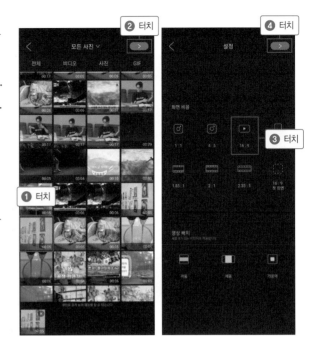

02 흑백 필터 적용하기

01 | 영상 트랙 하단에 [필터(◉)]를 터치하면 필터를 적용할 수 있는 창이 표시됩니다. 영상 트랙 왼쪽에 [필터(▣)]를 터치합니다. 여러 가지 내장 필터가 표시됩니다.

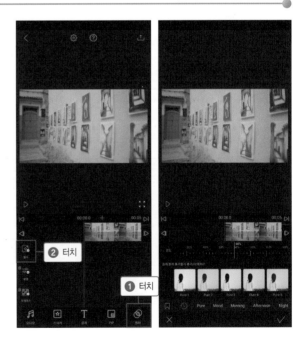

02 | 필터 목록을 오른쪽에서 왼쪽으로 드래그하면서 확인할 수 있습니다. 필터 목록 중 [Mono 4]를 터치합니다. 영상의 일부분이 흑백으로 변경됩니다. '강도'의 표시자를 드래그하여 '100%'로 설정합니다. 완전한 흑백 영상이 표시됩니다.

TIP ────────────────────

잠금(🔒) 아이콘이 표시된 필터는 유료 버전에서만 사용이 가능한 필터입니다. 무료 버전에서는 영상에 적용할 수 없습니다.

03 | [완료]를 터치하여 필터를 적용합니다. 한 번 더 [완료]를 터치하여 필터 설정을 완료합니다. [재생(▶)] 버튼을 터치하여 영상을 재생하면 영상에 흑백 필터가 적용된 것을 확인할 수 있습니다.

TIP ────────────────────

트랙 길이만큼 필터가 적용되기 때문에 긴 영상에 필터를 적용하는 경우에는 트랙을 드래그하여 길이를 영상만큼 늘려 줍니다.

08

어두운 영상을 밝게!
영상에 맑고 밝은 감성을 더하기

앞서 무료 필터를 이용하여 영상을 흑백 컬러로 만들었습니다. 이번에는 어둡게 촬영된 영상을 밝게 만들어 봅니다. 촬영을 하다 보면 조명과 환경으로 인해 어둡게 촬영되는 경우가 많습니다. VLLO에서는 필터를 통해 영상을 밝게 보정할 수 있습니다.

◉ **예제 파일** 02\커피 머신.mp4

◉ **완성 파일** 02\밝은 영상 완성.mp4

01 VLLO에 영상 불러오기

01 | VLLO 앱을 실행합니다. 시작 화면이 표시되면 [비디오/GIF 만들기]를 터치합니다. 소스를 불러올 수 있는 창이 표시됩니다. [비디오] 탭을 터치하여 스마트폰에 있는 비디오 목록을 확인합니다.

02 | 02 폴더에서 '커피 머신.mp4' 영상을 선택합니다. 하단에 선택한 영상이 표시됩니다. 편집 과정을 진행하기 위해 프로젝트를 불러옵니다. 오른쪽 상단에 [다음(>)] 버튼을 터치합니다.

설정 창이 표시됩니다. 설정 창에서는 프로젝트 영상의 크기를 설정할 수 있습니다. 원본 영상의 크기에 맞출 필요 없이 출력하려는 영상의 크기를 선택하고 [다음(>)] 버튼을 터치합니다. 예제에서는 '16:9'로 설정하였습니다. 프로젝트가 생성됩니다.

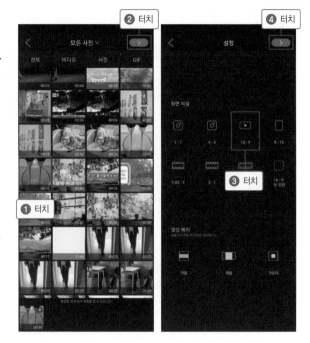

02 밝은 필터 적용하기

01 | 영상 트랙 하단에 [필터( )]를 터치하면 필터를 적용할 수 있는 창이 표시됩니다. 영상 트랙 왼쪽에 [필터( )]를 터치합니다.

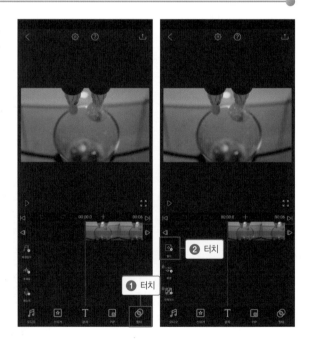

02 | 여러 가지 내장 필터가 표시됩니다. 필터 목록을 오른쪽에서 왼쪽으로 드래그하면서 확인할 수 있습니다. 필터 목록 중 [Pure 1]을 터치합니다. 영상이 밝게 변경됩니다. [확인(✓)]을 터치합니다.

TIP ──────────────

잠금(🔒) 아이콘이 표시된 필터는 유료 버전에서만 사용이 가능한 필터입니다. 무료 버전에서는 영상에 적용할 수 없습니다.

03 | 강도를 설정하여 밝기의 정도를 조절할 수 있습니다. '강도'의 표시자를 드래그하여 '100%'로 설정합니다. [완료]를 터치합니다.

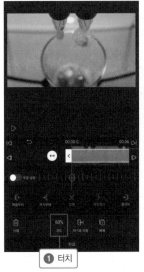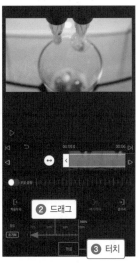

04 | [재생(▷)] 버튼을 터치하여 영상을 재생영상이 재생됩니다. 촬영 원본과 비교하면 필것을 확인할 수 있습니다.

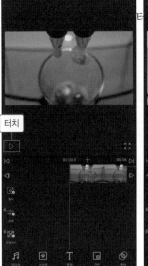

TIP ──────────────

트랙 길이만큼 필터가 적용되기 때문에 긴 영상에 필터를 적용하는 경우에는 트랙을 드래그하여 길이를 영상만큼 늘려 줍니다.

고퀄리티 유튜브 영상!
자막과 모션 로고 삽입하기

유튜브 영상을 높은 퀄리티로 만드는 방법에는 여러 가지가 있습니다. 촬영을 전문가처럼 잘하거나, 화려한 효과를 적용하는 방법이 그중 하나입니다. 가장 보편적으로 크리에이터들이 활용하는 방법으로는 왼쪽 상단에 본인 채널의 로고를 삽입하고 보기 좋은 자막을 달아 주는 것입니다. VLLO의 라벨 기능과 자막 기능을 활용하여 예쁜 로고와 자막을 만들어 봅니다.

● 예제 파일 02\캠핑.mp4

● 완성 파일 02\자막 로고 완성.mp4

01 VLLO에 영상 불러오기

01 │ VLLO 앱을 실행합니다. 시작 화면이 표시되면 [비디오/GIF 만들기]를 터치합니다. 소스를 불러올 수 있는 창이 표시됩니다. [비디오] 탭을 터치해 스마트폰에 있는 비디오 목록을 확인합니다.

02 | 02 폴더에서 '캠핑.mp4' 영상을 선택합니다. 하단에 선택한 영상이 표시됩니다. 편집 과정을 진행하기 위해 프로젝트를 불러옵니다. 오른쪽 상단에 [다음( )] 버튼을 터치합니다. 설정 창이 표시됩니다. 설정 창에서는 프로젝트 영상의 크기를 설정할 수 있습니다. 원본 영상의 크기에 맞출 필요 없이 출력하려는 영상의 크기를 선택하고 [다음( )] 버튼을 터치합니다. 예제에서는 '16:9'로 설정하였습니다. 프로젝트가 생성됩니다.

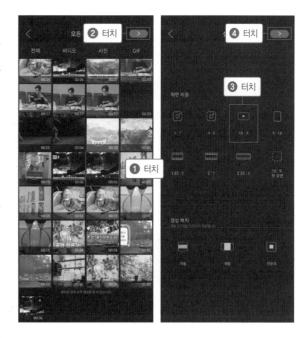

02 로고 삽입하기

01 | 영상 트랙 하단에 [글자(T)]를 터치하면 왼쪽에 다양한 옵션들이 표시됩니다. [라벨( )]을 터치합니다.

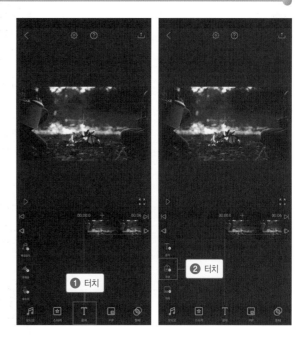

02 | 글씨와 움직이는 스티커가 합쳐진 라벨이 표시됩니다. 그림과 같은 모양의 라벨을 선택하면 화면에 라벨이 표시됩니다. 해당 라벨을 선택한 다음 [확인(✓)]을 터치합니다.

TIP ——————————————————

잠금(🔒) 아이콘이 표시된 라벨은 유료 버전에서만 사용이 가능한 라벨입니다. 무료 버전에서는 영상에 적용할 수 없습니다.

03 | 라벨을 화면 왼쪽 상단으로 옮겨 줍니다. 라벨의 가운데를 드래그하면 위치를 이동할 수 있고, 오른쪽 하단의 [화살표(↗)]를 드래그하면 크기를 조절할 수 있습니다. 영상에 방해가 되지 않게 위치와 크기를 조절한 다음 [확인(✓)]을 터치합니다. 스티커 안에 있는 텍스트를 바꾸기 위해 [글자(✏)]를 터치합니다.

04 | 글씨를 수정할 수 있는 창이 표시됩니다. 'Camping TV'를 입력한 다음 [확인(✓)]을 터치합니다. 라벨의 글씨가 수정됩니다. 이번에는 라벨의 색상을 변경하기 위해 메뉴 목록을 오른쪽에서 왼쪽으로 드래그합니다.

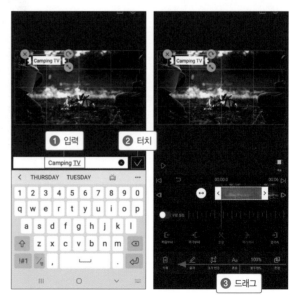

05 | 스티커의 색상을 바꾸기 위해 [색상(🎨)]을 터치합니다. 라벨의 색상을 설정할 수 있는 창이 표시됩니다. 연보라색 계열의 색상(FFF4BEE7)을 선택합니다. 라벨이 흰색에서 연보라색으로 변경됩니다. 색상을 설정한 다음 [완료]를 터치합니다.

06 | 영상 길이에 맞춰서 라벨 트랙의 오른쪽 끝부분을 오른쪽으로 드래그하여 길이를 늘려줍니다. 트랙의 오른쪽 끝부분에 [시간 조절(⏳)] 버튼을 드래그하면 트랙의 지속 시간을 늘릴 수 있습니다.

03 자막 삽입하기

01 | 영상 트랙 하단에 [글자(T)]를 터치하면 글자 및 자막을 적용할 수 있는 창이 표시됩니다. [자막(▦)]을 터치합니다. VLLO에서는 내장된 자막 바를 활용하여 자막을 추가할 수 있습니다.

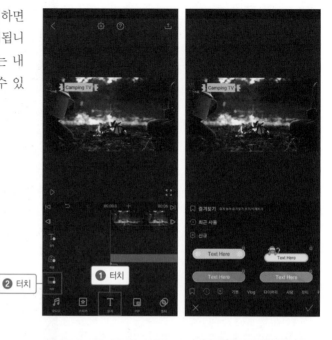

02 | 그림과 같은 자막 바 모양을 선택합니다. 흰색 둥근 모서리의 자막 바가 생성됩니다. 설정이 완료되면 [확인(✓)]을 터치합니다.

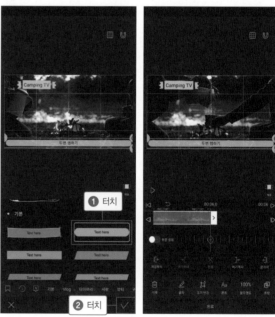

03 | 자막 바 트랙이 생성됩니다. 영상 길이에 맞춰서 자막 바 트랙의 오른쪽 끝부분을 오른쪽으로 드래그하여 길이를 늘려 줍니다.

자막 바를 2개로 나누기 위해 시간표시자를 '03.0'초로 드래그하여 이동합니다. [분할(✂)]을 터치합니다. 자막의 앞 부분으로 시간표시자를 드래그하여 이동한 다음 해당 부분을 선택합니다.

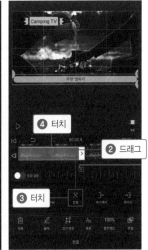

04 | 2개의 자막 바에 각각 다른 내용의 자막을 입력할 수 있습니다. 자막 바의 내용을 변경하기 위해 [글자(✐)]를 터치합니다. 글자를 수정할 수 있는 창이 표시됩니다. '여러분은 어떤 캠핑을 좋아하시나요?'를 입력한 다음 [확인(✓)]을 터치합니다.

05 | 첫 번째 자막 바의 글자가 수정됩니다. 시간표시자를 뒤에 있는 자막 바 부분으로 이동합니다. 자막 바의 내용을 변경하기 위해 [글자(✐)]를 터치합니다.

06 | 글씨를 수정할 수 있는 창이 표시됩니다. '오늘의 이야기 주제는 캠핑입니다!'를 입력한 다음 [확인(∨)]을 터치합니다. 두 번째 자막 바의 글자가 수정됩니다. 자막 바의 내용 수정이 완료되었으면 [완료]를 터치하여 자막 설정을 마무리합니다.

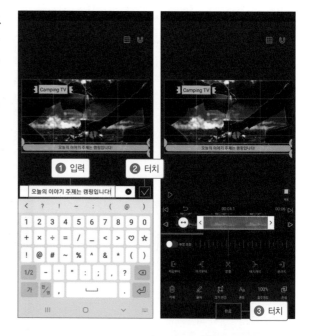

07 | [재생(▷)] 버튼을 터치하여 영상을 재생하면 로고 및 자막 바 삽입이 완료된 것을 확인할 수 있습니다.

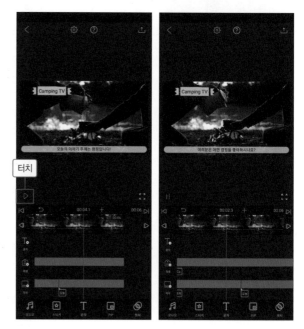

10 SECTION

라벨과 템플릿으로 영상 꾸미기

VLLO는 기본적으로 Vlog를 예쁘게 만들 수 있는 편집 도구입니다. 그렇기 때문에 VLLO에는 다양한 느낌의 스티커와 라벨, 템플릿을 제공합니다. 꼭 유료 버전이 아니더라도 무료 버전에서 상당수의 템플릿을 제공합니다. 전문가가 디자인한 여러 가지 소스들을 활용하여 귀여운 애완동물을 사랑스럽게 소개하는 영상을 만들어 봅니다.

◎ 예제 파일 02\고양이.mp4

◎ 완성 파일 02\고양이 소개 완성.mp4

01 VLLO에 영상 불러오기

01 | VLLO 앱을 실행합니다. 시작 화면이 표시되면 [비디오/GIF 만들기]를 터치합니다. 소스를 불러올 수 있는 창이 표시됩니다. [비디오] 탭을 터치하여 스마트폰에 있는 비디오 목록을 확인합니다.

02 | 02 폴더에서 '고양이.mp4' 영상을 선택합니다. 하단에 선택한 영상이 표시됩니다. 편집 과정을 진행하기 위해 프로젝트를 불러옵니다. 오른쪽 상단에 [다음(>)] 버튼을 터치합니다. 설정 창이 표시됩니다. 설정 창에서는 프로젝트 영상의 크기를 설정할 수 있습니다. 원본 영상의 크기에 맞출 필요 없이 출력하려는 영상의 크기를 선택하고 [다음(>)] 버튼을 터치합니다. 예제에서는 '16:9'로 설정하였습니다. 프로젝트가 생성됩니다.

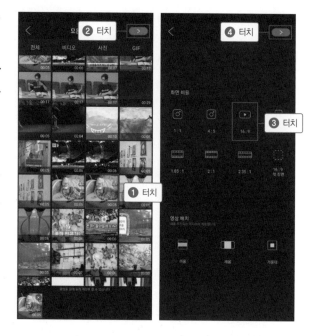

02 라벨 삽입하기

01 | 영상 트랙 하단에 [글자(T)]를 터치하면 왼쪽에 다양한 옵션들이 표시됩니다. [라벨(▣)]을 터치합니다.

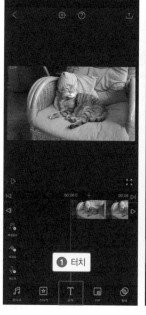
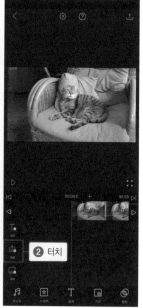

02 | 여러 가지 내장된 라벨이 표시됩니다. 화면을 위아래로 드래그하면서 목록을 확인할 수 있습니다. 그림과 같은 모양의 라벨을 선택하면 화면에 라벨이 표시됩니다. 해당 라벨을 선택한 다음 [확인(✓)]을 터치합니다.

TIP ───────────────────────

잠금(🔒) 아이콘이 표시된 라벨은 유료 버전에서만 사용이 가능한 라벨입니다. 무료 버전에서는 영상에 적용할 수 없습니다.

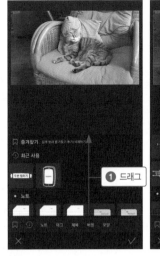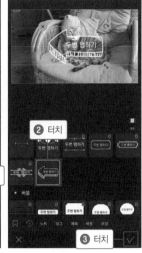

03 | 라벨의 위치를 오른쪽으로 이동합니다. 라벨의 가운데를 드래그하면 위치를 이동할 수 있고, 오른쪽 하단의 [화살표(↘)]를 드래그하면 크기를 조절할 수 있습니다. 영상에 방해가 되지 않게 위치와 크기를 조절합니다.

스티커 안에 있는 텍스트를 바꾸기 위해 [글자(✏)]를 터치합니다. 글자를 수정할 수 있는 창이 표시됩니다. '우리집 냥이♡'를 입력한 다음 [확인(✓)]을 터치합니다.

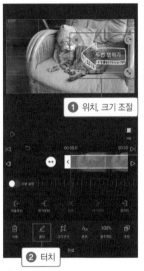

04 | 라벨의 글씨가 바뀐 것을 확인합니다. 이번에는 라벨의 폰트를 수정하기 위해 [폰트(Aa)]를 터치합니다. 폰트를 수정할 수 있는 창이 표시됩니다. 무료 폰트인 '주아체'를 선택하고 [완료]를 터치합니다.

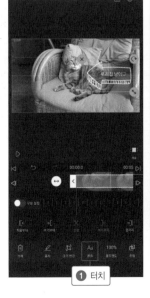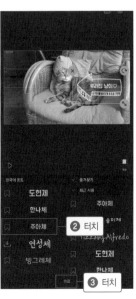

05 │ 라벨에 있는 글씨의 폰트가 '주아체'로 변경됩니다. 다시 한번 [완료]를 터치하여 라벨 삽입을 마무리합니다.

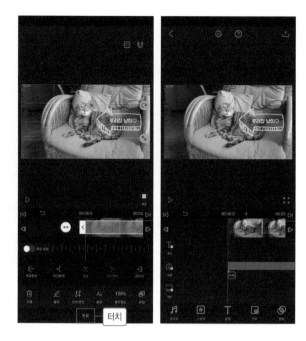

03 템플릿 삽입

01 │ 시간표시자를 '01.0'초로 드래그하여 이동합니다. 영상 트랙 하단에 [스티커(🖼)]를 터치하면 스티커 및 템플릿을 적용할 수 있는 창이 표시됩니다. [템플릿(🖼)]을 터치합니다.

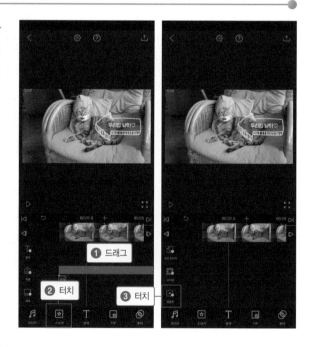

02 | 여러 가지 템플릿이 표시됩니다. 화면을 아래쪽에서 위쪽으로 드래그하면 템플릿 목록을 넘기면서 확인할 수 있습니다. 그림과 같이 작은 하트가 큰 하트 모양으로 그려지는 템플릿을 선택합니다.

03 | 해당 템플릿에는 3개의 동그라미가 표시됩니다. 오른쪽 원을 터치하면 효과가 화면 전체에 표시됩니다. 가장 오른쪽의 동그라미 부분을 터치하여 활성화한 다음 [확인(✓)]을 터치합니다. 한 번 더 [완료]를 터치하여 템플릿 적용을 마무리합니다.

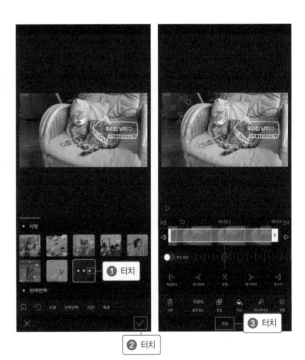

04 | 영상을 재생하면 하트 템플릿이 적용된 것을 확인할 수 있습니다. 그런데 라벨 위에 하트 모양이 겹쳐서 라벨 글씨를 가리게 됩니다. 라벨을 하트 템플릿 위로 배치합니다. 라벨이 적용된 트랙을 터치합니다. 라벨을 설정할 수 있는 창이 표시됩니다. 메뉴 목록을 오른쪽에서 왼쪽으로 드래그합니다.

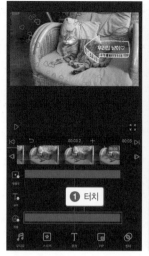
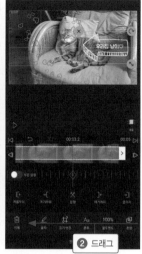

05 | [정렬(◈)]을 터치합니다. [맨 위로(◈)]를 터치한 다음 [완료]를 터치합니다.

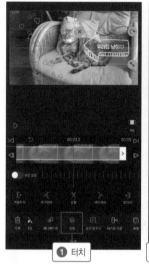
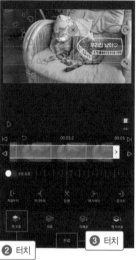

06 | 한 번 더 [완료]를 터치하여 라벨 설정을 마무리합니다. [재생(▶)] 버튼을 터치하여 영상을 재생하면 하트 템플릿 위에 라벨이 배치된 것을 확인할 수 있습니다.

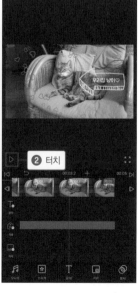

물체를 따라다니는
자막 만들기

요즘 핫한 유튜브 프로그램들을 보면 많이 쓰는 효과가 있습니다. 바로 사람이나 물체에 자막이 따라다니는 효과입니다. 자막이 물체를 따라다니는 이 효과는 뉴미디어에 아주 적합하고 사랑받는 효과라고 할 수 있습니다. 웹 예능에 자주 등장하는 물체를 따라다니는 자막을 VLLO에서 만들어 봅니다.

⊙ **예제 파일** 02\축구공.mp4

⊙ **완성 파일** 02\따라다니는 자막 완성.mp4

01 VLLO에 영상 불러오기

01 | VLLO 앱을 실행합니다. 시작 화면이 표시되면 [비디오/GIF 만들기]를 터치합니다. 소스를 불러올 수 있는 창이 표시됩니다. [비디오] 탭을 터치하여 스마트폰에 있는 비디오 목록을 확인합니다.

02 | 02 폴더에서 '축구공.mp4' 영상을 선택합니다. 하단에 선택한 영상이 표시됩니다. 편집 과정을 진행하기 위해 프로젝트를 불러옵니다. 오른쪽 상단에 [다음(>)] 버튼을 터치합니다. 설정 창이 표시됩니다. 설정 창에서는 프로젝트 영상의 크기를 설정할 수 있습니다. 원본 영상의 크기에 맞출 필요 없이 출력하려는 영상의 크기를 선택하고 [다음(>)] 버튼을 터치합니다. 예제에서는 '16:9'로 설정하였습니다. 프로젝트가 생성됩니다.

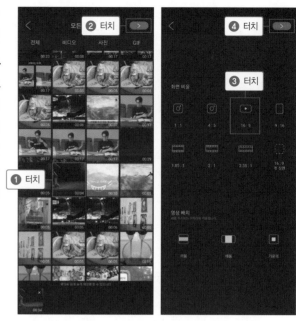

02 움직이는 자막 삽입하기

01 | 영상 트랙 하단에 [글자(T)]를 터치하면 왼쪽에 다양한 옵션들이 표시됩니다. [글자 (Tₒ)]를 터치합니다.

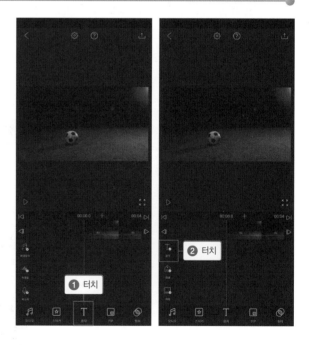

02 | VLLO에 내장된 다양한 글자 디자인이 표시됩니다. 아래쪽에서 위쪽으로 드래그하여 목록을 확인할 수 있습니다. 그림과 같은 글자 디자인을 선택합니다. 흰색 글씨에 검은색 테두리가 있는 자막이 생성되면 [확인(✓)]을 터치합니다.

03 | 글씨를 수정하기 위해 [글자(✎)]를 터치합니다. 글씨를 수정할 수 있는 창이 표시됩니다. '차냐?'를 입력한 다음 [확인(✓)]을 터치합니다.

04 | 글씨에 지속적인 움직임을 주기 위해 [부분 설정]을 터치하여 활성화합니다. '차냐' 글씨의 가운데를 드래그하여 공에 겹치게 위치를 이동합니다.

TIP _____

부분 설정을 하면 초록색 마름모 모양이 표시됩니다. 키 프레임 애니메이션이라고 불리는 기법이며 지정한 범위만큼 애니메이션을 적용하는 기능입니다.

05 | 시간표시자를 '00.5'초로 드래그하여 이동합니다. [키 프레임 애니메이션 추가( )] 버튼을 터치합니다. 자막을 분할하여 글씨 내용을 변경하기 위해 [분할( )]을 터치합니다.

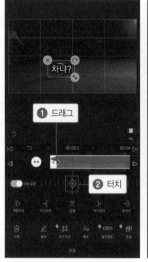

06 | 자막이 2개로 분할됩니다. 뒤에 있는 자막의 내용을 바꾸기 위해 뒤쪽에 있는 글자 트랙을 선택합니다. 텍스트를 바꾸기 위해 [글자( )]를 터치합니다. 글씨를 수정할 수 있는 창이 표시됩니다. '찬다!'를 입력한 다음 [확인( )]을 터치합니다.

07 | 자막의 글씨가 수정됩니다. 시간표시자를 '00.5'초로 드래그하여 이동한 다음 자막을 드래그하여 축구공에 위치합니다. 시간표시자를 '01.2'초로 드래그하여 이동한 다음 자막을 드래그하여 축구공에 위치합니다.

08 | 시간표시자를 '01.5'초로 드래그하여 이동한 다음 자막을 드래그하여 축구공에 위치합니다. 축구공이 발에 닿는 순간에 자막을 한 번 더 바꾸기 위해 [분할(✕)]을 터치합니다.

09 | 자막이 분할됩니다. 맨 뒤에 있는 자막의 내용을 바꾸기 위해 가장 뒤쪽에 있는 글자 트랙을 선택합니다. 텍스트를 바꾸기 위해 [글자(✏)]를 터치합니다. 글씨를 수정할 수 있는 창이 표시됩니다. '뻥!'을 입력한 다음 [확인(✓)]을 터치합니다.

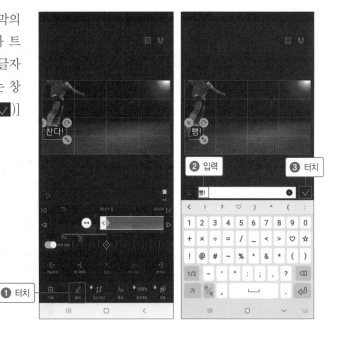

TIP 키 프레임(Key Frame) 애니메이션 _____

영상에서는 A와 장면과 B라는 장면의 사이를 단순 동작 및 프로그래밍된 효과로 일정하게 채워 주는 것을 키 프레임 애니메이션이라고 합니다. 키 프레임 애니메이션을 통해 움직임마다 개별 효과를 각각 적용하는 것이 아닌, A와 B에 키 프레임 애니메이션 적용을 통해 자동화된 움직임이나 효과를 넣을 수 있습니다.

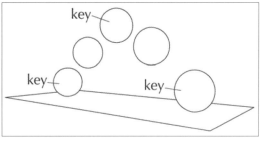

▲ 키 프레임 애니메이션

10 ┃ 자막의 글씨가 수정됩니다. 시간표시자를 '01.6'초로 드래그하여 이동한 다음 자막을 드래그하여 축구공에 위치합니다.

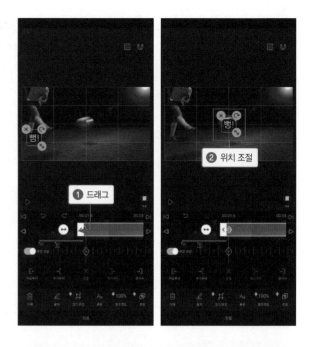

11 ┃ 시간표시자를 '01.7'초로 드래그하여 이동한 다음 자막을 드래그하여 축구공을 따라 화면 바깥으로 완전히 나가게 합니다. 자막 설정이 완료되면 [완료]를 터치하여 자막 삽입을 마무리합니다. [재생(▷)] 버튼을 터치하여 영상을 재생하면 움직이는 자막 삽입이 완료된 것을 확인할 수 있습니다.

TIP ────────────────

키 프레임 애니메이션(부분 설정)은 시간을 디테일하게 쪼개면 쪼갤수록 더욱 정교한 애니메이션을 만들 수 있습니다. 예제에 기입된 시간 말고 추가로 더 키 프레임 애니메이션을 만든다면 시간을 쪼개지 않은 영상에 비해 더 자연스러운 애니메이션을 만들 수 있습니다.

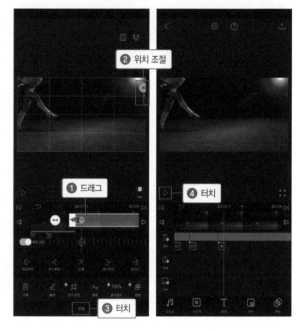

12
SECTION

특정 장면을 강조하는
반복 영상 만들기

예능 장르의 영상은 주로 사람을 재밌게 만들기 위해 다양한 방법을 사용합니다. 자막의 디자인을 재밌게 하거나 출연자가 재밌는 농담이나 몸개그 등을 하거나 연기를 과하게 하는 등 다양한 방법으로 시청자들에게 웃음을 선사합니다. 또한 재밌는 장면의 반복을 통해 시청자들에게 웃음을 줄 수 있습니다. VLLO의 라벨과 컷 편집을 이용하여 특정 장면을 반복하는 영상을 만들어 봅니다.

🔘 **예제 파일** 02\서핑.mp4

🔘 **완성 파일** 02\반복 영상 완성.mp4

01 VLLO에 영상 불러오기

01 | VLLO 앱을 실행합니다. 시작 화면이 표시되면 [비디오/GIF 만들기]를 터치합니다. 소스를 불러올 수 있는 창이 표시됩니다. [비디오] 탭을 터치하여 스마트폰에 있는 비디오 목록을 확인합니다.

02 | 02 폴더에서 '서핑.mp4' 영상을 선택합니다. 하단에 선택한 영상이 표시됩니다. 편집 과정을 진행하기 위해 프로젝트를 불러옵니다. 오른쪽 상단에 [다음(>)] 버튼을 터치합니다. 설정 창이 표시됩니다. 설정 창에서는 프로젝트 영상의 크기를 설정할 수 있습니다. 원본 영상의 크기에 맞출 필요 없이 출력하려는 영상의 크기를 선택하고 [다음(>)] 버튼을 터치합니다. 예제에서는 '16:9'로 설정하였습니다. 프로젝트가 생성됩니다.

02 영상 컷 편집하기

01 | 영상 트랙 부분을 오른쪽에서 왼쪽으로 드래그하면 시간표시자를 움직일 수 있습니다. 드래그하여 '02.0'초로 이동합니다. '서핑.mp4' 영상 트랙을 터치합니다.

02 | 트랙을 선택하면 하단에 여러 옵션이 표시됩니다. [분할(✖)]을 터치합니다. '02.0'초를 기준으로 영상 트랙이 2개로 나뉩니다.

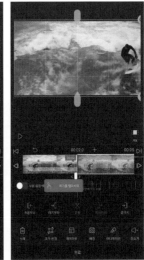

03 | 시간표시자를 '02.2'초로 드래그하면 뒤에 있는 트랙이 선택됩니다. 하단에 메뉴 목록을 오른쪽에서 왼쪽으로 드래그합니다. 02.0초 이후의 영상을 반복하기 위해 하단에 있는 [복제(⬚)]를 터치합니다. 맨 뒤인 '04.7'초 이후에 복제한 영상 트랙이 붙게 됩니다. 복제가 완료되면 [완료]를 터치합니다.

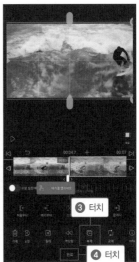

04 | '04.7'초 부분 가운데에 화면 전환을 설정할 수 있는 버튼이 표시됩니다. 버튼을 터치하면 화면 전환 효과를 적용할 수 있습니다. [페이드(화이트)]를 선택한 다음 [완료]를 터치합니다. 화면 전환 효과가 적용됩니다.

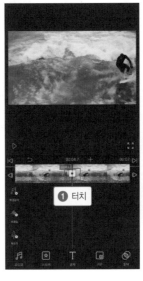

03 자막 삽입하기

01 │ 영상 트랙 하단에 [글자(T)]를 터치하면
글자 및 자막을 적용할 수 있는 창이 표시됩니
다. 시간표시자를 드래그하여 영상의 시작 부분
인 '00.0'초로 이동합니다. [글자(T)]를 터치합
니다.

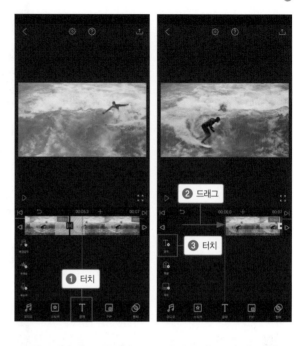

02 │ 그림과 같은 흰색 박스에 글자가 있는 형
태의 자막을 선택합니다. 화면에 선택한 자막이
표시되면 [확인(✓)]을 터치합니다. 자막의 텍
스트를 바꾸기 위해 [글자(✏)]를 터치합니다.

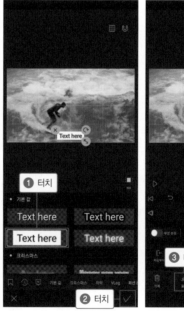

03 | 글씨를 수정할 수 있는 창이 표시됩니다. '서핑을 하고 있는 한 남자!'를 입력한 다음 [확인(✓)]을 터치합니다. 자막이 수정됩니다.

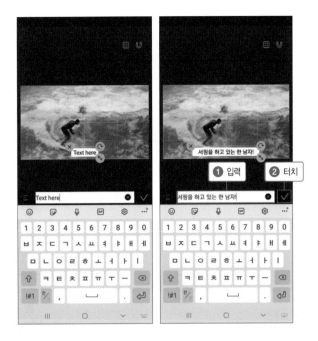

04 | 자막을 조금 위로 드래그하여 배치합니다. 시간표시자를 드래그하여 '04.7'초로 이동합니다. 04.7초를 기준으로 자막의 오른쪽 끝부분을 왼쪽으로 드래그하여 길이를 줄입니다. 화면 전환이 되기 전까지만 자막이 나오게 됩니다.

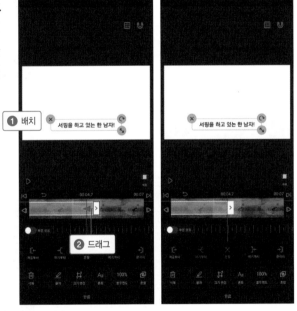

TIP 예능에서의 반복 편집

TV 예능을 보면 극적인 효과를 내기 위해 중요한 장면이나 웃긴 장면은 여러 번 반복해서 슬로우와 같이 보여 줍니다. 이 방식이 유튜브에도 차용돼 이러한 편집 기법을 적용하는 것이 예능 장르에서의 관례가 되었습니다. 그러나 집중도를 깰 정도의 과한 반복 편집의 경우에는 시청자들에게 몰입도를 방해한다는 측면에서 짜증을 유발할 수 있습니다. 반복 편집은 지루함과 강조의 측면에서 적절한 타협을 해야 하는 편집 기법입니다.

04 모션 라벨 삽입하기

01 | [라벨(⬚)]을 터치합니다. 여러 가지 내장된 라벨이 표시됩니다.

02 | 그림과 같은 모양의 라벨을 선택하면 화면에 라벨이 표시됩니다. 해당 라벨을 선택한 다음 [확인(✓)]을 터치합니다. 라벨의 글씨를 수정하기 위해 [글자(✎)]를 터치합니다.

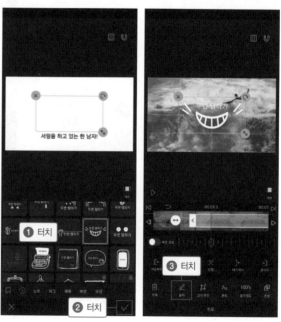

03 글씨를 수정할 수 있는 창이 표시됩니다. '아이고 ㅋㅋㅋ'를 입력한 다음 [확인(✓)]을 터치합니다. 라벨의 글씨가 수정됩니다. 라벨의 폰트를 수정하기 위해 [폰트(Aa)]를 터치합니다.

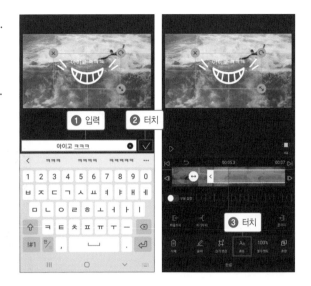

04 폰트를 수정할 수 있는 창이 표시됩니다. 무료 폰트인 '가비아 솔미체'를 선택하고 [완료]를 터치합니다. 라벨의 폰트가 변경됩니다. 라벨의 가운데 부분을 드래그하여 그림과 같이 영상의 왼쪽 하단에 배치합니다. 라벨 위치를 변경한 다음 [완료]를 터치합니다.

05 영상의 크기를 변경하기 위해 영상 트랙을 터치합니다. 하단에 영상에 대한 여러 가지 옵션이 표시됩니다. 영상의 크기를 변경할 수 있는 [크기 변경(⬚)]을 터치합니다.
영상의 크기를 변경할 수 있는 창이 표시됩니다. 영상을 안에서 바깥으로 드래그하여 사람을 잘 강조할 수 있게 확대합니다. 확대한 다음 [완료]를 터치합니다.

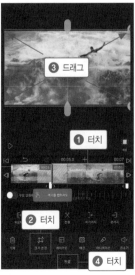

06 | 반복되는 영상에서는 본래 촬영본보다 화면이 확대된 것을 확인할 수 있습니다. 마지막으로 웃음 효과음을 적용하기 위해 하단에 [오디오(♫)]를 터치합니다. 배경음악과 효과음, 목소리를 적용할 수 있는 설정이 표시됩니다.

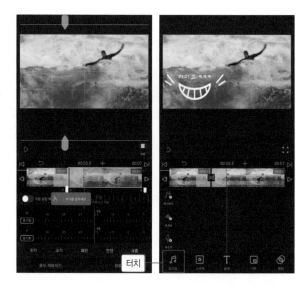

07 | 시간표시자를 드래그하여 '04.8'초로 이동합니다. [효과음(♨)]을 터치합니다. 내장된 효과음이 표시됩니다. [#박수 & 관중]을 터치합니다.

08 | '관중 웃음 1' 파일을 다운받고 터치하여 활성화한 다음 [확인(✓)]을 터치합니다. 반복되는 영상이 나오는 부분부터 웃음소리 효과음이 적용되는 것을 확인할 수 있습니다. 효과음이 적용되었다면 [완료]를 터치하여 효과음 삽입을 마무리합니다.

[재생(▷)] 버튼을 터치하여 영상을 재생하면 적용한 효과들이 잘 적용된 것을 확인할 수 있습니다.

13

영상을 출력하고
원하는 SNS에 공유하기

VLLO에서 영상 편집이 완료되었다면 이제는 영상을 출력하고 동영상 플랫폼에 공유할 시간입
니다. VLLO의 프로젝트는 자동 저장되기 때문에 기존에 작업하던 프로젝트를 불러와서 마무
리하고 출력하여 바로 원하는 SNS나 동영상 플랫폼에 공유할 수 있습니다. 편집을 마무리하는
단계에 대해 알아봅니다.

01 영상 출력하기

01 | VLLO를 실행합니다. 시작 화면에서 하단
'내 프로젝트'에는 자동으로 저장된 프로젝트가
있습니다. 완성된 프로젝트를 하나 선택하여 실
행합니다. 프로젝트가 실행되면 오른쪽 상단에
[출력하기(🔼)] 버튼을 터치합니다.

TIP 영상 출력

영상 출력은 프로그램에서 기기로 영상을 뽑아내는 과정을 뜻합니다. 꼭 편집을 마무리하여 최종 출력본을 뽑는 경우가 아니더라도,
중간에 컷 편집이나 효과가 잘 적용됐는지 확인하기 위해서 영상을 가볍게 뽑거나 다른 사람에게 시사용으로 보여 줘야 할 때도 영
상을 출력합니다.

02 | '비디오 추출하기' 설정 창이 표시됩니다. 해상도는 원본 영상에 맞게 [고화질(1920×1080)]을 터치하고 초당 프레임 수는 [30 fps]로 터치합니다. 해상도 및 초당 프레임 수는 [펼쳐보기( )] 버튼을 터치하여 세부적으로 설정할 수 있습니다. 설정이 완료되면 [추출하기] 버튼을 터치합니다.

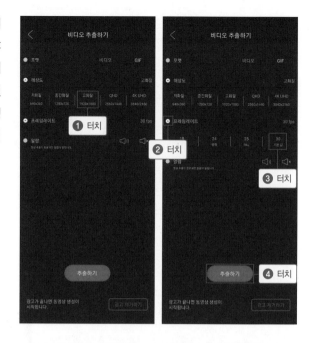

TIP 초당 프레임 수(fps) ────────────

· **24 프레임** : 영화
· **30 프레임** : 드라마 및 예능
  VLLO에서는 60 프레임을 지원하지 않습니다.

03 | VLLO 무료 버전에서는 짧은 광고를 시청해야 영상을 출력할 수 있습니다. 유료 버전이나 2,900원을 결제하면 광고 없이 영상을 바로 출력할 수 있습니다.
광고를 스킵하면 영상 출력이 진행됩니다. 출력이 완료되면 그림과 같이 '앨범에 비디오를 저장하였습니다'라는 메시지와 함께 공유할 수 있는 옵션이 표시됩니다.

02 영상 공유하기

01 출력 완료 창에서 유튜브나 인스타그램, 페이스북을 선택하면 그림과 같이 해당 플랫폼에 바로 업로드할 수 있습니다. VLLO를 활용하면 컴퓨터나 다른 방법을 거치지 않고 바로 업로드를 할 수 있어서 굉장히 편리하게 영상을 관리할 수 있습니다.

02 동영상 플랫폼이나 SNS에 바로 업로드하지 않아도 갤러리에 그림과 같이 VLLO 폴더 안에 출력된 영상들이 표시됩니다. 추후에 데스크톱이나 모바일로 영상을 업로드하거나 다른 곳에 공유해도 괜찮습니다.

TIP _____
스마트폰의 가장 큰 장점은 편리성입니다. 언제 어디서든 편리하게 영상을 공유할 수 있습니다.

유튜브
무료
영상 편집

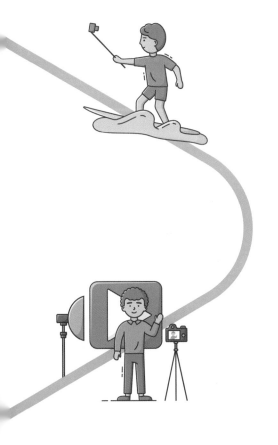

컷 편집의 기본기,
유튜브 영상 편집 스킬 배우기

PC에서 할 수 있는 영상 편집 프로그램의 종류는 정말 많습니다. 그러나 대부분 프로그램 비용이 유료이거나 비용이 무료면 기능이 한정적인 경우가 많습니다. PC에서의 영상 편집은 스마트폰과 다르게 제대로 편집을 하기 위해 기능이 많으면 많을수록 좋습니다. 이 챕터에서는 해외에서는 인기가 많지만, 국내에서는 많이 알려지지 않은 무료 종합 영상 프로그램 '히트필름 익스프레스'를 이용한 영상 편집을 살펴봅니다.

PART **3**

01

강력한 무료 영상 편집 툴!
히트필름 익스프레스 설치하기

히트필름 익스프레스는 무료 영상 편집 툴입니다. Adobe 사의 프리미어 프로와 애프터 이펙트를 섞어 놓은 듯한 프로그램으로 초보자들도 쉽게 활용할 수 있습니다. 히트필름 익스프레스를 다운받는 과정을 알아봅니다.

01 히트필름 익스프레스 다운받기

01 ┃ 히트 필름 익스프레스 홈페이지(fxhome.com/hitfilm-express)에 접속합니다. 하단에 [Download HitFilm Express] 버튼을 클릭합니다.

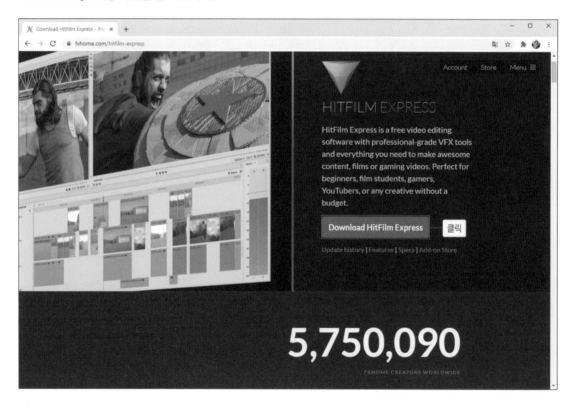

02 | 원하는 만큼 돈을 지불하라는 창이 표시됩니다. '69(USD)'라고 표시되어 있는 칸에 '0'으로 입력한 다음 [Buy Now] 버튼을 클릭합니다.

03 | 홈페이지에서 요구하는 정보를 입력하고 하단에 있는 Newsletter에 대해 선택합니다. Newsletter를 구독하고 싶으면 'Yes, I love free stuff', Newsletter를 구독하고 싶지 않으면 'No'를 선택합니다. 정보를 다 입력하였으면 [Send me the Express download] 버튼을 클릭합니다.

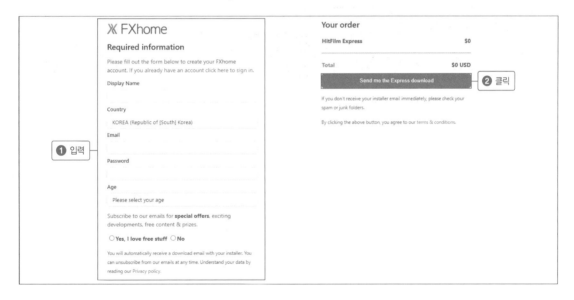

04 | 메일을 보냈다는 대화상자와 함께 메일을 확인하라는 창이 표시됩니다. [Continue learning while you wait] 버튼을 클릭합니다. 기입한 메일에 접속합니다.

05 | 메일에서 [GET YOUR EXPRESS INSTALLER] 버튼을 클릭합니다.

06 | 사용하는 컴퓨터의 운영체제에 맞는 파일을 선택하여 클릭합니다. 예제에서는 Windows 버전으로 선택합니다. 'Download Windows installer'를 클릭하면 다운로드가 시작되고 다운로드가 완료되면 설치 파일을 클릭하여 실행합니다.

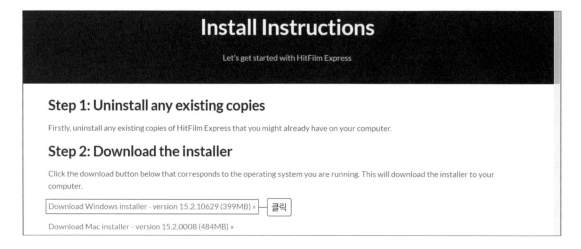

07 | 설치 마법사가 실행되면 [Next] 버튼을 클릭합니다.

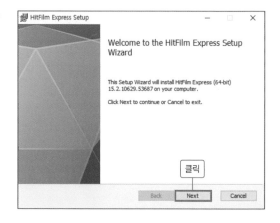

08 | [Typical] 버튼을 클릭하여 기본 기능으로 설치를 진행합니다.

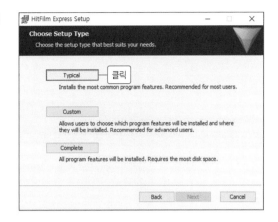

09 | 설치 마법사를 진행하면서 설치가 진행됩니다.

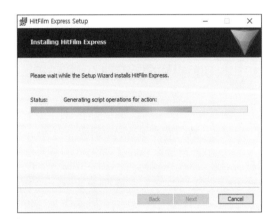

10 | [Finish] 버튼을 클릭하면 설치가 마무리됩니다.

TIP 히트필름 익스프레스 설치 사양 _____

히트필름 익스프레스는 무료 프로그램임에도 불구하고 사양이 상당히 가벼운 프로그램입니다. 비슷한 포지션의 프리미어 프로 & 애프터 이펙트 / 다빈치 리졸브의 절반 정도의 사양으로도 영상 편집이 가능합니다.

· **CPU** : 4th Generation Intel® Core 이상(인텔 4세대)
· **RAM** : 4GB 이상(8GB 권장)
· **GPU** : NVIDIA GeForce 600 (Kepler) series / MD Radeon R5 240 이상

영상을 편집하자!
히트필름 익스프레스 시작하기

SECTION 02

 히트필름 익스프레스에서 편집을 하기 위해서는 기본적으로 몇 가지의 용어를 알아야 합니다. 프로젝트, Editor, Composite 등 편집을 위한 워크플로우와 용어들을 알아보고 본격적으로 편집을 시작해 보도록 합니다.

01 히트필름 익스프레스 실행하기

01 │ 히트필름 익스프레스를 실행합니다. 메인 화면이 표시됩니다. 메인 화면에는 주기적으로 히트필름에서 제공하는 특수 효과 튜토리얼이 업로드됩니다. [New] 버튼을 클릭하여 프로젝트를 만들 수 있습니다.

02 | 영상을 편집하기 위해서는 프로젝트를 만들어야 합니다. New Project Settings 대화상자에서 프로젝트에 대한 설정을 할 수 있습니다. 예제에서는 '1080p Full HD @ 29.97 fps'로 지정합니다. 설정이 완료되면 [OK] 버튼을 클릭합니다.

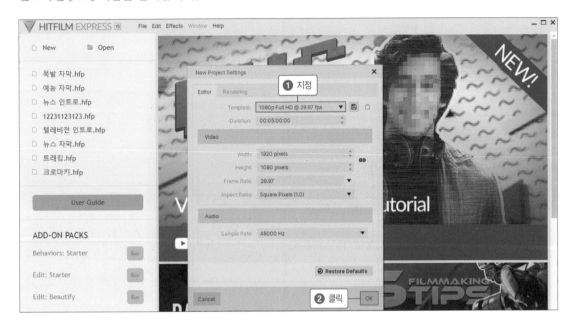

TIP New Project Settings

· **Template** : 편집하려는 소스의 해상도와 프레임률을 지정합니다. 지정하면 Video와 Audio 부분이 자동으로 설정됩니다.
· **Duration** : 프로젝트의 길이를 설정합니다.
· **Width** : 프로젝트의 가로 길이를 설정합니다. 영상의 크기에 맞추면 됩니다.
· **Height** : 프로젝트의 세로 길이를 설정합니다. 영상의 크기에 맞추면 됩니다.
· **Frame Rate** : 프로젝트의 프레임률을 지정합니다. 영상의 프레임률에 맞추면 됩니다.
· **Sample Rate** : 프로젝트의 오디오 샘플 빈도 수를 지정합니다. 높으면 높을수록 음질이 좋습니다.

03 | 히트필름 익스프레스의 프로젝트가 생성됩니다.

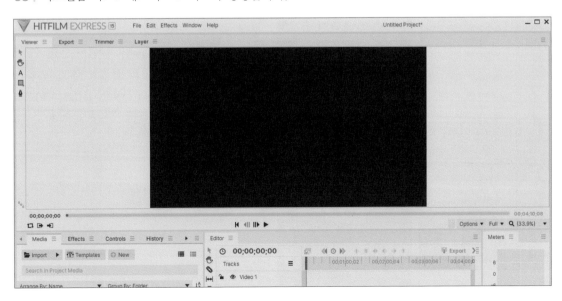

02 소스 불러오기

01 ┃ 컴퓨터에 있는 소스를 히트필름 익스프레스에 불러와야 편집을 시작할 수 있습니다. 소스를 불러오고 관리하는 곳이 'Media' 패널입니다. [Import(Import ▸)] 버튼을 클릭하거나 Media 패널의 빈 공간을 더블클릭합니다.

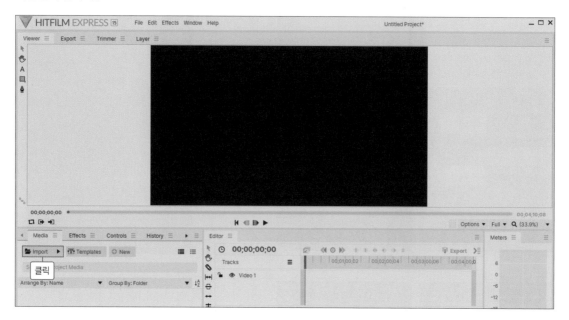

02 ┃ Import 대화상자가 표시되면 컴퓨터에서 불러올 파일을 선택할 수 있습니다. 영상뿐만 아니라 오디오, 사진도 히트필름 익스프레스에 불러올 수 있습니다. 원하는 파일을 선택하고 [열기] 버튼을 클릭합니다.

03 | Media 패널에 그림과 같이 방금 선택한 소스가 표시됩니다. 컴퓨터에서 히트필름 익스프레스로 영상이나 다른 소스를 불러오는 것을 'Import'라고 합니다. 해당 방법을 반복하면 추가로 소스를 불러오는 것이 가능합니다.

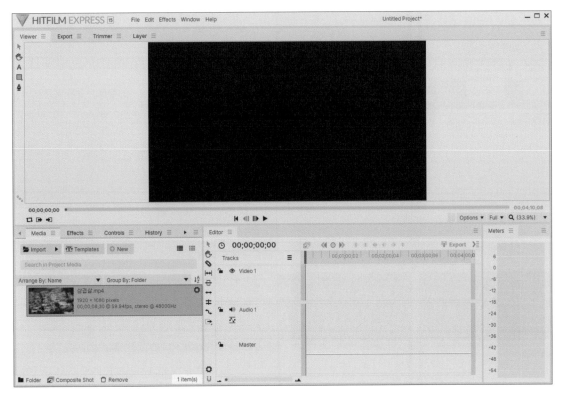

TIP

영상 소스의 해상도와 프레임률을 몰라도 히트필름 익스프레스에 불러오면 자동으로 설정되는 기능이 있습니다. 프로젝트와 소스의 설정이 달라도 자동으로 설정해 주기 때문에 소스에 대한 정보를 몰라도 문제가 되지 않습니다.

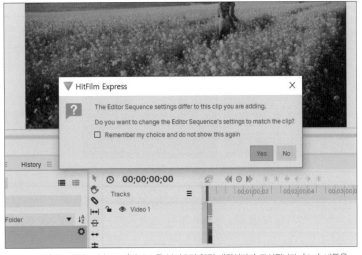

▲ '29.97 fps'의 프로젝트에 '24 fps'의 소스를 불러오면 알림 대화상자가 표시됩니다. 〈Yes〉 버튼을 클릭하면 프로젝트가 자동으로 '24 fps' 설정으로 변경됩니다.

03

간단한 컷 편집은 여기서!
Editor 패널에서 컷 편집하기

히트필름 익스프레스에서는 2가지 형태의 편집이 가능합니다. 컷 편집과 효과 적용입니다. 영상을 나열하고 간단한 자막을 넣는 것은 모두 Editor 패널에서 수행합니다. 반면에 복잡한 효과가 메인이거나 컷 편집이 끝난 후 영상에 다양한 시각적 효과를 넣고 싶은 경우에는 Composite를 만들고 컴포지션 패널에서 작업을 수행합니다. 이번 예제에서는 Editor 패널에서 컷 편집을 해 봅니다.

⏺ **예제 파일** 03\농구1.mp4, 농구2.mp4

⏺ **완성 파일** 03\컷 편집 완성.mp4

01 영상 배치하기

01 | 히트필름 익스프레스를 실행하고 프로젝트를 설정합니다. [New] 버튼을 클릭하여 New Project Settings 대화상자가 표시되면 Template을 '1080p Full HD @ 29.97 fps'로 지정한 다음 [OK] 버튼을 클릭합니다.

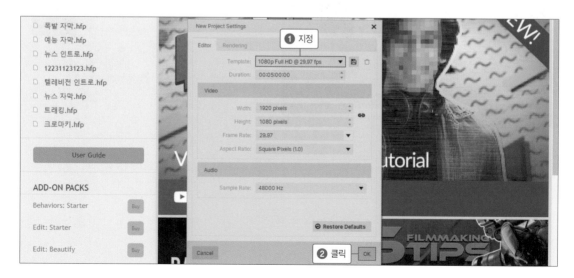

02 | Media 패널을 더블클릭하여
Import 대화상자를 표시합니다. 03
폴더에서 '농구1.mp4', '농구2.mp4'
파일을 선택하고 [열기] 버튼을 클릭
합니다.

03 | Media 패널에서 '농구1.mp4' 파일을 Editor 패널의 타임라인으로 드래그합니다. Editor 패널에 영
상 소스가 위치합니다.

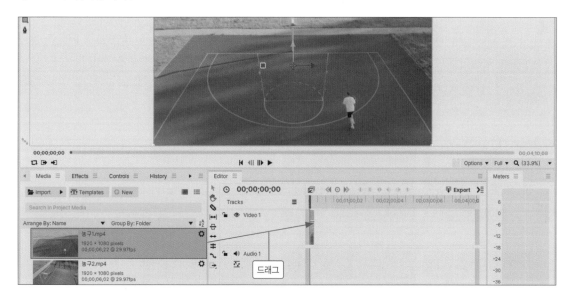

04 | 편집의 편의성을 위해 타임라인을 확대 및 축소할 수 있습니다. 하단에 있는 휠을 좌우로 드래그하
면서 본인에게 맞는 크기의 타임라인을 설정합니다.

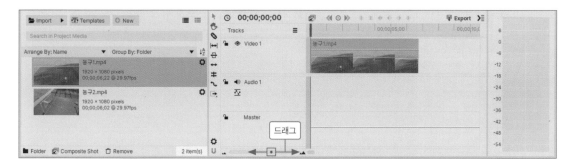

02 영상 컷 편집하기

01 | Editor 패널에서 타임라인의 시간표시자를 좌우로 드래그하여 영상을 확인할 수 있습니다. '02:00'으로 시간표시자를 드래그하여 이동합니다. 농구공이 손에서 떨어지는 부분입니다.

02 | 영상을 컷 편집하기 위해 ⓒ를 누르거나 Tools 패널에서 자르기 도구(🔗)를 선택합니다.

03 | 시간표시자가 있는 '02:00' 부분을 클릭하면 그림과 같이 영상이 편집됩니다.

TIP ───

자르기 도구는 정말 많이 사용하는 도구이기 때문에 단축키 ⓒ를 외워 두면 효율적인 작업이 가능합니다.

04 | 편집의 편의성을 위해 타임라인을 위아래로도 확대 및 축소할 수 있습니다. 타임라인 옆에 있는 'Track Options' 아이콘(☰)을 클릭하여 Video Size → Small을 실행합니다. 타임라인에서 비디오의 세로 길이가 축소되었습니다.

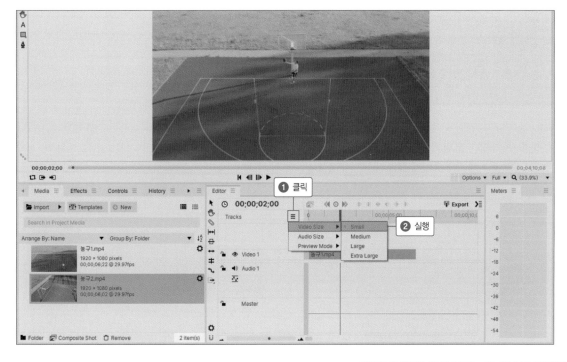

05 | Media 패널에서 '농구2.mp4' 파일을 Editor 패널의 'Video 2' 타임라인으로 드래그합니다. Editor 패널에 영상 소스가 위치합니다.

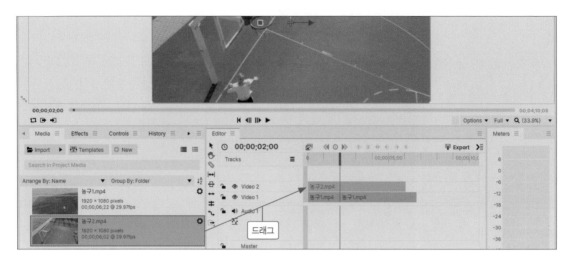

06 | Editor 패널에서 타임라인의 시간표시자를 '01:21'로 드래그하여 이동합니다. '농구1.mp4'와는 다른 구도로 농구공이 손에서 떨어지는 부분입니다.

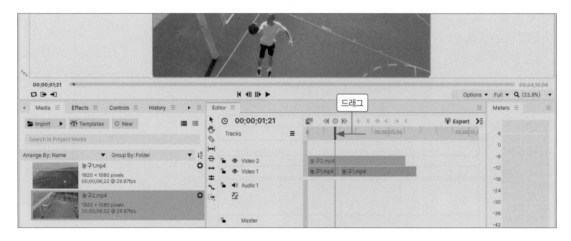

07 | Tools 패널에서 자르기 도구(✎)를 선택하고 'Video 2(농구2.mp4)'에서 시간표시자가 있는 '01:21' 부분을 클릭하면 그림과 같이 영상이 편집됩니다.

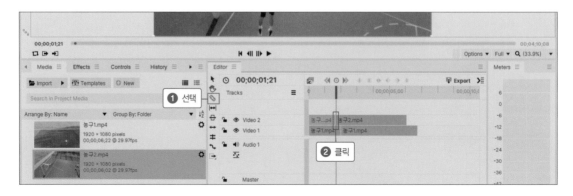

08 | Tools 패널에서 선택 도구(⬆)를 선택합니다.

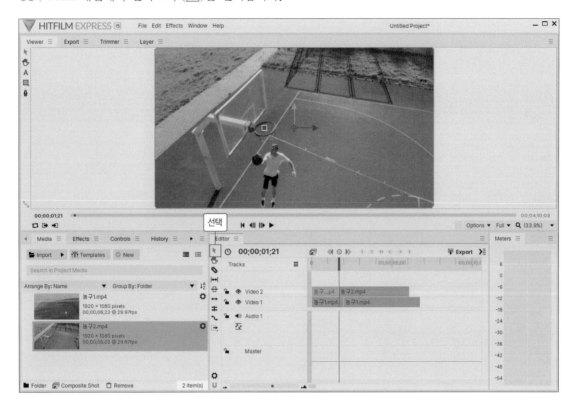

09 | 'Video 2(농구2.mp4)'에서 자른 영상의 앞부분과 'Video 1(농구1.mp4)'에서 자른 영상의 뒷부분을 선택하고 Delete 를 누릅니다. 필요한 부분을 제외하고 지워집니다.

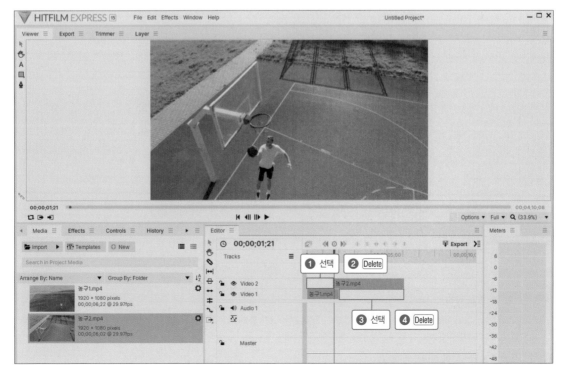

10│ Video 2에서 '농구2.mp4'를 Video 1에서 '농구1.mp4' 뒤쪽으로 드래그하여 이동합니다. 두 영상이 하나로 이어집니다.

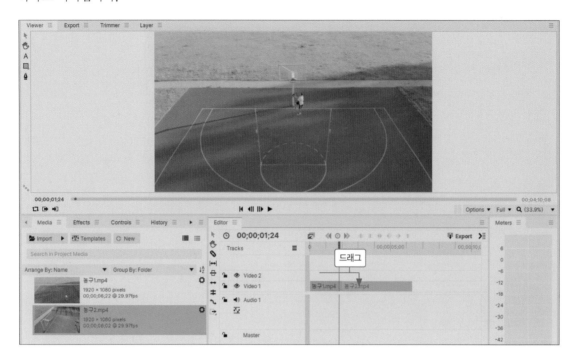

11│ Spacebar를 눌러 영상이 자연스럽게 컷 편집되었는지 확인합니다.

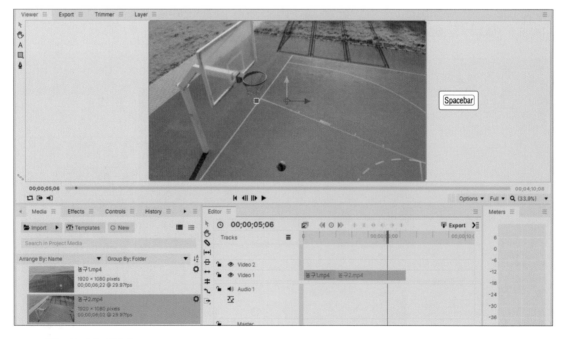

TIP 다채로운 영상 만들기 _____

다채로운 영상을 만들기 위해서는 다양한 구도의 장면이 배치되는 것이 좋습니다. 본 예제처럼 한 장면이어도 다른 구도가 배치된다면 시청자는 영상 시청의 과정에서 단조로움과 지루함을 덜 느끼게 됩니다. 가능하다면 많은 장면을 담도록 촬영 단계에서 시간을 들이는 것이 영상 퀄리티를 높이는 지름길입니다.

영상을 촬영하다 보면 다양한 변수가 발생할 수 있습니다. 출연자가 기침을 하는 경우나, 중간에 소음이 들어가는 경우, 발음이 뭉개지는 경우로 인해 다시 말하는 상황 등이 빈번하게 발생합니다. 이러한 변수를 편집 없이 그대로 사용하면 영상을 보는 시청자의 입장에서 집중도가 낮아질 수 있습니다. 컷 편집을 통해 영상 중간에 불필요한 부분을 삭제해 봅니다.

● 예제 파일 03\찻집.mp4

● 완성 파일 03\불필요한 부분 컷 편집.mp4

01 영상 배치하기

01 | 히트필름 익스프레스를 실행하고 프로젝트를 설정합니다. [New] 버튼을 클릭하여 New Project Settings 대화상자가 표시되면 Template을 '720p HD @ 29.97 fps'로 지정한 다음 [OK] 버튼을 클릭합니다.

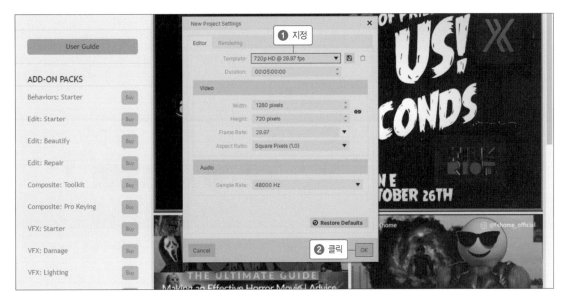

02 | Media 패널을 더블클릭하여 Import 대화상자를 표시합니다. 03 폴더에서 '찻집.mp4' 파일을 선택하고[열기] 버튼을 클릭합니다.

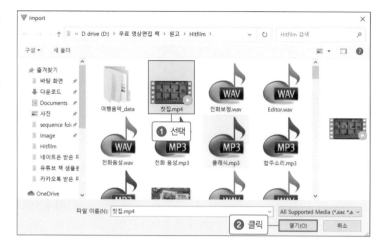

03 | Media 패널에서 '찻집.mp4' 파일을 Editor 패널의 타임라인으로 드래그합니다. Editor 패널에 영상 소스가 위치합니다.

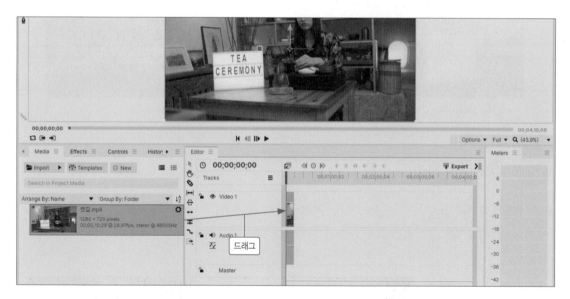

04 | 편집의 편의성을 위해 타임라인을 확대 및 축소할 수 있습니다. 하단에 있는 휠을 좌우로 드래그하면서 본인에게 맞는 크기의 타임라인을 설정합니다.

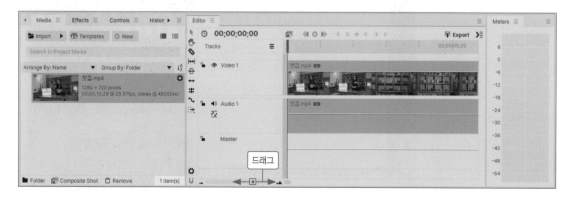

02 영상 컷 편집하기

01 | Editor 패널에 시간이 숫자로 표시되어 있습니다. 이 부분을 수정하면 해당 부분으로 시간표시자가 이동됩니다. '02:00'을 입력하여 시간표시자를 영상의 2초 부분으로 이동합니다.

02 | 영상을 컷 편집하기 위해 ⓒ를 누르거나 Tools 패널에서 자르기 도구(🔪)를 선택합니다. 그림과 같이 시간표시자가 있는 '02:00' 부분을 클릭하면 그림과 같이 영상이 편집됩니다.

03 | 이번에는 Editor 패널에서 시간을 '06:00'으로 입력하여 시간표시자를 영상의 6초 부분으로 이동합니다.

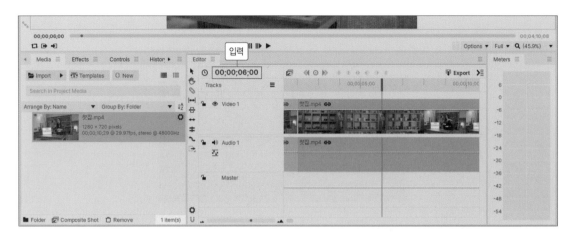

04 | 그림과 같이 시간표시자가 있는 '06:00초' 부분을 클릭하면 그림과 같이 영상이 편집됩니다.

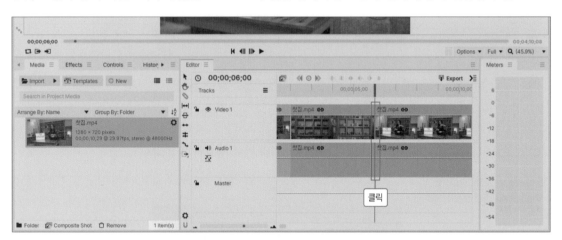

05 | Tools 패널에서 선택 도구(▶)를 선택합니다.

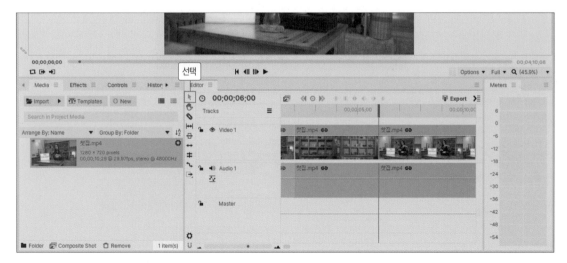

06 | 02:00~06:00 사이에 있는 클립을 선택한 다음 Delete를 눌러 삭제합니다. 중간에 있던 영상 클립이 삭제됩니다.

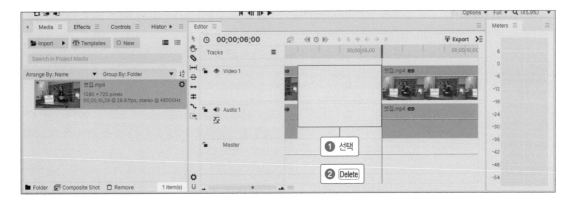

07 | 빈 공간에 마우스 오른쪽 버튼을 클릭한 다음 Ripple Delete Gap을 실행합니다.

08 | 빈 공간이 채워지면서 뒤에 있는 영상이 앞에 있는 영상과 붙게 됩니다. Spacebar를 눌러 영상이 자연스럽게 컷 편집되었는지 확인합니다. 기존에 있던 장면이 없어지고 일관된 구도의 장면으로 이어집니다.

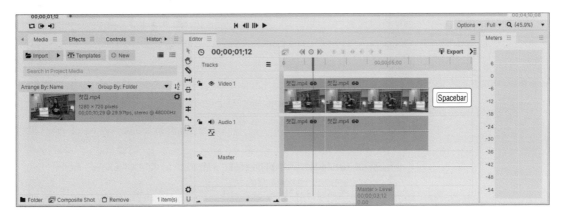

05

SECTION

컷 편집으로
영상에 박자감 입히기

핸드폰과 소형 카메라의 등장으로 여행이나 일상을 쉽게 카메라에 담을 수 있게 되었습니다. 소중한 추억을 사진으로 담고 영상과 음악으로 예쁘게 만들어서 보관할 수 있습니다. 히트필름으로 박자감 있는 초간단 사진 영상을 만들어 봅니다.

● **예제 파일** 03\여행1.jpg~여행6.jpg, 여행음악.mp3   ● **완성 파일** 03\박자감 영상 완성.mp4

01   소스 배치하기

01 | 히트필름 익스프레스를 실행하고 프로젝트를 설정합니다. [New] 버튼을 클릭하여 New Project Settings 대화상자가 표시되면 Template을 '1080p Full HD @ 29.97 fps'로 지정한 다음 [OK] 버튼을 클릭합니다.

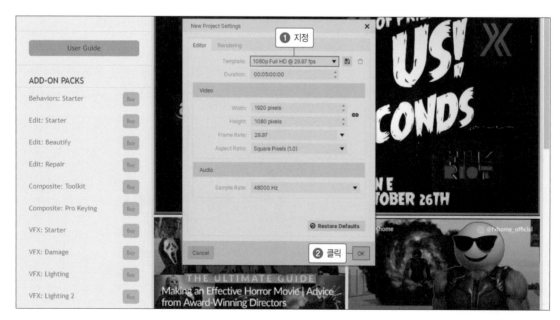

02 | Media 패널을 더블클릭하여 Import 대화상자를 표시합니다. 03 폴더에서 '여행1.jpg~여행6.jpg', '여행음악.mp3' 파일을 선택하고 [열기] 버튼을 클릭합니다.

03 | 이미지 불러오기에 대한 대화상자가 표시됩니다. [Import Images] 버튼을 클릭합니다. 이미지와 배경음악이 Media 패널에 위치합니다.

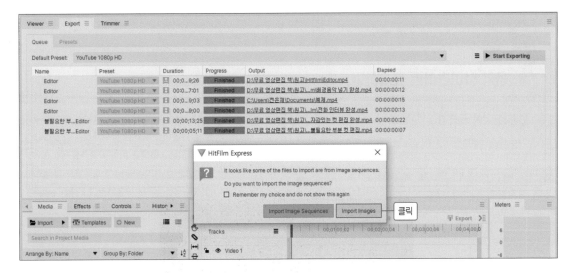

04 | Media 패널에서 '여행음악.mp3' 파일을 Editor 패널의 타임라인으로 드래그합니다. Editor 패널에 음악 소스가 위치합니다.

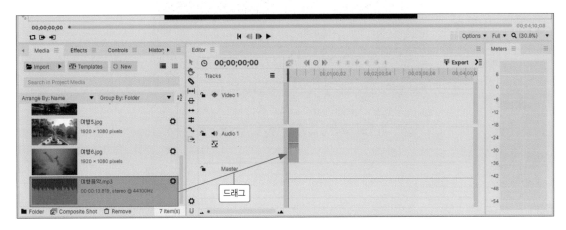

05 | 편집의 편의성을 위해 타임라인을 확대 및 축소할 수 있습니다. 하단에 있는 휠을 좌우로 드래그하면서 본인에게 맞는 크기의 타임라인을 설정합니다.

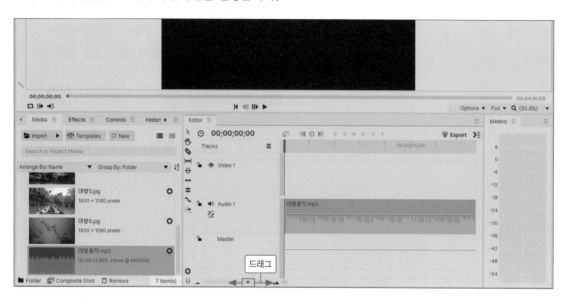

02 음악 하이라이트 표시하기

01 | 음악에는 박자감과 리듬감이 있습니다. 이 박자감과 리듬감을 잘 이용한다면 시청자에게 눈과 귀가 즐거운 영상을 제공할 수 있습니다. Media 패널의 [New(⊕ New)] 버튼을 클릭한 다음 **Plane**을 실행합니다.

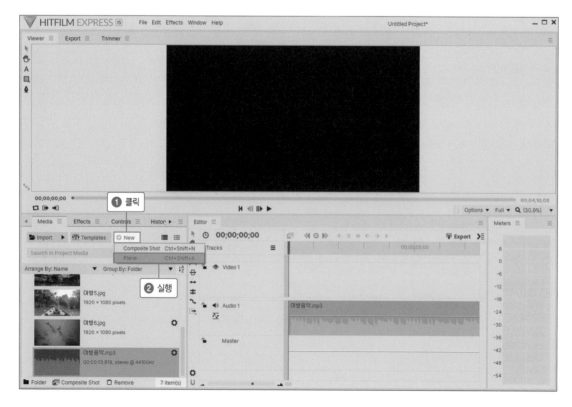

02 | Plane Properties 대화상자가 표시되면 Color에서 원하는 색상을 지정한 다음 [OK] 버튼을 클릭합니다.

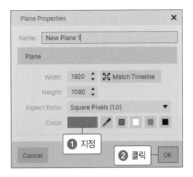

03 | Media 패널에 'New Plane 1'이 생성됩니다. 편집의 편의성을 위해 타임라인을 위아래로 확대 및 축소할 수 있습니다. 타임라인 옆에 있는 'Track Options' 아이콘(☰)을 클릭하여 Video Size → Small을 실행하면 영상 트랙을 위로 쌓을 수 있습니다.

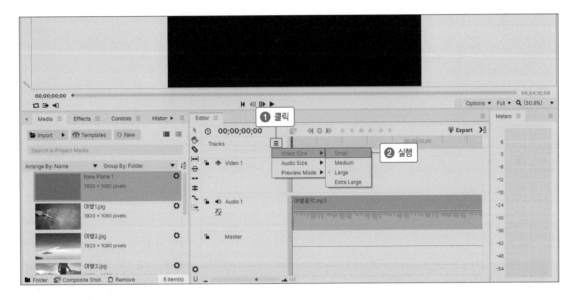

04 | 타임라인의 빈 공간에 마우스 오른쪽 버튼을 클릭한 다음 Insert Track을 실행하여 트랙을 생성합니다.

05 | Media 패널에서 'New Plane 1'을 Editor 패널의 Video 2로 드래그합니다. Editor 패널에 소스가 위치합니다.

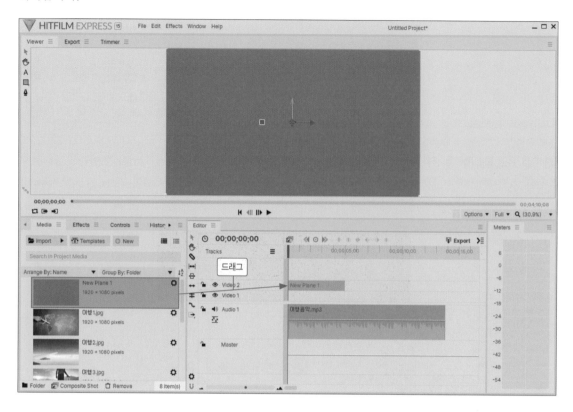

06 | 타임라인에서 'New Plane 1'의 오른쪽 끝부분을 음악이 끝나는 지점까지 드래그하여 길이를 늘립니다.

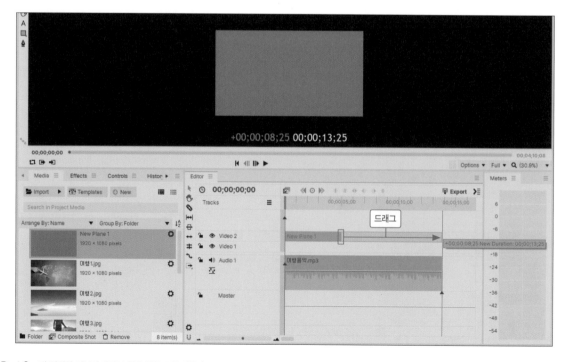

07 시간표시자를 Audio의 그래프가 눈에 띄게 변하는 구간인 '02:11'로 드래그하여 이동합니다.

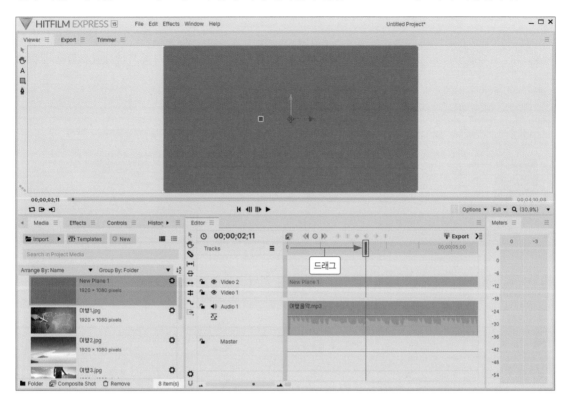

TIP 박자감을 잘 활용하는 방법

배경음악에는 일정한 박자감과 리듬감이 있습니다. 음악을 들으며 가장 격하게 변하는 부분에서 컷 편집을 진행하면 누구나 쉽게 전문가처럼 멋진 박자감이 가득한 영상을 만들 수 있습니다.

08 영상을 컷 편집하기 위해 ⓒ를 누르거나 Tools 패널에서 자르기 도구(✎)를 선택합니다. 그림과 같이 'New Plane 1'의 시간표시자가 있는 '02:11' 부분을 클릭하면 그림과 같이 영상이 편집됩니다.

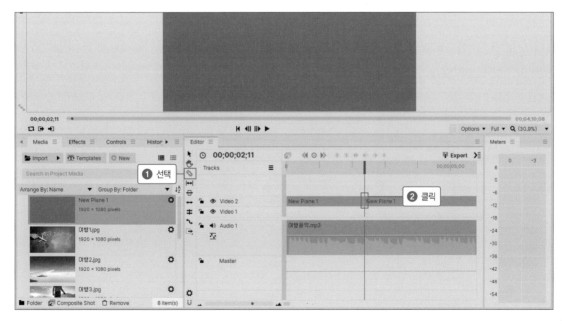

09 | 이번에는 시간표시자를 '04:19'로 드래그하여 이동합니다. 'New Plane 1'의 시간표시자가 있는 '04:19' 부분을 클릭하면 그림과 같이 영상이 편집됩니다.

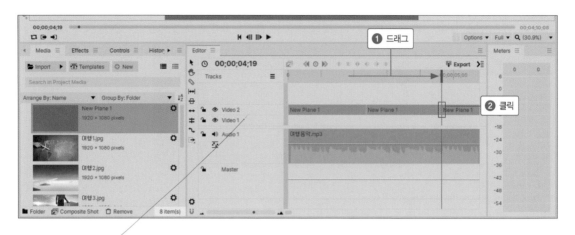

10 | 시간표시자를 '06:27'로 드래그하여 이동합니다. 'New Plane 1'의 시간표시자가 있는 '06:27' 부분을 클릭하면 그림과 같이 영상이 편집됩니다.

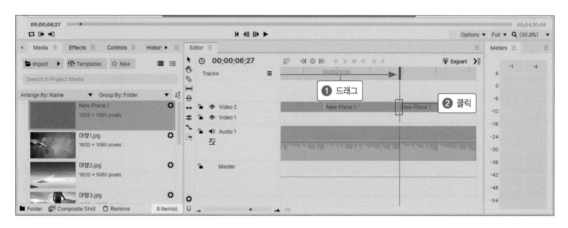

11 | 시간표시자를 '09:06'으로 드래그하여 이동합니다. 'New Plane 1'의 시간표시자가 있는 '09:06' 부분을 클릭하면 그림과 같이 영상이 편집됩니다.

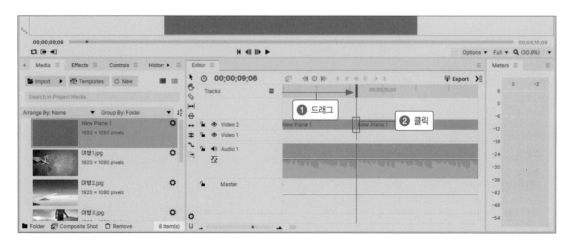

12 | 마지막으로 시간표시자를 '11:15'로 드래그하여 이동합니다. 'New Plane 1'의 시간표시자가 있는 '11:15' 부분을 클릭하면 그림과 같이 영상이 편집됩니다.

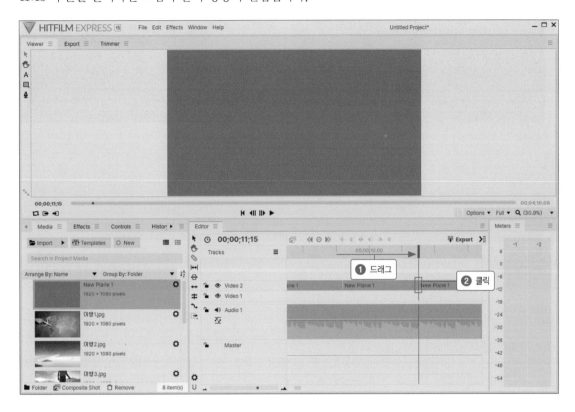

03 이미지 배치하기

01 | New Plane 1에서 잘린 부분이 컷 편집의 기준점이 됩니다. Tools 패널에서 선택 도구(⬆)를 선택합니다. Media 패널에서 '여행1.jpg'를 Editor 패널의 Video 1로 드래그합니다.

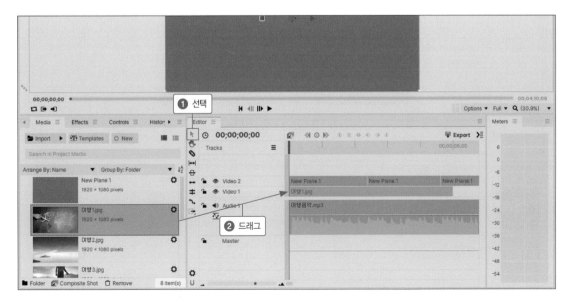

02 | '여행1.jpg'의 오른쪽 끝부분을 왼쪽으로 드래그하여 'New Plane 1'의 자른 부분만큼 길이를 줄여 줍니다.

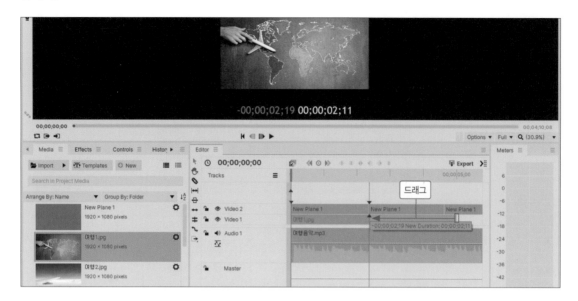

03 | 같은 방법으로 앞에서부터 '여행2.jpg', '여행3.jpg', '여행4.jpg', '여행5.jpg', '여행6.jpg'를 드래그 하여 그림과 같이 길이를 줄여 줍니다.

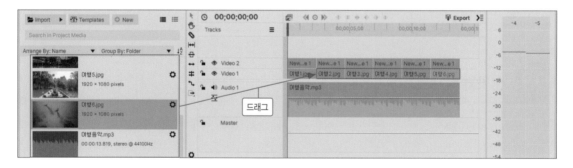

04 | Video 2의 '눈' 아이콘(👁)을 클릭하여 비활성화합니다. 'New Plane 1'이 숨겨지면서 사진들이 보이게 됩니다. Spacebar 를 눌러 영상이 박자감 있게 컷 편집되었는지 확인합니다.

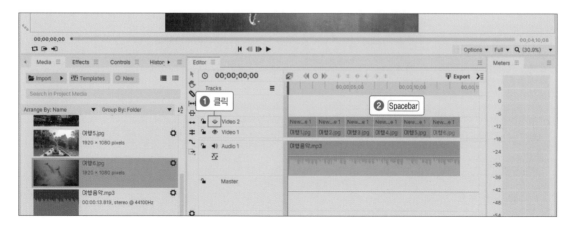

06

SECTION

영상 전환 기능!
교차 디졸브 효과 적용하기

일반적으로 컷 편집이라고 하면 영상을 단순하게 나열하고 넘어가는 것에서 끝납니다. 하지만, 여행 영상 및 브이로그 영상의 경우 단순한 소스의 나열은 완성도에서 만족스럽지 않은 경우가 많습니다. 화면 전환 효과를 통해 이러한 문제를 해소할 수 있습니다. 다양한 영상 분야에서 많이 사용하는 '교차 디졸브' 효과를 통해 단조로운 영상에 감성적인 맛을 더해 봅니다.

⊙ **예제 파일** 03\농구공.mp4, 농구 골대.mp4

⊙ **완성 파일** 03\교차 디졸브 완성.mp4

01 영상 컷 편집하기

01 │ 히트필름 익스프레스를 실행하고 프로젝트를 설정합니다. [New] 버튼을 클릭하여 New Project Settings 대화상자가 표시되면 Template을 '1080p Full HD @ 29.97 fps'로 지정한 다음 [OK] 버튼을 클릭합니다.

02 | Media 패널을 더블클릭하여 Import 대화상자를 표시합니다. 03 폴더에서 '농구공.mp4', '농구 골대.mp4' 파일을 선택하고 [열기] 버튼을 클릭합니다.

03 | Media 패널에서 '농구공.mp4' 파일을 Editor 패널의 타임라인으로 드래그합니다. Editor 패널에 영상 소스가 위치합니다.

TIP

하단에 있는 휠을 좌우로 드래그하면 타임라인을 확대, 축소할 수 있습니다.

04 | Editor 패널에서 타임라인의 시간표시자를 좌우로 드래그하여 영상을 확인할 수 있습니다. '03:00'으로 시간표시자를 드래그하여 이동합니다.

05 | 영상을 컷 편집하기 위해 ⓒ를 누르거나 Tools 패널에서 자르기 도구(✎)를 선택합니다. 시간표시자가 있는 '03:00' 부분을 클릭하면 영상이 잘립니다.

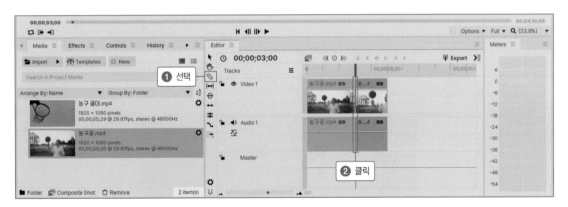

06 | Tools 패널에서 선택 도구(▸)를 선택합니다.

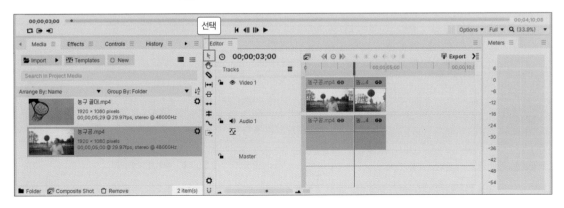

07 | 시간표시자를 기준으로 뒤쪽에 있는 '농구공.mp4' 클립을 선택하고 Delete 를 눌러 삭제합니다.

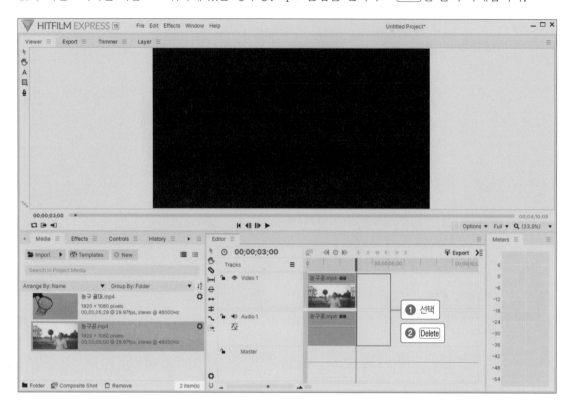

08 | Media 패널에서 '농구 골대.mp4' 파일을 Editor 패널의 '농구공.mp4' 뒤쪽 타임라인으로 드래그합니다. Editor 패널에 영상 소스가 위치합니다.

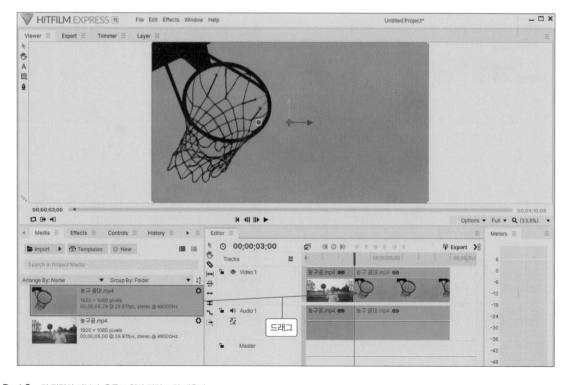

02 교차 디졸브 적용하기

01 │ 교차 디졸브 효과를 적용하기 위해 Effects 패널을 클릭합니다. Effects 패널에서는 다양한 효과를 적용할 수 있습니다.

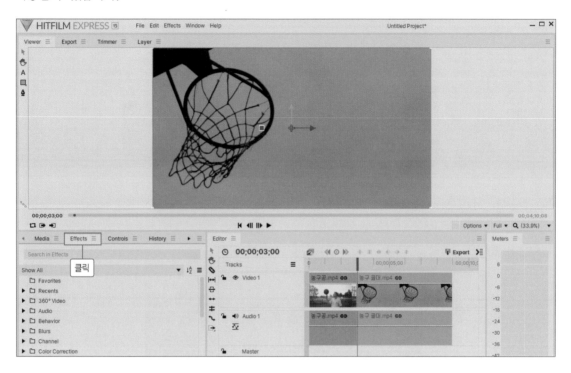

02 │ 효과 검색창에 'Cross Dissolve'를 검색합니다. Dissolve 하위 항목에 효과가 표시됩니다.

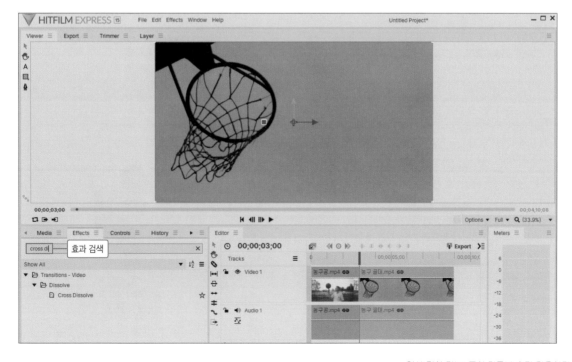

03 | Effects 패널에 표시된 'Cross Dissolve'를 농구공.mp4와 농구 골대.mp4의 경계로 드래그합니다. 화면 전환 효과가 적용됩니다.

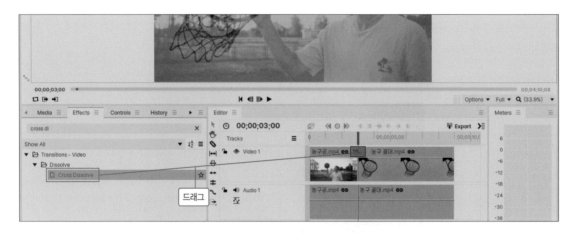

04 | 적용된 'Cross Dissolve' 효과의 양쪽 끝을 드래그하면 화면 전환 효과의 시간을 조절할 수 있습니다. 원하는 만큼 효과의 전환 시간을 조절합니다.

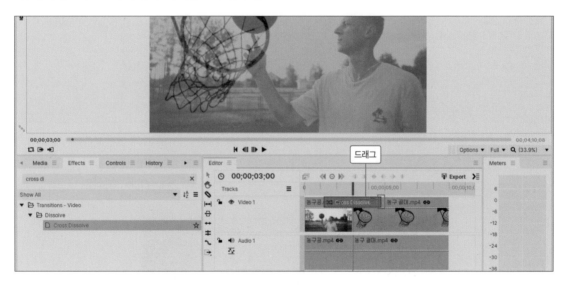

TIP ─────────────────────────

교차 디졸브(Cross Dissolve)는 두 소스를 자연스
럽게 합성하면서 화면을 전환하는 효과입니다. 히
트필름 익스프레스에는 기본적으로 제공하는 효과
부터 Add-on이라는 일정 금액을 결제한 다음 사
용이 가능한 효과까지 다양한 선택지가 존재합니
다. 하나씩 적용해 보면서 필요한 화면 전환 효과
를 적용합니다.

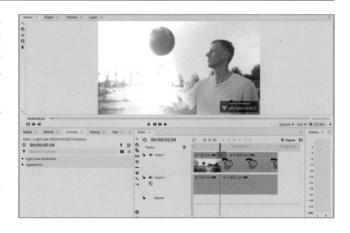

▶ 유료 효과(Add-on)인 'Light Leak' 화면 전환 효과. 히트
필름 익스프레스에는 다양한 기본 효과가 내장되어 있
습니다. Add-on은 효과를 구매하고 워터마크 없이 사용
이 가능합니다. 예시처럼 적용해 보고 마음에 드는 효과
는 구매해서 적용하면 됩니다.

07
SECTION

자막으로 영상을 다채롭게!
영상에 기본 자막 삽입하기

유튜브 영상에는 대부분 자막이 삽입됩니다. 자막은 정보 전달을 넘어서 디자인에 따라 재미와
분위기를 조정할 수 있습니다. 히트필름 익스프레스에서 저작권이 없는 기본 폰트를 이용하여
시청자에게 다양한 정보를 전달할 수 있는 기본 자막을 만들고 삽입해 봅니다.

● **예제 파일** 03\야채.mp4

● **완성 파일** 03\기본 자막 완성.mp4

01 영상 배치하기

01 히트필름 익스프레스를 실행하고 프로젝트를 설정합니다. [New] 버튼을 클릭하여 New Project
Settings 대화상자가 표시되면 Template을 '1080p Full HD @ 29.97 fps'로 지정한 다음 [OK] 버튼을
클릭합니다.

02 | Media 패널을 더블클릭하여 Import 대화상자를 표시합니다. 03 폴더에서 '야채.mp4' 파일을 선택하고 [열기] 버튼을 클릭합니다.

03 | Media 패널에서 '야채.mp4' 파일을 Editor 패널의 타임라인으로 드래그합니다. Editor 패널에 영상 소스가 위치합니다.

01 | Viewer 패널 왼쪽에서 'Text' 아이콘(A)을 클릭한 다음, Viewer 패널에 표시되는 화면의 가운데 부분을 클릭합니다. '충분한 과일&채소 섭취 = 대장병 예방!'을 입력합니다.

02 | 입력한 문자를 드래그하여 블록으로 지정합니다. '패널 메뉴' 아이콘(☰)을 클릭한 다음 Text를 실행하여 Text 패널을 표시합니다. Text 패널에서는 다양한 문자 설정을 할 수 있습니다.

03 | Text 패널에서 문자의 설정을 변경합니다. 예제에서는 글꼴을 무료 폰트인 '여기어때 잘난체', 글꼴 크기를 '105'로 지정합니다.

04 | 글꼴의 색상 상자를 클릭하여 Select a Color 대화상자가 표시되면 원하는 문자의 색상을 설정하여 변경합니다. 예제에서는 '#f3ff00'으로 지정한 다음 [OK] 버튼을 클릭합니다.

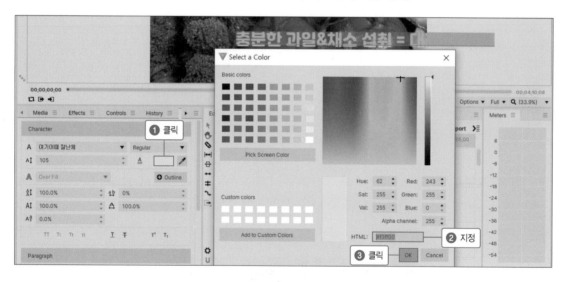

05 | [Outline(⊕ Outline)] 버튼을 클릭하여 외곽선을 추가합니다.

06 외곽선의 두께를 '9'로 설정합니다. 외곽선의 색상 상자를 클릭하여 Select a Color 대화상자가 표시되면 색상을 '#009d90'으로 지정한 다음 [OK] 버튼을 클릭합니다.

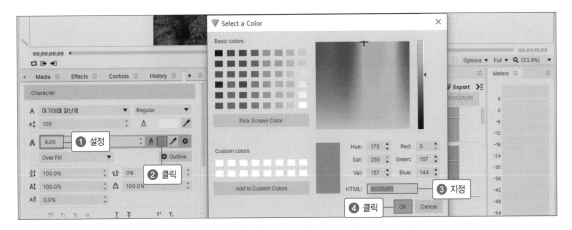

07 Viewer 패널에서 선택 도구(▶)를 선택합니다. 문자를 화면의 중앙으로 드래그합니다. 문자가 화면 중앙에 배치됩니다.

08 그림자 효과를 적용하기 위해 Effects 패널을 클릭합니다. Effects 패널에서는 다양한 효과를 적용할 수 있습니다.

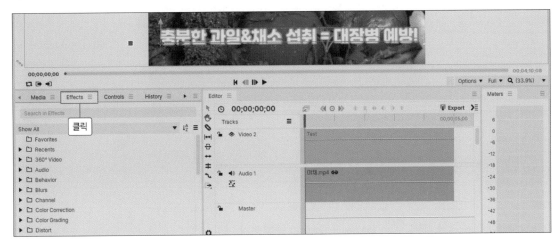

09 효과 검색창에 'Drop Shadow'를 검색합니다. Generate 하위 항목에 효과가 표시됩니다. Effects 패널에 표시된 'Drop Shadow'를 Video 2의 Text로 드래그합니다.

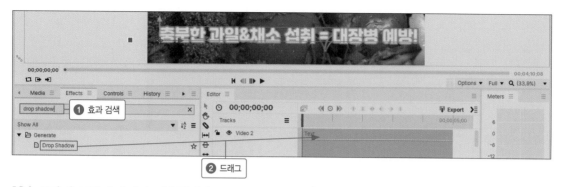

10 문자에 그림자 효과가 적용됩니다.

11 Controls 패널이 자동으로 표시됩니다. Controls 패널에서는 적용한 효과를 설정할 수 있습니다. Angle을 '0 x 135', Opacity를 '1'로 설정합니다. 그림자의 방향과 진하기가 변경됩니다.

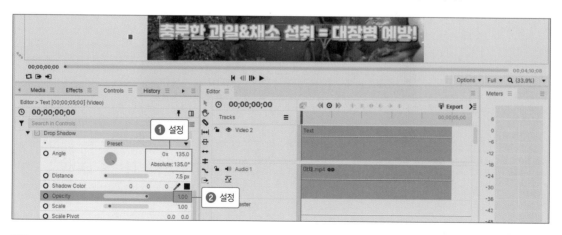

TIP

Controls 패널이 자동으로 표시되지 않으면 **Window → Controls** 실행하여 표시합니다.

08
SECTION

멋지게 채널을 소개하려면!
자막으로 멋진 인트로 만들기

유튜브 채널에는 운영자의 기획과 영상의 방향이 잘 보이기 마련입니다. 그것을 짧은 시간에 보여 줄 수 있는 것이 인트로의 역할입니다. 인트로를 만드는 다양한 방법이 있지만, 히트필름 익스프레스에서 기본 자막을 이용해서 멋진 인트로를 만들 수 있습니다. 본인의 채널을 임팩트 있게 소개하는 인트로 영상을 만들어 봅니다.

◉ 예제 파일 03\연기.mp4

◉ 완성 파일 03\인트로 완성.mp4

01 영상 배치하기

01 | 히트필름 익스프레스를 실행하고 프로젝트를 설정합니다. [New] 버튼을 클릭하여 New Project Settings 대화상자가 표시되면 Template을 '1080p Full HD @ 29.97 fps'로 지정한 다음 [OK] 버튼을 클릭합니다.

02 | Media 패널을 더블클릭하여 Import 대화상자를 표시합니다. 03 폴더에서 '연기.mp4' 파일을 선택하고 [열기] 버튼을 클릭합니다.

03 | Media 패널 아래에 'Composite Shot'을 클릭하여 컴포지션을 만듭니다. Composite Shot Propertise 대화상자가 표시되면 Name을 '인트로', Template을 '1080p Full HD @ 29.97 fps'로 지정한 다음 [OK] 버튼을 클릭합니다.

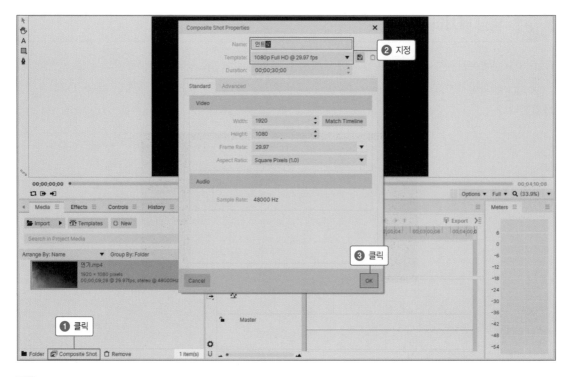

TIP
단순 컷 편집을 넘어서 특수한 영상 제작이나 효과를 적용하는 경우에는 '컴포지션'이라는 것을 만들어서 작업합니다.

04 | Media 패널에서 '연기.mp4' 파일을 '인트로' 컴포지션 패널의 타임라인으로 드래그합니다. '인트로' 컴포지션 패널에 영상 소스가 위치합니다.

02 자막 삽입하기

01 | Viewer 패널 왼쪽에서 'Text' 아이콘(A)을 클릭한 다음 Viewer 패널에 표시되는 화면을 클릭하여 '유튜브 무비'를 입력합니다.

02 | 입력한 문자를 드래그하여 블록으로 지정한 다음 Text 패널을 클릭합니다. Text 패널에서는 다양한 문자 설정을 할 수 있습니다. 예제에서는 글꼴을 무료 폰트인 '나눔손글씨 대한민국 열사체', 글꼴 크기를 '400'으로 지정합니다.

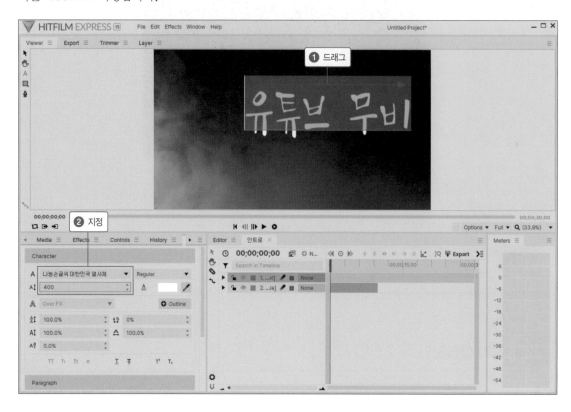

03 | Viewer 패널에서 선택 도구(▶)를 선택합니다. '유튜브 무비'를 화면의 중앙으로 드래그합니다.

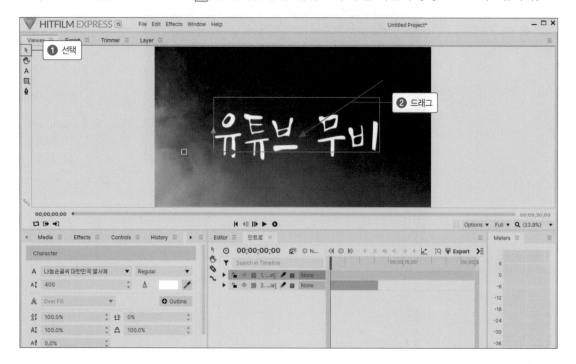

04 | Controls 패널을 클릭합니다. Controls 패널에서 영상에 대한 설정을 할 수 있습니다.

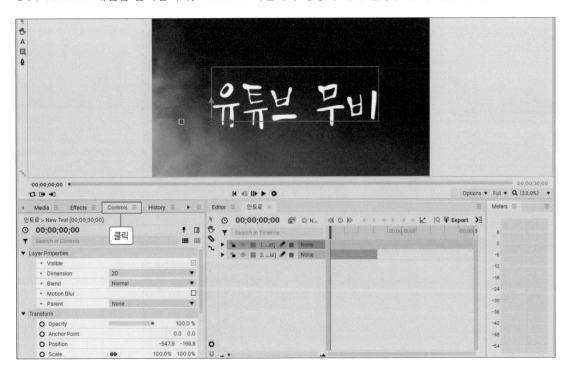

05 | Controls 패널에서 '유튜브 무비' 문자에 있는 기준점(화살표가 있는 점)을 문자의 가운데로 위치하게 Anchor Point 값을 변경합니다. Controls 패널에서 Transform의 Anchor Point를 '585', '162'로 설정합니다.

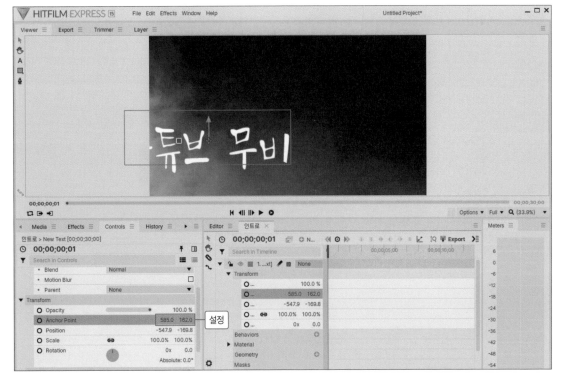

06 | 다시 한번 '유튜브 무비'를 화면의 중앙으로 드래그합니다.

07 | Controls 패널에서 Transform의 Scale을 '0%'로 설정하고 '키 프레임 애니메이션' 아이콘(◎)을 클릭합니다.

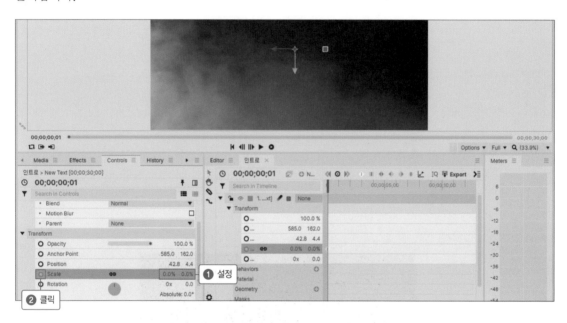

08 | '인트로' 컴포지션 패널에서 타임라인의 시간표시자를 드래그하여 '01:15'로 이동합니다.

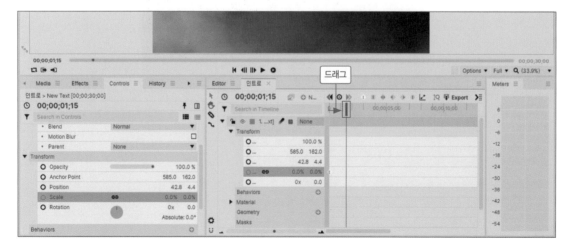

09 | Controls 패널에서 Transform의 Scale을 '100%'로 설정합니다.

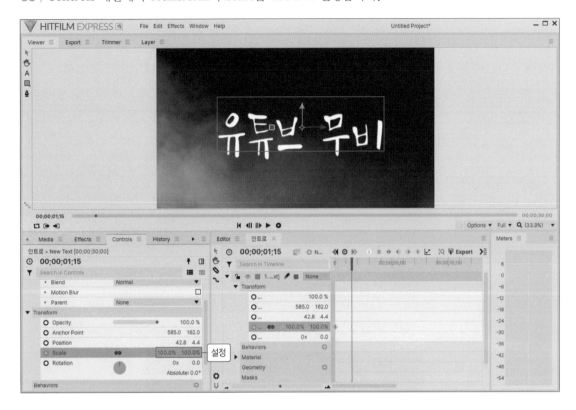

10 | 시간표시자를 '09:26'으로 이동한 다음 Controls 패널에서 Transform의 Scale을 '120%'로 설정합니다.

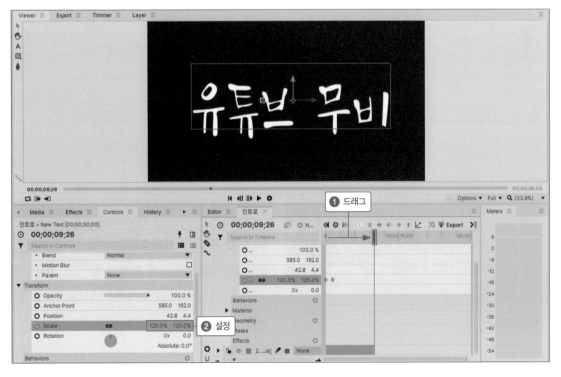

11 | 부드러운 키 프레임 애니메이션을 구현하기 위해 '인트로' 컴포지션 패널의 타임라인에서 '유튜브 무비' 문자의 하위 항목을 표시합니다. Transform에서 Scale의 키 프레임 3개를 드래그하여 선택합니다. 마우스 오른쪽 버튼을 클릭한 다음 Temporal Interpolation → Smooth를 실행합니다.

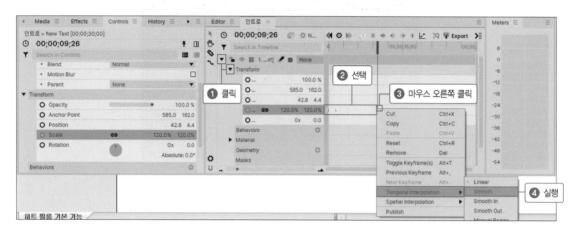

12 | '인트로' 컴포지션 패널의 타임라인에서 '유튜브 무비' 문자의 'Motion Blur' 아이콘(✏)을 클릭하여 모션 블러를 활성화합니다. 크기가 커지거나 이동할 때 잔상 효과를 자동으로 만들어 주는 기능입니다.

TIP 모션 블러(Motion Blur) ————————————————————————————

자동차나 기차를 타고 창밖을 보면 마치 물체가 나를 지나가는 듯한 느낌을 받을 수 있습니다. 거기서 사진을 찍는다고 생각하면 물체에 잔상이 보이기 마련입니다. 모션 블러는 물리적인 법칙에 의한 것이기 때문에 이질감을 해소해 주는 수단 중 하나입니다. 소스의 크기나 이동의 변화가 클수록 모션 블러도 심하게 생깁니다.

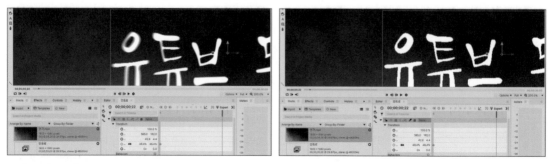

▲ 모션 블러가 활성화된 모습   ▲ 모션 블러가 비활성화된 모습

09 SECTION

다채로운 문자!
그레이디언트 자막 만들기

그레이디언트 자막은 한번에 여러 가지 색상을 보여 줍니다. 옛날에 유행하던 학종이 느낌의
색감으로 단색의 자막보다 디자인적으로 자막을 표현할 수 있습니다. 히트필름 익스프레스에
서 그레이디언트 자막을 만드는 방법에 대해 알아봅니다.

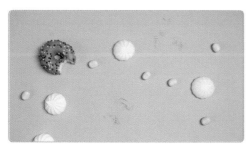

◉ **예제 파일** 03\도넛.mp4

◉ **완성 파일** 03\그레이디언트 자막 완성.mp4

01 영상 배치하기

01 | 히트필름 익스프레스를 실행하고 프로젝트를 설정합니다. [New] 버튼을 클릭하여 New Project
Settings 대화상자가 표시되면 Template을 '1080p Full HD @ 29.97 fps'로 지정한 다음 [OK] 버튼을
클릭합니다.

02 | Media 패널을 더블클릭하여 Import 대화상자를 표시합니다. 03 폴더에서 '도넛.mp4' 파일을 선택하고 [열기] 버튼을 클릭합니다.

03 | Media 패널에서 '도넛.mp4' 파일을 Editor 패널의 타임라인으로 드래그합니다. Editor 패널에 영상 소스가 위치합니다.

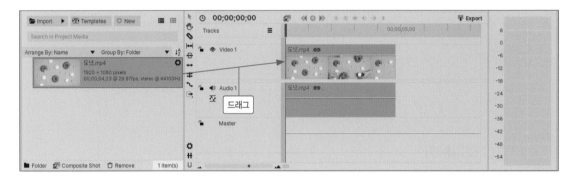

02 그레이디언트 글씨 적용하기

01 | Editor 패널의 타임라인에서 시간표시자를 드래그하여 '01:20'으로 이동합니다. 이 구간에서부터 글씨를 나오게 할 예정입니다.

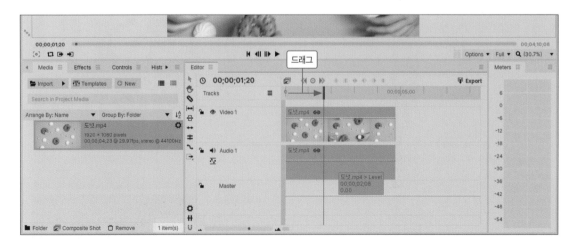

02 | Viewer 패널 왼쪽에서 'Text' 아이콘(△)을 클릭한 다음 Viewer 패널에 표시되는 화면을 클릭하여 'YUMMY'를 입력합니다.

03 | 입력한 문자를 드래그하여 블록으로 지정합니다. '패널 메뉴' 아이콘(☰)을 클릭한 다음 **Text**를 실행하여 Text 패널을 표시합니다. Text 패널에서는 다양한 문자 설정을 할 수 있습니다.

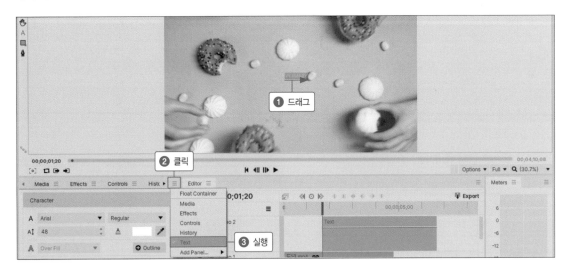

04 | Text 패널에서 글씨의 설정을 변경합니다. 예제에서는 글꼴을 무료 폰트인 '아임크리수진', 글꼴 크기를 '300'으로 지정합니다.

05 | [Outline(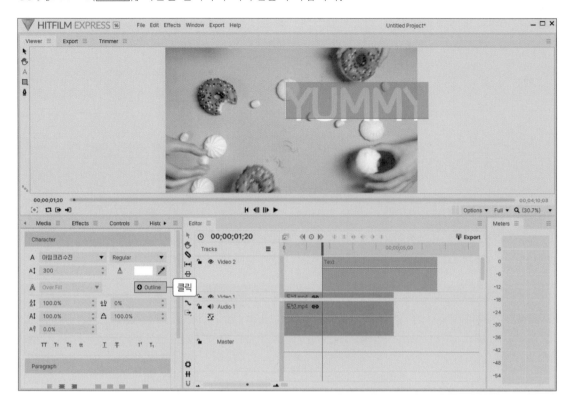)] 버튼을 클릭하며 외곽선을 추가합니다.

06 | 외곽선의 두께를 '15'로 설정합니다. 외곽선의 색상 상자를 클릭하여 Select a Color 대화상자가 표시되면 색상을 '#45321'로 지정한 다음 [OK] 버튼을 클릭합니다.

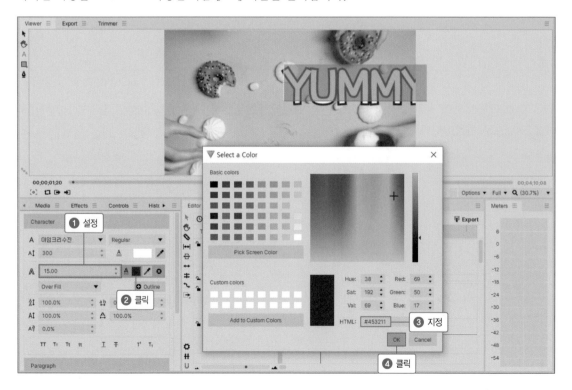

07 | Viewer 패널에서 선택 도구(▶)를 선택합니다. Viewer 패널에 글씨를 화면의 중앙으로 드래그합니다.

08 | Editor 패널에서 'Text'의 오른쪽 끝부분을 왼쪽으로 드래그하여 '도넛.mp4'의 끝부분에 정확히 맞춥니다.

09 | 편집의 편의성을 위해 타임라인을 위아래로도 확대 및 축소할 수 있습니다. 타임라인 옆에 있는 'Track Options' 아이콘(☰)을 클릭한 다음 Video Size → Small을 실행하여 영상 트랙을 위로 쌓을 수 있습니다.

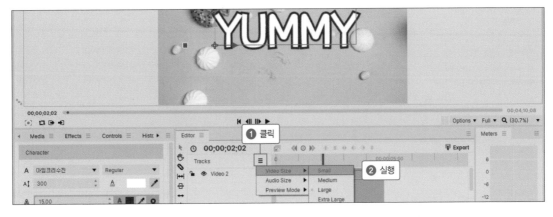

10 | Editor 패널에서 Video 2의 'Text'를 선택한 다음 Ctrl+C를 누르고 Ctrl+V를 누릅니다. Paste Conflict 대화상자가 표시되면 'Create New Track(s)'를 선택합니다.

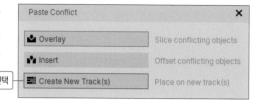

11 | 그림과 같이 시간표시자를 기준으로 'Video 3'에 Text가 새로 복제됩니다. 'Video 3'의 Text를 'Video 2'의 Text와 정확히 겹쳐지도록 드래그하여 위치합니다.

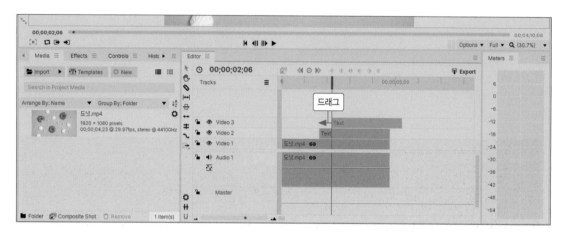

12 | Video 3의 'Text'를 선택합니다. '패널 메뉴' 아이콘(☰)을 클릭한 다음 **Text**를 실행하여 Text 패널을 표시합니다. Text 패널에서는 다양한 문자 설정을 할 수 있습니다.

13 | 해당 자막의 외곽선을 지워 줍니다. 'Remove Outline' 아이콘(⊗)을 클릭합니다.

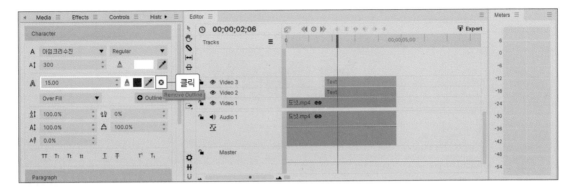

14 | 그레이디언트 효과를 적용하기 위해 Effects 패널을 클릭합니다. Effects 패널에서는 다양한 효과를 적용할 수 있습니다.

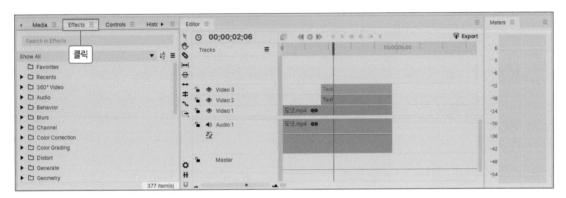

15 | 효과 검색창에 '4-Point Color Gradient'를 검색합니다. Gradients & Fills 하위 항목에 '4-Point Color Gradient'가 표시됩니다.

16 | Effects 패널에서 '4-Point Color Gradient'를 Video 3의 Text로 드래그합니다. 외곽선이 있는 그 레이디언트 자막이 생성됩니다.

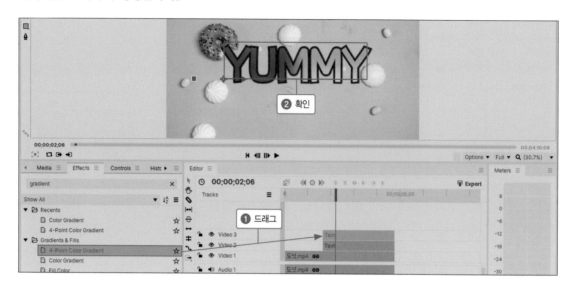

17 | Controls 패널을 클릭합니다. Controls 패널에서는 효과에 대해 설정을 할 수 있습니다.

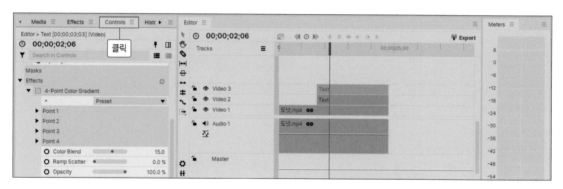

18 | Effects → 4-Point Color Gradient → Point 1의 하위 항목을 표시합니다. Color의 색상 상자를 클릭합니다. Select a Color 대화상자가 표시되면 색상을 '#d18735'로 지정한 다음 [OK] 버튼을 클릭합니다. 왼쪽 상단의 색상이 변경됩니다.

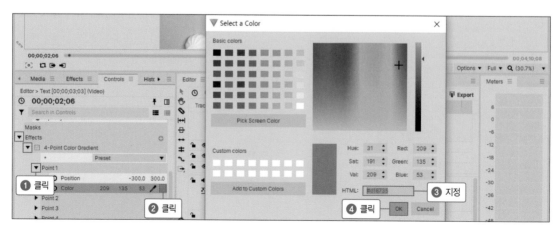

19 | Point 2의 하위 항목을 표시합니다. Color의 색상 상자를 클릭합니다. Select a Color 대화상자가 표시되면 색상을 '#f8dad8'로 지정한 다음 [OK] 버튼을 클릭합니다. 오른쪽 상단의 색상이 변경됩니다.

20 | Point 3의 하위 항목을 표시합니다. Color의 색상 상자를 클릭합니다. Select a Color 대화상자가 표시되면 색상을 '#cb8032'로 지정한 다음 [OK] 버튼을 클릭합니다. 오른쪽 하단의 색상이 변경됩니다.

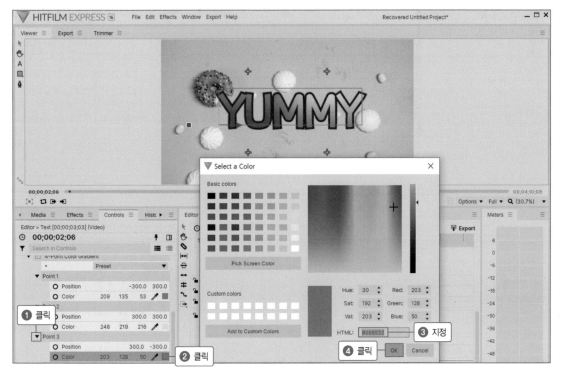

21 | Point 4의 하위 항목을 표시합니다. Color의 색상 상자를 클릭합니다. Select a Color 대화상자가 표시되면 색상을 '#77502d'로 지정한 다음 [OK] 버튼을 클릭합니다. 왼쪽 하단의 색상이 변경됩니다.

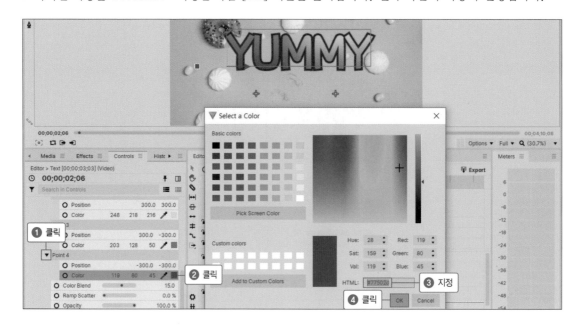

22 | Color Blend를 '25'로 설정합니다. 색상의 혼합이 좀 더 명확하고 진하게 표시됩니다.

TIP

그레이디언트 효과에 외곽선을 바로 적용하면 외곽선이 표시되지 않습니다. 따라서 외곽선만을 위한 레이어를 하나 만들어서 위에 얹어 놓는 느낌으로 그레이디언트 글자의 외곽선을 적용합니다.

10

깔끔한 막대 자막과 자막 애니메이션 만들기

뉴스나 예능 영상 등을 보면 자막에 자막 바를 배치하여 가독성을 높이거나 디자인적으로 부피감을 주어 영상을 세련되게 보여 주는 경우가 정말 많습니다. 히트필름 익스프레스에서 간단하게 자막 바를 만들어보고 글자마다 튀어나오는 애니메이션을 적용해 봅니다.

⊙ **예제 파일** 03\경회루.mp4

⊙ **완성 파일** 03\자막 바 애니메이션 완성.mp4

01 영상 배치하기

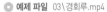

01 | 히트필름 익스프레스를 실행하고 프로젝트를 설정합니다. [New] 버튼을 클릭하여 New Project Settings 대화상자가 표시되면 Template을 '1080p Full HD @ 29.97 fps'로 지정한 다음 [OK] 버튼을 클릭합니다.

02 | Media 패널을 더블클릭하여 Import 대화상자를 표시합니다. 03 폴더에서 '경회루.mp4' 파일을 선택하고 [열기] 버튼을 클릭합니다.

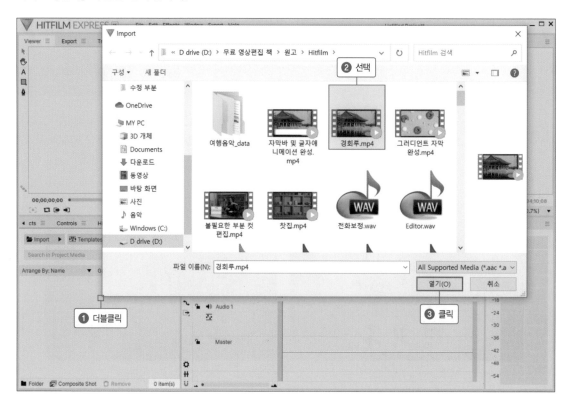

03 | Media 패널에서 '경회루.mp4' 파일을 Editor 패널의 타임라인으로 드래그합니다. Editor 패널에 영상 소스가 위치합니다.

01 | Media 패널의 [New(⊕ New)] 버튼을 클릭한 다음 **Plane**을 실행하여 단색 레이어를 생성합니다.

02 | Plane Properties 대화상자가 표시되면 [OK] 버튼을 클릭합니다.

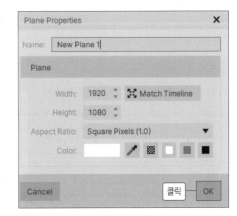

03 | 편집의 편의성을 위해 타임라인을 위아래로도 확대 및 축소할 수 있습니다. 타임라인 옆에 있는 'Track Options' 아이콘(≡)을 클릭한 다음 Video Size → **Small**을 실행하여 영상 트랙을 위로 쌓을 수 있습니다.

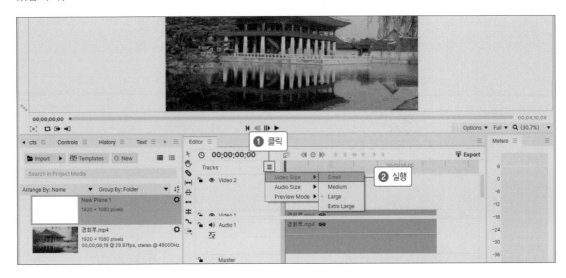

04 | Media 패널에서 'New Plane 1'을 Editor 패널의 Video 2로 드래그합니다. Editor 패널에 단색 레이어가 위치합니다.

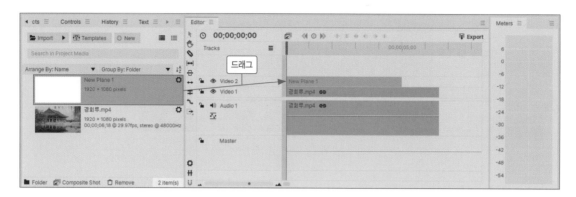

05 | 경회루.mp4의 길이에 맞게 'New Plane 1'의 오른쪽 끝부분을 오른쪽으로 드래그하여 길이를 늘립니다.

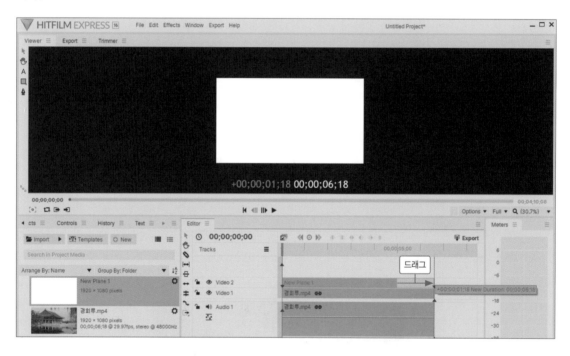

06 | Viewer 패널 왼쪽에서 'Rectangle Mask' 아이콘(▣)을 길게 클릭한 다음 'Rounded Rect Mask'를 선택합니다.

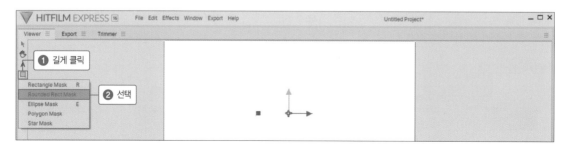

07 | Viewer 패널의 화면을 드래그하면 그림과 같이 둥근 직사각형 모양의 마스크를 생성할 수 있습니다. 적당하게 화면 비율에 맞게 드래그하여 자막 바를 생성합니다.

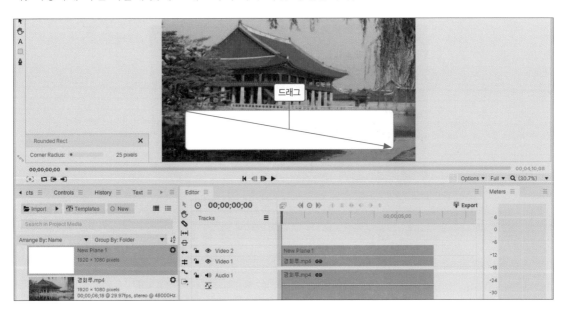

08 | 자막 바에 그레이디언트 효과를 적용하기 위해 '패널 메뉴' 아이콘(▤)을 클릭한 다음 **Effects**를 실행합니다. Effects 패널에서는 다양한 효과를 적용할 수 있습니다.

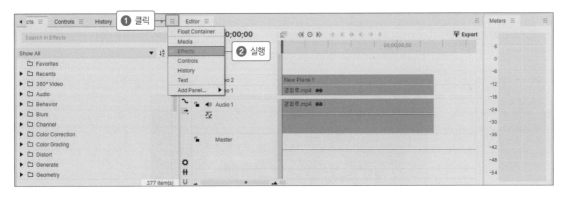

09 | 효과 검색창에 'Radial Gradient'를 검색합니다. Gradients & Fills 하위 항목에 'Radial Gradient'가 표시됩니다. Effects 패널에 표시된 'Radial Gradient'를 Video 2의 New Plane 1로 드래그합니다.

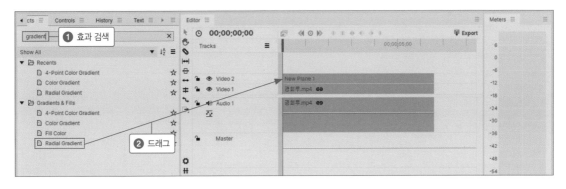

10 | 자막 바에 그레이디언트 효과가 적용되면서 자동으로 Controls 패널이 표시됩니다.

11 | Controls 패널에서 Effects → Radial Gradient → Center → Position의 Y축 값을 '-280'으로 설정합니다. 그림과 같이 자막 바에 그레이디언트가 좀 더 많이 보이게 됩니다.

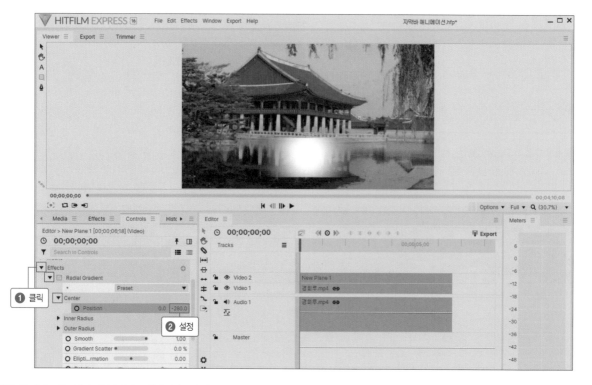

12 | Outer Radius → Elliptical Deformation을 '1'로 설정합니다. 그러데이션이 넓어지면서 양쪽으로 갈수록 투명해집니다.

03 자막 추가하기

01 | Viewer 패널 왼쪽에서 'Text' 아이콘(A)을 클릭한 다음 Viewer 패널에 표시되는 화면을 클릭하여 '경회루'를 입력합니다.

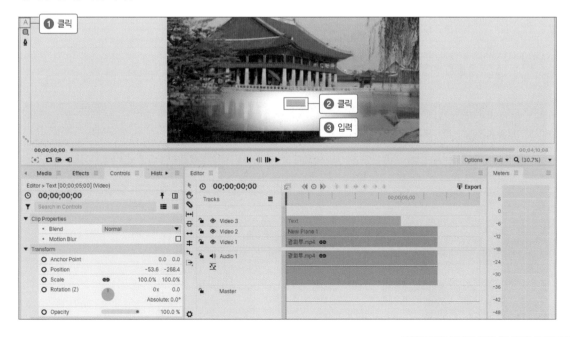

02 | 입력한 문자를 드래그하여 블록으로 지정합니다. '패널 메뉴' 아이콘(≡)을 클릭한 다음 Text를 실행하여 Text 패널을 표시합니다. Text 패널에서는 다양한 문자 설정을 할 수 있습니다.

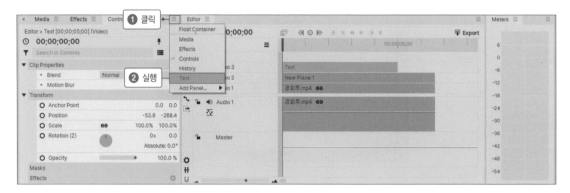

03 | 예제에서는 글꼴을 무료 폰트인 '신영복체', 글꼴 크기를 '250', 색상을 '검은색'으로 지정합니다. 자막을 자막 바의 가운데로 배치합니다.

04 | 경회루.mp4의 길이에 맞게 'Text'의 오른쪽 끝부분을 오른쪽으로 드래그하여 길이를 늘립니다.

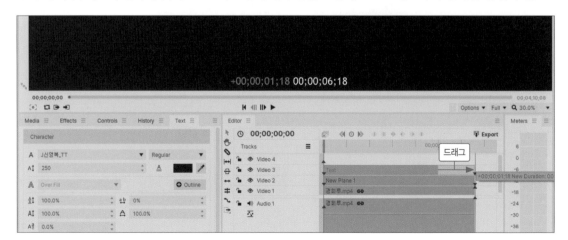

05 | Viewer 패널에서 선택 도구(▸)를 선택한 다음 '경회루' 문자를 클릭합니다. Ctrl + C 를 누르고 Ctrl + V 를 누릅니다. Paste Conflict 대화상자가 표시되면 'Create New Track(s)'를 선택합니다.

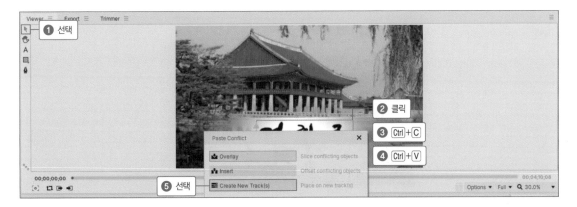

06 | 한 번 더 Ctrl + C 를 누르고 Ctrl + V 를 누릅니다. Paste Conflict 대화상자가 표시되면 'Create New Track(s)'를 선택합니다. 글자 수에 맞게 레이어를 3개 생성하였습니다.

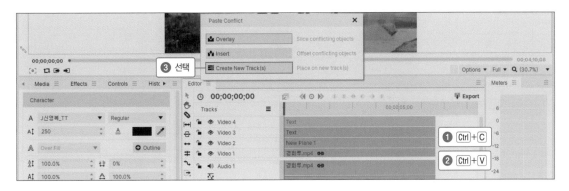

07 | Viewer 패널 왼쪽에서 'Rectangle Mask' 아이콘(▢)를 클릭합니다. Editor 패널에서 Video 3의 'Text'를 선택한 다음 '경' 문자를 드래그하여 그림과 같이 네모 모양의 마스크를 생성합니다.

08 | Video 4의 'Text'를 선택한 다음 '회' 문자를 드래그하여 그림과 같이 네모 모양의 마스크를 생성합니다.

09 | 마지막으로 Video 5의 'Text'를 선택한 다음 '루' 문자를 드래그하여 그림과 같이 네모 모양의 마스크를 생성합니다. 글자가 각각의 레이어로 분리되었습니다.

10 | 시간표시자를 '00:00'으로 이동한 다음 Video 3의 'Text'를 선택합니다. Controls 패널에서 Transform → Position의 Y축 값을 '−700'으로 설정하고 '키 프레임 애니메이션' 아이콘(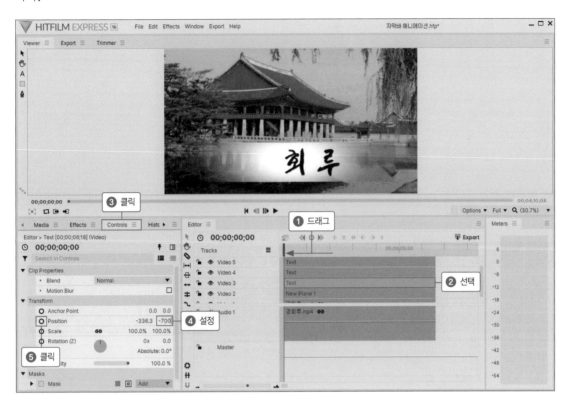)을 클릭합니다.

11 | 시간표시자를 '01:00'으로 이동한 다음 Controls 패널에서 Transform → Position의 Y축 값을 '−380'으로 설정합니다. '경' 글자에 0초~1초 동안 밑에서 위로 올라오는 애니메이션이 적용됩니다.

12 | 시간표시자를 '00:15'로 이동한 다음 Video 4의 'Text'를 선택합니다. Controls 패널에서 Transform → Position의 Y축 값을 '–700'으로 설정하고 '키 프레임 애니메이션' 아이콘(⚪)을 클릭합니다.

13 | 시간표시자를 '01:15'로 이동한 다음 Controls 패널에서 Transform → Position의 Y축 값을 '–380'으로 설정합니다. '회' 글자에 밑에서 위로 올라오는 애니메이션이 적용됩니다.

14 | 시간표시자를 '01:00'으로 이동한 다음 Video 5의 'Text'를 선택합니다. Controls 패널에서 Transform → Position의 Y축 값을 '-700'으로 설정하고 키 프레임 애니메이션 아이콘(◙)을 클릭합니다.

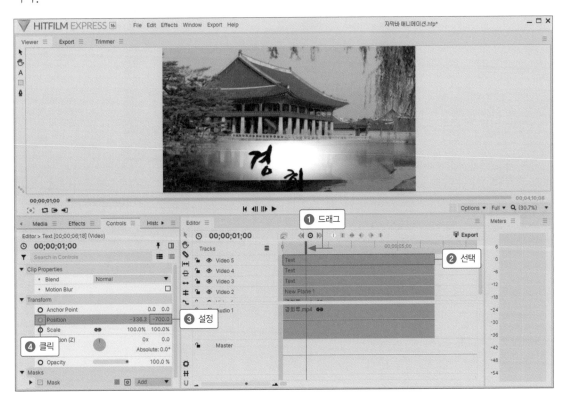

15 | 시간표시자를 '02:00'으로 이동한 다음, Controls 패널에서 Transform → Position의 Y축 값을 '-380'으로 설정합니다. '루' 글자에 밑에서 위로 올라오는 애니메이션이 적용됩니다.

TIP

키 프레임 애니메이션의 시간의 간격을 줄이면 애니메이션의 속도가 빨라집니다.

16 | Video 1의 '경회루.mp4'를 선택한 다음 Ctrl+C를 누르고 Ctrl+V를 누릅니다. Paste Conflict 대화상자가 표시되면 'Create New Track(s)'를 선택합니다.

17 | 그림과 같이 '경회루.mp4'가 복제됩니다. Video 7의 '경회루.mp4'를 Video 6으로 드래그합니다.

18 | Video 6의 '눈' 아이콘()을 클릭하여 트랙을 안 보이게 비활성화합니다. Viewer 패널 왼쪽에서 'Rectangle Mask' 아이콘(■)을 클릭한 다음 자막 바 하단 부분을 드래그하여 네모 모양의 마스크를 생성합니다. 다시 Video 6의 '눈' 아이콘(●)을 클릭하여 활성화합니다.

19 | 글자가 올라오면서 자막 바에 자막이 생성되는 애니메이션이 만들어집니다.

SECTION 11

밋밋한 영상에 음악을 넣자!
배경음악 삽입하기

일반적으로 직접 촬영한 영상이나 무료 스톡 영상에는 소리가 포함되어 있지 않습니다. 편집 과정에서 음악이나 효과음을 넣으면 영상이 주는 느낌이 다채로워질 수 있습니다. 히트필름 익스프레스에서 배경음악을 삽입하는 방법에 대해 알아봅니다.

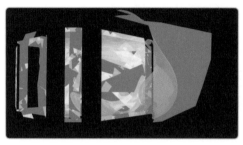

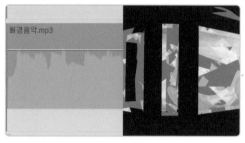

⊙ **예제 파일** 03\모션그래픽.mp4, 배경음악.mp3　　⊙ **완성 파일** 03\배경음악 넣기 완성.mp4

01 소스 배치하고 전환 효과 적용하기

01 | 히트필름 익스프레스를 실행하고 프로젝트를 설정합니다. [New] 버튼을 클릭하여 New Project Settings 대화상자가 표시되면 Template을 '1080p Full HD @ 24 fps'로 지정한 다음 [OK] 버튼을 클릭합니다.

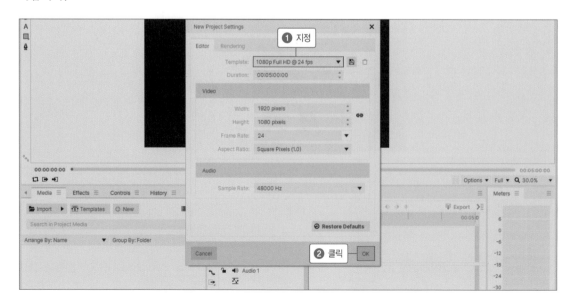

02 | Media 패널을 더블클릭하여 Import 대화상자를 표시합니다. 03 폴더에서 '모션그래픽.mp4', '배경음악.mp3' 파일을 선택하고 [열기] 버튼을 클릭합니다.

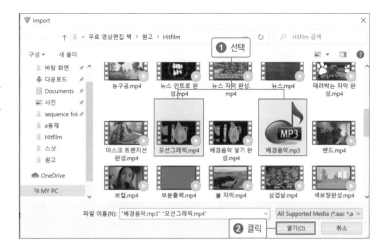

03 | Media 패널에서 '모션그래픽.mp4' 파일을 Editor 패널의 Video 1로 드래그합니다. Editor 패널에 영상 소스가 위치합니다.

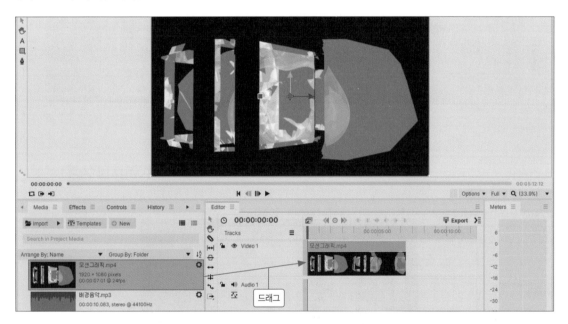

04 | Media 패널에서 '배경음악.mp3' 파일을 Editor 패널의 Audio 1로 드래그합니다. Editor 패널에 오디오 소스가 위치합니다.

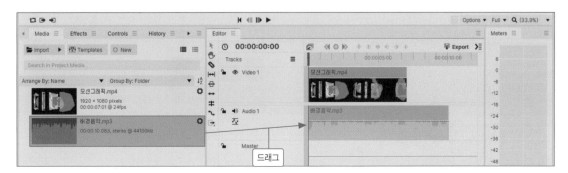

05 | Editor 패널에서 '배경음악.mp3'의 오른쪽 끝부분을 왼쪽으로 드래그하여 영상 길이와 맞춥니다.

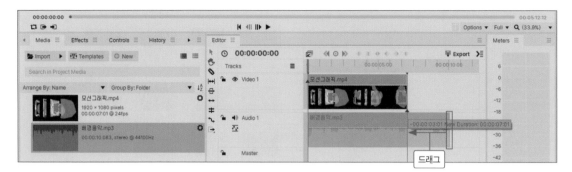

06 | 전환 효과를 적용하기 위해 Effects 패널을 클릭합니다. Effects 패널에서는 다양한 효과를 적용할 수 있습니다.

07 | 효과 검색창에 'Cross Fade'를 검색합니다. 오디오와 영상의 전환 효과가 표시됩니다.

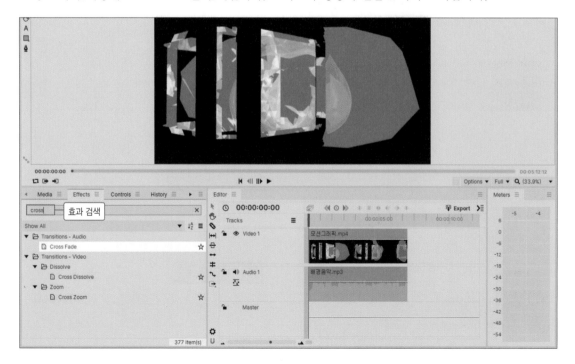

08 | Transitions – Audio에서 'Cross Fade'를 Editor 패널의 배경음악.mp3의 끝부분으로 드래그합니다. 오디오 전환 효과가 적용됩니다.

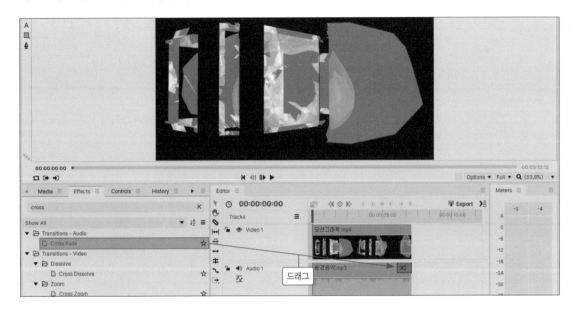

09 | 다시 Effects 패널을 클릭한 다음 Transitions – Video에서 Dissolve → 'Cross Dissolve'를 Editor 패널의 모션그래픽.mp4의 끝부분으로 드래그합니다. 화면 전환 효과가 적용됩니다.

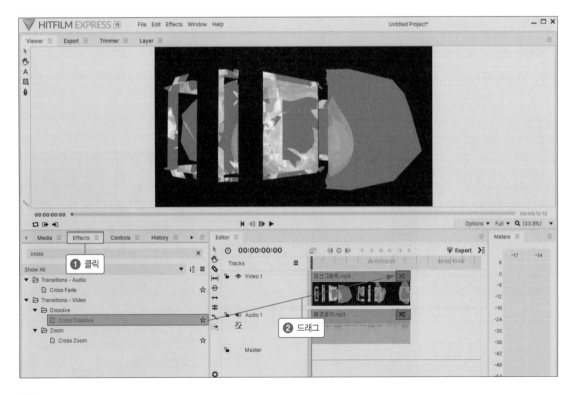

TIP

영상 및 시각적인 소스는 전부 Editor 패널의 Video 트랙에서 처리하고, 배경음악, 내레이션, 효과음과 같은 오디오 소스는 전부 Editor 패널의 Audio 트랙에서 처리합니다.

자연스러운 사운드의 시작과 끝!
페이드 인과 페이드 아웃

영상에서 배경음악이 갑자기 나오는 것보다 서서히 음량이 커지면서 나오고 끝날 때도 서서히 음량이 줄어드는 것이 시청자에게 안정적이고 감성적인 느낌을 줍니다. 히트필름 익스프레스에서 오디오 페이드 인/페이드 아웃을 적용하는 방법에 대해 알아봅니다.

● 예제 파일 03\스키.mp4, 운동음악.mp3

● 완성 파일 03\페이드 인 아웃 완성.mp4

01 영상 배치하기

01 | 히트필름 익스프레스를 실행하고 프로젝트를 설정합니다. [New] 버튼을 클릭하여 New Project Settings 대화상자가 표시되면 Template을 '1080p Full HD @ 24 fps'로 지정한 다음 [OK] 버튼을 클릭합니다.

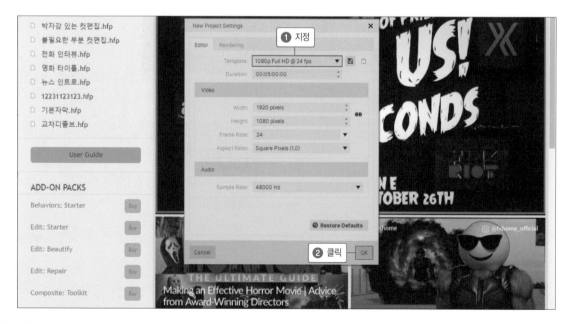

02 | Media 패널을 더블클릭하여 Import 대화상자를 표시합니다. 03 폴더에서 '스키.mp4', '운동음악.mp3' 파일을 선택하고 [열기] 버튼을 클릭합니다.

03 | Media 패널에서 '스키.mp4' 파일을 Editor 패널의 Video 1로 드래그합니다. Editor 패널에 영상 소스가 위치합니다.

04 | 타임라인의 'Audio 1' 트랙에서 마우스 오른쪽 버튼을 클릭한 다음 Insert Track을 실행하여 트랙을 생성합니다.

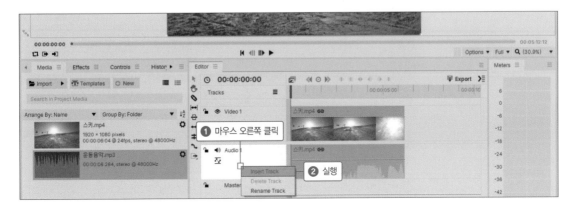

05 | 오디오 트랙이 하나 더 생성됩니다. Media 패널에서 '운동음악.mp3' 파일을 Editor 패널의 Audio 2로 드래그합니다. Editor 패널에 오디오 소스가 위치합니다.

02 오디오 페이드 인/페이드 아웃 적용하기

01 | 페이드 효과를 적용하기 위해 Effects 패널을 클릭합니다. Effects 패널에서는 다양한 효과를 적용할 수 있습니다.

02 | 효과 검색창에 'Fade'를 검색합니다. Transitions – Audio 하위 항목에 효과가 표시됩니다.

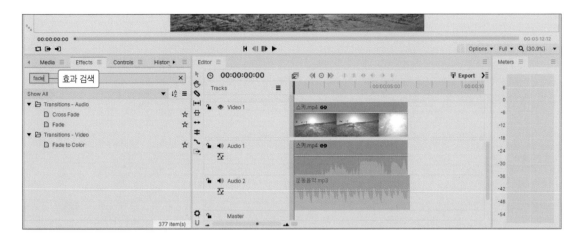

03 | Effects 패널에서 'Fade'를 운동음악.mp3의 시작 부분으로 드래그합니다. 페이드 인 효과가 적용됩니다.

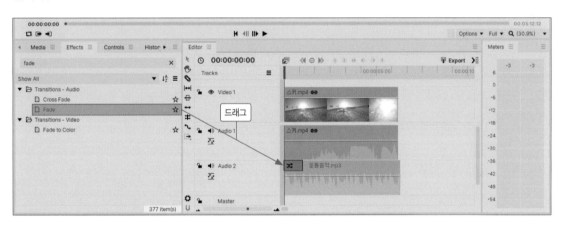

04 | 이번에는 Effects 패널에서 'Fade'를 운동음악.mp3의 끝부분으로 드래그합니다. 페이드 아웃 효과가 적용됩니다.

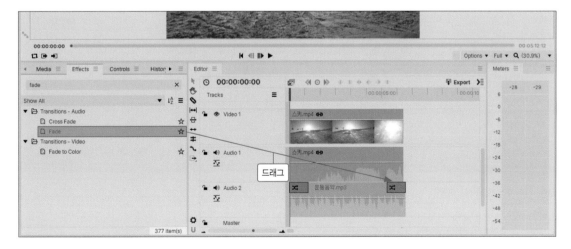

05 | 시간표시자를 드래그하여 '03:22'로 이동합니다.

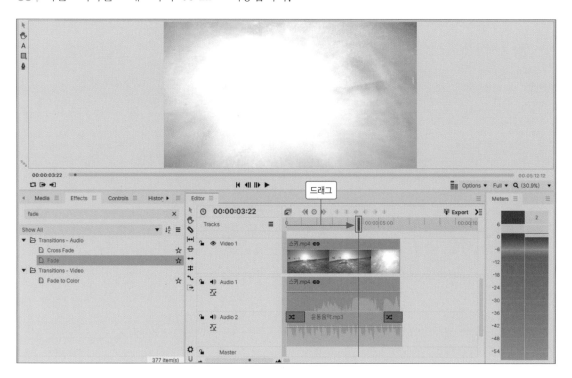

06 | Audio 2에서 끝부분에 적용된 'Fade' 효과를 선택합니다. 왼쪽 끝부분을 시간표시자가 있는 '03:22' 부분까지 왼쪽으로 드래그하여 길이를 늘립니다. 효과에 대한 시간을 드래그를 통해 조절할 수 있습니다.

TIP 페이드 인/페이드 아웃
- **페이드 인** : 시작 부분에서 소리가 작은 상태에서 점점 커지는 효과
- **페이드 아웃** : 끝부분에서 소리가 큰 상태에서 점점 작아지는 효과

13

평범한 목소리를 전화 인터뷰하는
음성 변조하기

영상 기획에 따라서 전화 인터뷰를 하거나 통화를 하는 장면을 구성할 수 있습니다. 촬영 단계에서 단순하게 목소리를 녹음한 것만으로도 히트필름 익스프레스에서 전화로 말하는 느낌으로 탈바꿈할 수 있습니다. 일반적인 목소리를 통화하는 느낌으로 만들어 봅니다.

● **예제 파일** 03\전화인터뷰.mp4, 수능응원.mp3 　　　　● **완성 파일** 03\전화인터뷰 완성.mp4

01 소스 배치하고 자막 입력하기

01 ┃ 히트필름 익스프레스를 실행하고 프로젝트를 설정합니다. [New] 버튼을 클릭하여 New Project Settings 대화상자가 표시되면 Template을 '1080p Full HD @ 29.97 fps'로 지정한 다음 [OK] 버튼을 클릭합니다.

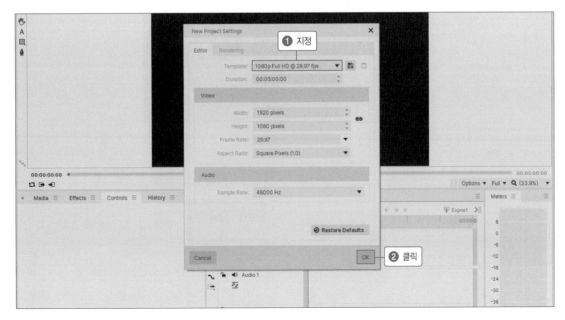

02 | Media 패널을 더블클릭하여 Import 대화상자를 표시합니다. 03 폴더에서 '전화인터뷰.mp4', '수능응원.mp3' 파일을 선택하고 [열기] 버튼을 클릭합니다.

03 | Media 패널에서 '전화인터뷰.mp4' 파일을 Editor 패널의 Video 1로 드래그합니다. Editor 패널에 영상 소스가 위치합니다.

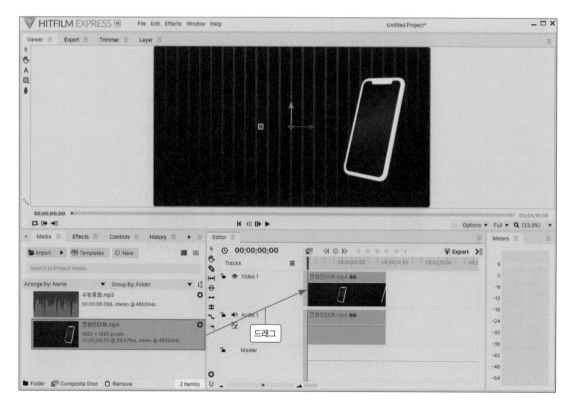

04 | Editor 패널에서 'Audio 1' 트랙에 마우스 오른쪽 버튼을 클릭한 다음 **Insert Track**을 실행합니다.

05 | Editor 패널 타임라인에 'Audio 2' 트랙이 생성됩니다. Media 패널에서 '수능응원.mp3' 파일을 Audio 2로 드래그합니다.

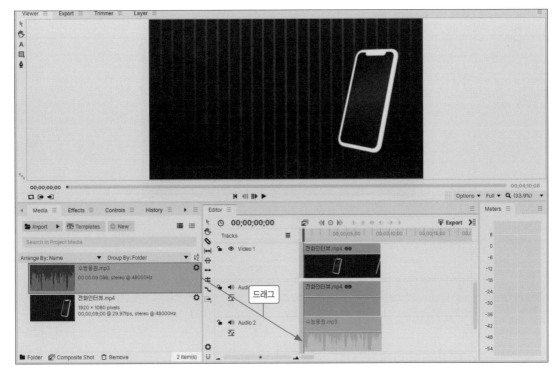

06 | Viewer 패널 왼쪽에서 'Text' 아이콘(A)을 클릭한 다음 Viewer 패널에 표시되는 영상 소스의 핸드폰 옆 부분을 클릭합니다. '모두 수능치느라 고생 많으셨습니다! 이제 얼마 안 남았으니까 다들 조금만 더 힘내서'를 입력합니다.

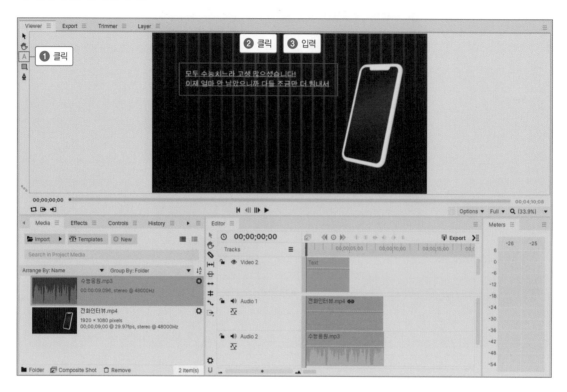

07 | '패널 메뉴' 아이콘(☰)을 클릭한 다음 **Text**를 실행하여 Text 패널을 표시합니다. Text 패널에서는 다양한 문자 설정을 할 수 있습니다.

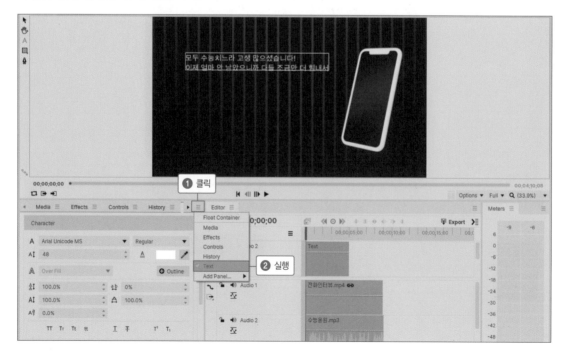

08 | 자막을 드래그하여 블록으로 지정한 다음 Text 패널에서 문자 설정을 변경합니다. 예제에서는 글꼴을 무료 폰트인 '아임크리수진', 글꼴 크기를 '65'로 지정합니다.

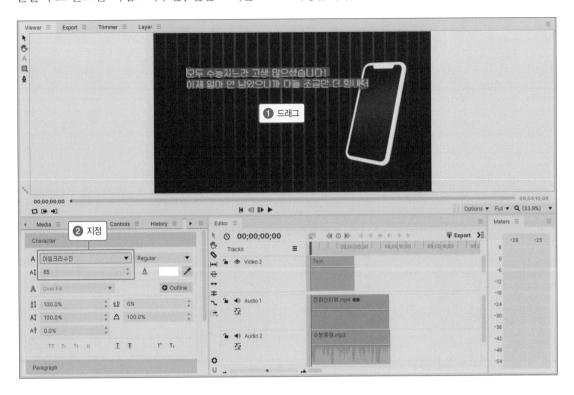

09 | Text 패널에서 Paragraph의 'Center Alignment' 아이콘(≡)을 클릭합니다. 문자가 가운데로 정렬됩니다.

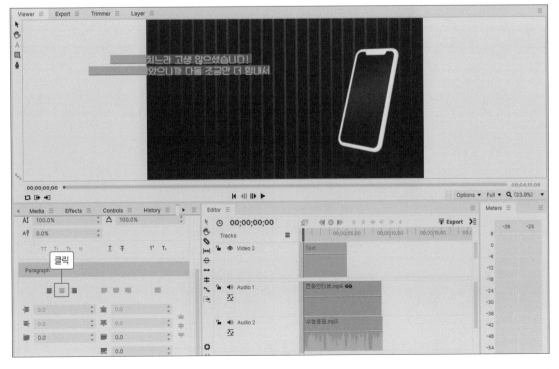

10 | Viewer 패널에서 선택 도구(▶)를 선택합니다. 문자를 드래그하여 그림과 같이 배치합니다.

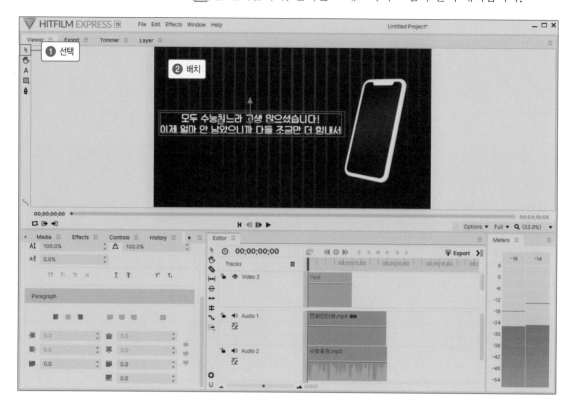

11 | Editor 패널에서 시간표시자를 드래그하여 '05:00'으로 이동합니다.

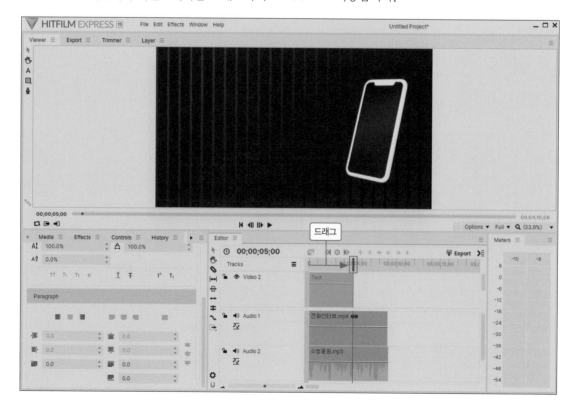

12 | Editor 패널에서 Video 2의 'Text'를 선택한 다음 Ctrl+C를 누르고 Ctrl+V를 누릅니다. Text가 그대로 복제됩니다.

13 | 복제한 Text를 수정합니다. 예제에서는 '원하시는 꿈, 원하시는 대학 모두 다 진학하시길 바라며...' 로 입력합니다.

14 | 문자의 넘치는 부분을 '전화인터뷰.mp4'의 길이에 맞게 조절합니다. 복제한 'Text'의 오른쪽 끝부분을 왼쪽으로 드래그하여 길이를 줄입니다.

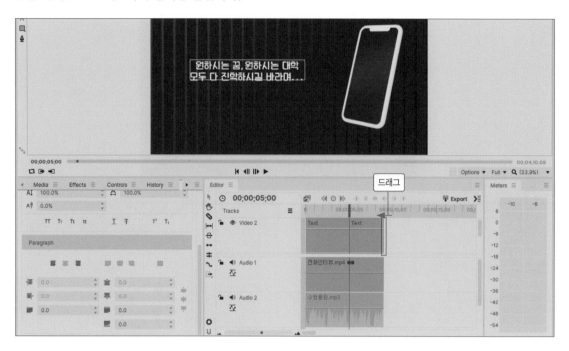

02 전화 통화 효과 적용하기

01 | 전화 통화 효과를 적용하기 위해 Effects 패널을 클릭합니다. Effects 패널에서는 다양한 효과를 적용할 수 있습니다.

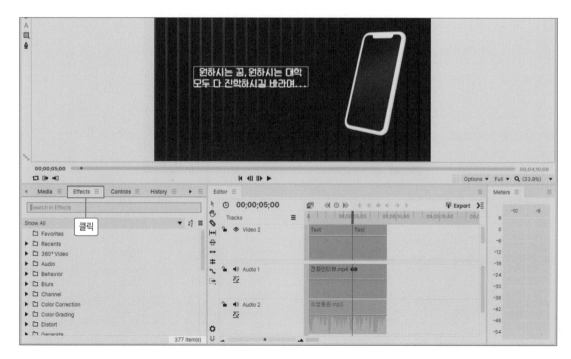

02 효과 검색창에 'Telephone'을 검색합니다. Audio 하위 항목에 효과가 표시됩니다.

03 Effects 패널에서 'Telephone'을 수능응원.mp3로 드래그합니다. 목소리가 통화음처럼 변조됩니다.

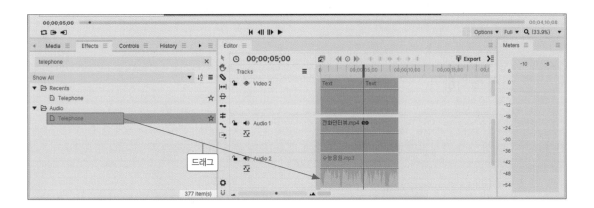

04 Controls 패널에서 효과에 대한 설정을 제어할 수 있습니다. 기호에 맞게 Effect → Telephone → Gain의 휠을 드래그하여 설정합니다.

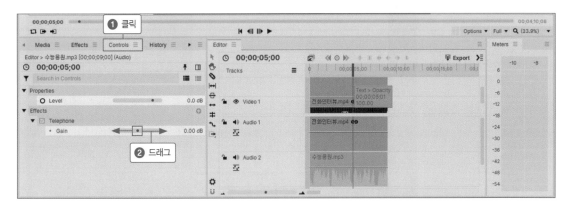

나만의 브랜드!
내 영상에 로고 삽입하기

유튜브 영상이나 각종 TV 드라마, 예능 영상을 보면 왼쪽 상단에 방송사 로고나 작품에 대한 로고가 삽입되어 있는 것을 볼 수 있습니다. 로고는 시청자에게 현재 시청하고 있는 프로그램에 대한 정보를 제공해 주는 기능은 물론, 본인 영상에 대한 저작권을 보호하는 기능도 수행합니다. 히트필름 익스프레스에서 영상에 로고를 삽입하는 방법에 대해 알아봅니다.

◉ **예제 파일** 03\여행TV.mp4, 여행TV로고.png

◉ **완성 파일** 03\로고 삽입 완성.mp4

01 소스 배치하기

01 | 히트필름 익스프레스를 실행하고 프로젝트를 설정합니다. [New] 버튼을 클릭하여 New Project Settings 대화상자가 표시되면 Template을 '1080p Full HD @ 29.97 fps'로 지정한 다음 [OK] 버튼을 클릭합니다.

02 | Media 패널을 더블클릭하여 Import 대화상자를 표시합니다. 03 폴더에서 '여행TV.mp4', '여행TV 로고.png' 파일을 선택하고 [열기] 버튼을 클릭합니다.

03 | 편집의 편의성을 위해 타임라인을 위아래로 확대 및 축소할 수 있습니다. 타임라인 옆에 있는 'Track Options' 아이콘(☰)을 클릭하여 Video Size → Small을 실행하여 영상 트랙을 위로 쌓을 수 있습니다.

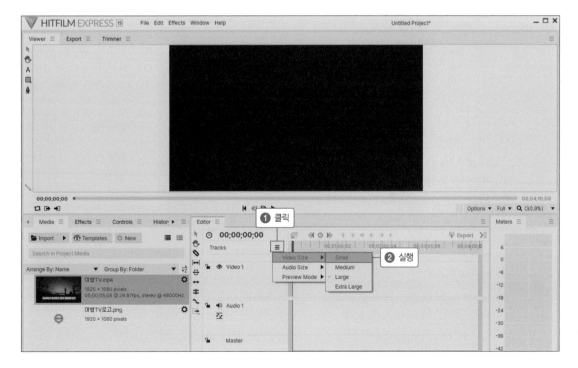

04 | 타임라인의 빈 공간에 마우스 오른쪽 버튼을 클릭한 다음 Insert Track을 실행하여 트랙을 생성합니다.

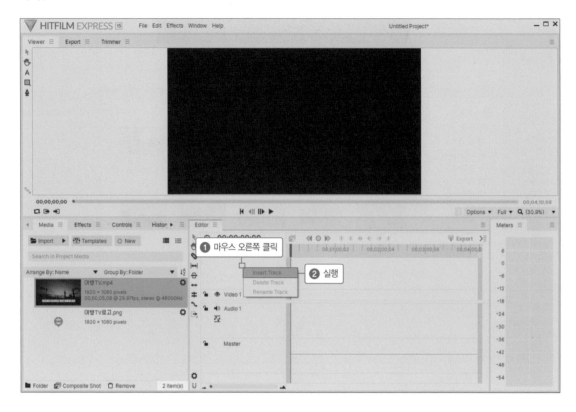

05 | Media 패널에서 '여행TV.mp4' 파일을 Editor 패널의 Video 1로 드래그합니다. Media 패널에서 '여행TV로고.png'를 Editor 패널의 Video 2로 드래그합니다.

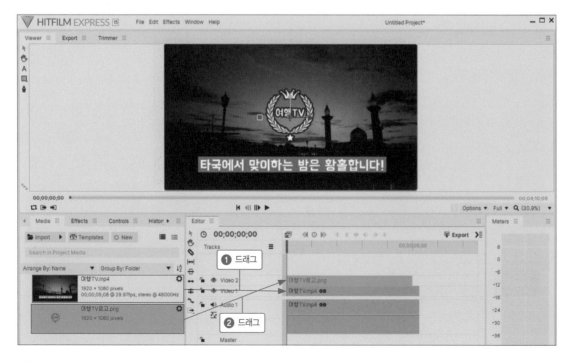

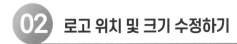 **로고 위치 및 크기 수정하기**

01 타임라인에서 '여행TV로고.png'의 오른쪽 끝부분을 영상이 끝나는 지점까지 드래그하여 길이를 늘립니다.

02 Controls 패널을 클릭합니다. Controls 패널에서는 적용한 효과에 대한 설정을 할 수 있습니다.

03 | Transform에서 Position을 '−700', '330', Scale을 '80%'로 설정합니다. 로고가 영상의 왼쪽 상단으로 이동합니다.

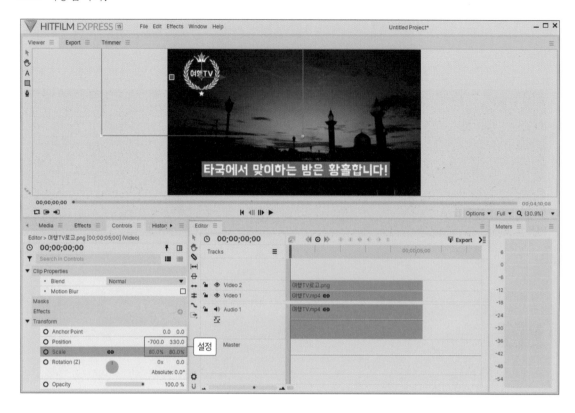

04 | 로고로 인해 영상 시청에 방해가 된다 싶으면 Transform에서 Opacity를 '50%'로 설정하여 투명도를 낮춰줍니다.

TIP 로고의 역할 _____

로고는 시청자에게 프로그램에 대한 정보를 제공하는 기능도 수행하지만, 영상에 대한 저작권을 지킬 수 있습니다. 로고가 없다면 다른 사람이 내가 만든 영상을 다운받아 무단으로 수정하고 변형하여 사용할 수도 있습니다. 가능하다면 로고를 삽입하여 본인의 영상에 대한 저작권을 지킬 수 있도록 합니다.

15
SECTION

최적화된 가성비로
영상 출력하기

영상 파일을 프로그램에서 컴퓨터로 저장하는 과정을 'Export(출력)'라고 합니다. 히트필름 익스프레스에서 영상 편집 및 효과 작업이 끝난 후에는 영상을 출력할 수 있습니다. 유튜브에 최적화된 가성비가 좋은 출력 방법으로 내 영상을 출력하는 방법에 대해 알아봅니다.

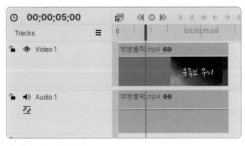
● 출력 범위 지정하기

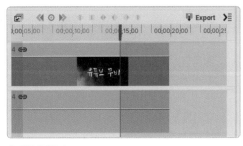
● 영상 출력하기

01 영상 배치하기

01 | 히트필름 익스프레스를 실행하고 프로젝트를 설정합니다. [New] 버튼을 클릭하여 New Project Settings 대화상자가 표시되면 Template을 '1080p Full HD @ 29.97 fps'로 지정한 다음 [OK] 버튼을 클릭합니다.

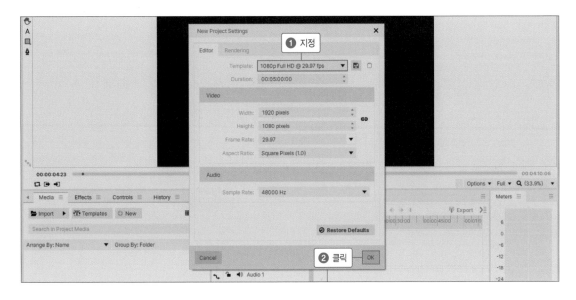

02 | Media 패널을 더블클릭하여 Import 대화상자를 표시합니다. 03 폴더에서 '부분출력.mp4' 파일을 선택하고 [열기] 버튼을 클릭합니다.

03 | Media 패널에서 '부분출력.mp4' 파일을 Editor 패널의 타임라인으로 드래그합니다. Editor 패널에 영상 소스가 위치합니다.

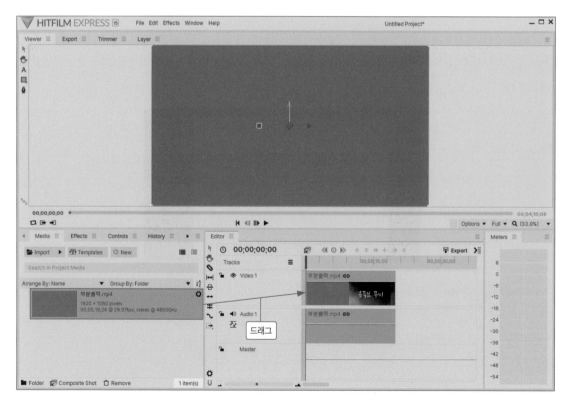

02 범위 지정하기

01 | Editor 패널에서 시간표시자를 드래그하여 '05:00'으로 이동합니다.

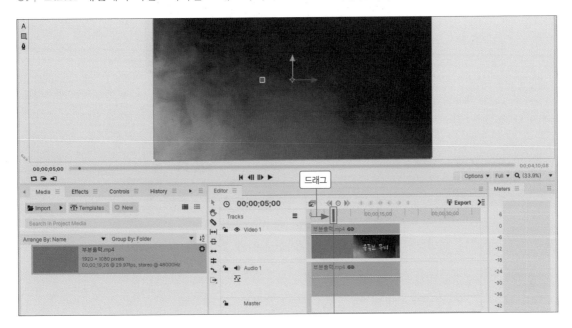

02 | Ⅰ를 눌러 영상의 시작 부분을 지정합니다. 타임라인 상단에 주황색 막대기의 길이가 줄어듭니다.

TIP

주황색 막대기는 영상이 출력되는 범위입니다.

03 | 영상의 마지막 장면이 나오는 '14:25'로 시간표시자를 드래그하여 이동합니다.

04 | [O]를 누릅니다. 타임라인 상단에 주황색 막대기의 길이가 줄어듭니다.

05 | Export 옆에 있는 '패널 메뉴' 아이콘(▤)을 클릭합니다. Default Preset → YouTube 1080p HD를 실행합니다.

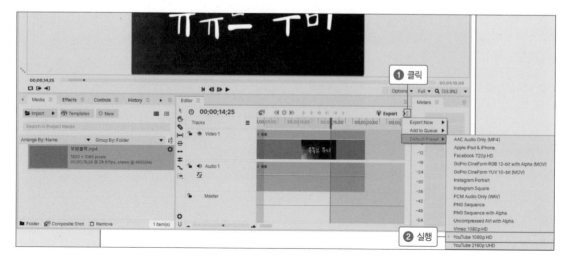

- **Vimeo / YouTube 1080p HD** : 가장 많이 사용하는 동영상 플랫폼에 맞게 설정된 출력 설정입니다. 많은 경우에 이 2개의 설정을 사용합니다.
- **Instagram Portrait** : 인스타그램에 있는 '4:5' 비율의 영상을 출력할 때 사용합니다.
- **Instagram Square** : 인스타그램에 있는 '1:1' 비율의 영상을 출력할 때 사용합니다.
- **Uncompressed AVI with Alpha** : 가장 용량이 크면서 출력 과정에서 영상의 화질 손상이 없는 설정입니다. 업무용이 아니면 일반적으로 사용하지 않는 설정입니다.

06 | Export 옆에 있는 '패널 메뉴' 아이콘(☰)을 클릭합니다. Export Now → In-to-Out Area를 실행합니다.

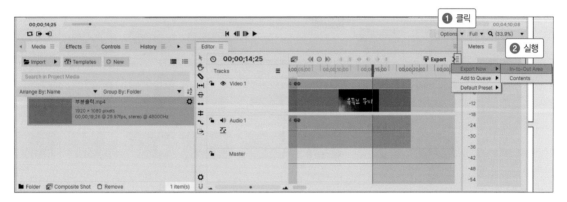

TIP 영상을 출력하는 두 가지 방법 ─────────────────────────

- **In-to-Out Area** : 주황색 막대기가 지정된 범위만큼만 영상을 출력하는 방법입니다. ⒤, ⒪를 눌러 활용합니다.
- **Contents** : 주황색 막대기와 상관없이 영상 전체를 출력하는 방법입니다. 영상의 시작 부분과 끝부분을 기준으로 영상이 출력됩니다.

07 | Export 패널이 표시되면 자동으로 영상이 출력됩니다.

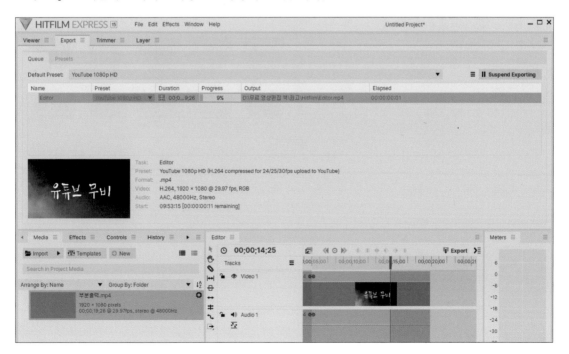

08 | Export 패널에서 'Output'에서 저장 경로 부분을 클릭하면 영상이 저장된 폴더로 이동합니다. 파일의 이름을 바꾸거나 영상을 실행해 확인할 수 있습니다.

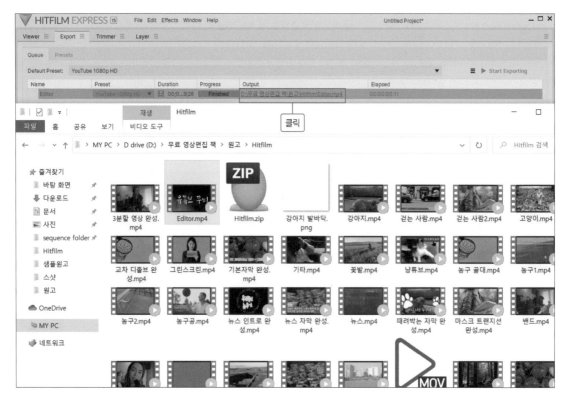

TIP Export(▼Export) _____

타임라인 상단의 'Export(▼Export)'를 클릭하면 그림과 같이 저장 경로와 이름을 지정할 수 있습니다. 'Contents' 방식으로 출력되며 영상의 시작 부분과 끝부분을 기준으로 영상이 출력됩니다.

16
SECTION

틱톡이나 인스타그램 비율로 영상 출력하기

예전에는 정형화된 영상이라고 해서 가로와 세로의 비율이 16:9로 일정한 비율의 영상만 사용이 가능한 때가 있었습니다. 하지만, 핸드폰이 보급되면서 이러한 공식은 깨지게 되었습니다. 바로 세로 영상과 1:1 비율의 인스타그램 영상이 보편화된 것입니다. 앞서 소개한 설정에 없는 비율의 영상을 출력하는 방법에 대해 알아봅니다.

● 세로 영상 지정하기

● 세로 영상 출력하기

01 세로 영상 출력하기

01 | 03 폴더에서 '세로영상.mp4'를 히트필름 익스프레스에 불러옵니다. 영상의 비율을 정확히 몰라도 우선 프로젝트를 생성하고 Media 패널에서 타임라인으로 불러온 영상 소스를 드래그하면 비율 변경에 대한 대화상자가 표시됩니다. [Yes] 버튼을 클릭합니다.

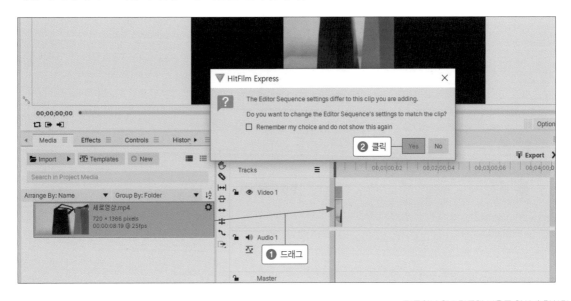

02 | 그림과 같이 자동으로 영상 소스 크기에 맞게 프로젝트가 변경됩니다.

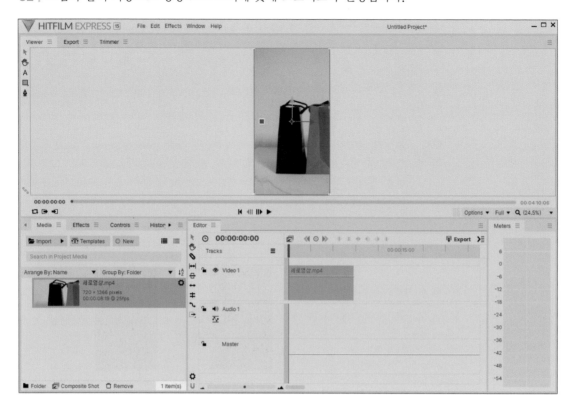

03 | Export 옆에 있는 '패널 메뉴' 아이콘(▤)을 클릭합니다. Add to Queue → Contents를 실행합니다. 해당 영상에 대한 출력을 설정할 수 있습니다.

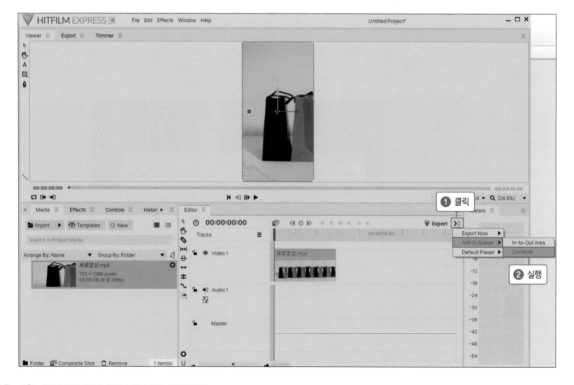

04 | Export 패널이 표시되며 세로 영상에 대한 출력을 설정할 수 있습니다. Queue 탭 옆에 있는 'Presets' 탭을 클릭합니다.

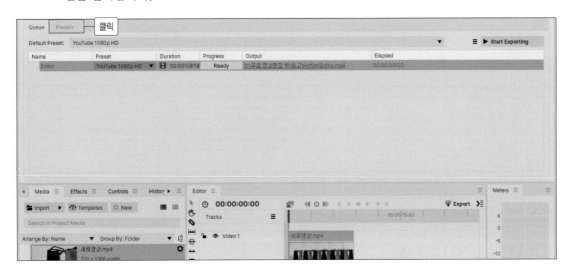

05 | 기존에 표시된 출력 설정이 아닌 프리셋을 새롭게 설정할 수 있는 'New Preset(● New Preset)'을 클릭한 다음 MPEG-4(.mp4)를 실행합니다.

06 | Edit Export Preset 대화상자가 표시됩니다. Name에 '세로 영상'을 입력하고 [OK] 버튼을 클릭합니다.

TIP

Edit Export Preset 대화상자에서 Scale Mode를 'Keep Aspect Ratio'로 지정하면 비율에 상관없이 자동으로 영상을 프로젝트 설정에 맞춰서 뽑을 수 있습니다.

07 | User Presets 하위 항목에 방금 생성한 '세로 영상' 프리셋이 표시됩니다. 'Queue' 탭을 클릭합니다.

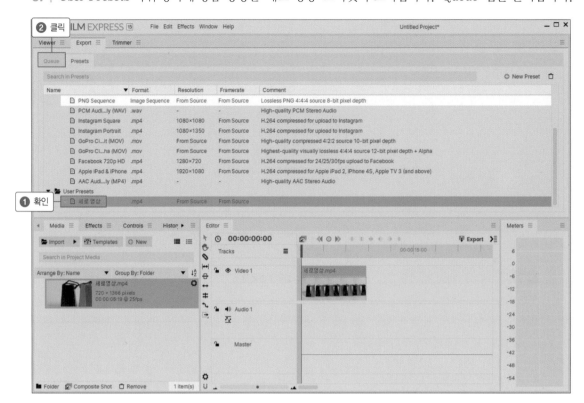

08 | Preset에서 생성한 '세로 영상' 프리셋을 선택합니다. 오른쪽 상단에 [Start Exporting] 버튼을 클릭하면 영상 출력이 진행됩니다.

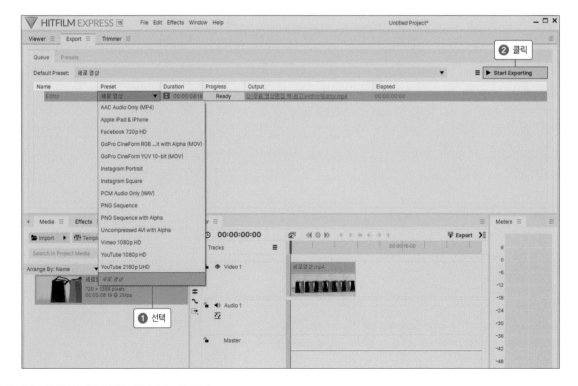

09 | 영상 출력이 진행됩니다.

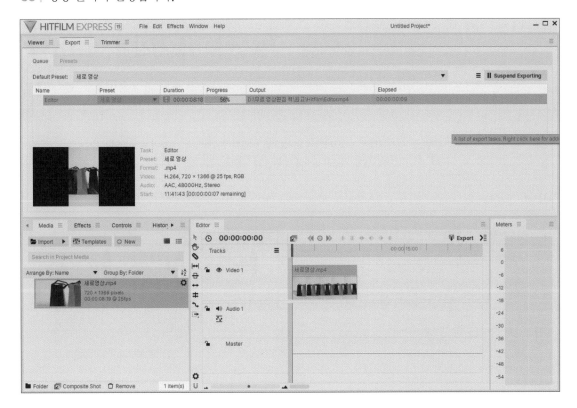

10 | 출력이 완료되면 'Output'에서 저장 경로 부분을 클릭하여 파일을 확인할 수 있습니다.

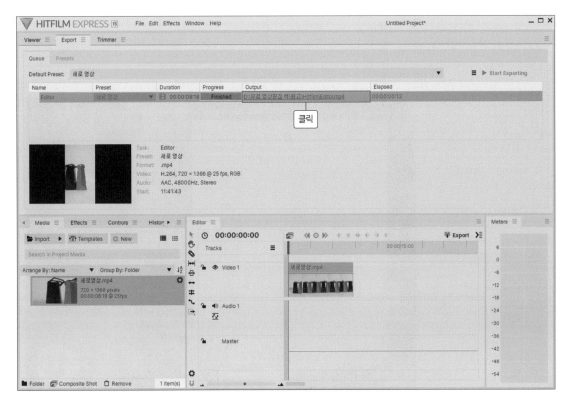

17

영상 없이
오디오 파일만 출력하기

유튜브에서 무료 음원을 받거나 혹은 영상에서 오디오만 뽑아서 출력해야 하는 경우가 있습니다. 히트필름 익스프레스에서 영상의 그림을 제외하고 오디오만 출력하는 방법에 대해 알아봅니다.

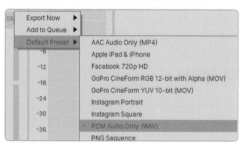

● 오디오 출력 설정하기

● 오디오 출력하기

01 오디오 파일만 추출하기

01 | 히트필름 익스프레스를 실행하고 프로젝트를 설정합니다. [New] 버튼을 클릭하여 New Project Settings 대화상자가 표시되면 Template을 '1080p Full HD @ 25 fps'로 지정한 다음 [OK] 버튼을 클릭합니다.

02 | Media 패널을 더블클릭하
여 Import 대화상자를 표시합니
다. 03 폴더에서 '영상음악.mp4'
파일을 선택하고 [열기] 버튼을
클릭합니다.

03 | Media 패널에서 '영상음악.mp4' 파일을 타임라인으로 드래그합니다. 비율을 정확히 몰라도 Media
패널에서 영상 소스를 타임라인으로 드래그하면 비율 변경에 대한 대화상자가 표시됩니다. [Yes] 버튼을
클릭합니다.

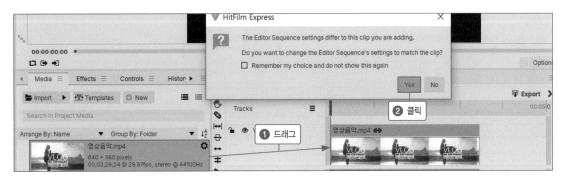

TIP ——————————————————————————————————————

소스의 크기를 정확히 몰라도 자동으로 프로젝트가 소스의 설정에 맞게 변경됩니다.

04 | Export 옆에 있는 '패널 메뉴' 아이콘(▤)을 클릭한 다음 Default Preset → PCM Audio Only
(WAV)를 실행합니다. 'Export(🏳 Export)'를 클릭합니다.

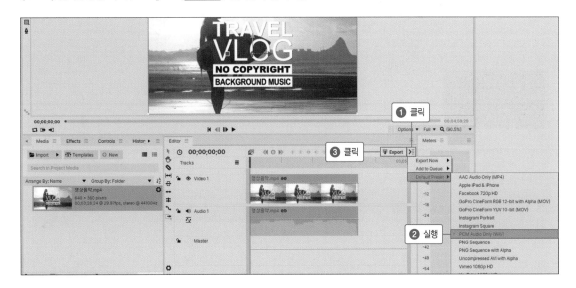

05 | 다른 이름으로 저장 대화상자가 표시됩니다. 저장 경로와 파일 이름을 지정하고 [저장] 버튼을 클릭합니다. 예제에서는 이름을 '음악추출'로 지정합니다.

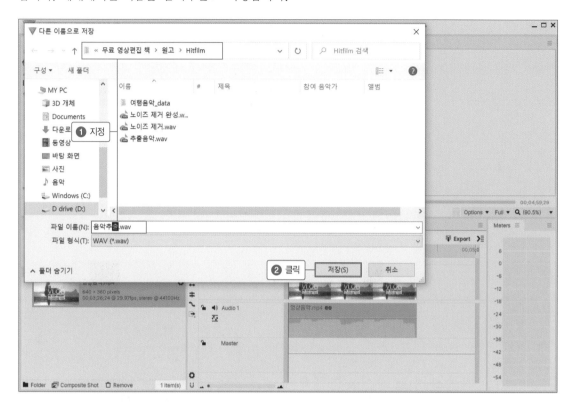

06 | Progress가 100%가 되면 지정한 경로에 지정한 이름으로 오디오가 출력됩니다. 오디오는 용도에 맞게 자유롭게 사용할 수 있습니다.

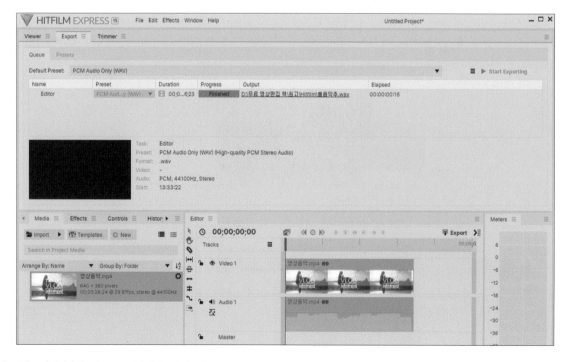

18
SECTION

손쉽게 특정 부분만 누끼 따서
이미지 추출하기

누끼란 이미지에서 배경 부분을 추출하여 배경이 없는 투명한 이미지 형태로 만들어 사용하는
것을 뜻합니다. 투명한 이미지는 다양하게 사용할 수 있습니다. 로고를 제작할 때 사용하거나
섬네일에 사용할 수도 있고, 자막 바에 이미지를 추가하거나 필터를 입혀서 디자인적으로 활용
하는 등 다양한 방법이 있습니다. 손쉽게 AI 기술을 활용하여 누끼를 따고 저장하는 방법에 대
해 알아봅니다.

● **예제 파일** 03\불독.jpg

● **완성 파일** 03\불독-removebg-preview.png

01 누끼 따기

01 removebg(remove.bg/ko) 사이트에 접속합니다. 이 사이트에서는 무료로 이미지의 배경을 제거
하여 사용할 수 있습니다. [이미지 업로드] 버튼을 클릭합니다.

02 | 열기 대화상자가 표시됩니다. 03 폴더에서 '불독.jpg' 파일을 선택하고 [열기] 버튼을 클릭합니다.

03 | 자동으로 배경이 제거됩니다. 5~10초 정도 기다리면 누끼가 따진 이미지가 표시됩니다. 불독 이미지만 남기고 나머지 이미지를 제거하기 위해 [편집] 버튼을 클릭합니다.

04 | 그림과 같이 다양한 설정을 적용할 수 있습니다. 새로운 배경을 삽입하거나 누끼 부분을 제외한 배경에 블러 효과를 넣어 주는 등의 다양한 효과를 적용할 수 있습니다. 예제에서는 불독 이미지만 남기기 위해 '삭제/복구' 탭을 클릭합니다.

05 화면에 브러시가 표시됩니다. 불독 이미지를 제외한 부분을 드래그하여 지워줍니다. 진행하는 과정에서 이전 과정으로 되돌리고 싶으면 오른쪽 상단에 '되돌리기' 아이콘(🔄)을 클릭합니다.

06 배경 및 특정 부분 제거가 완료되면 [다운로드] 버튼을 클릭합니다.

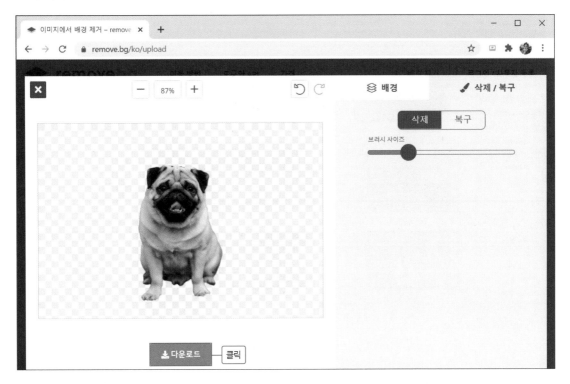

07 | [이미지 다운로드] 버튼을 클릭하면 자동으로 다운로드가 실행됩니다. 배경이 없는 이미지는 전부 'png' 파일로 저장됩니다.

08 | 그림과 같이 배경이 없는 상태로 이미지가 저장됩니다. 이미지를 영상에 다양한 방법으로 사용하도록 합니다.

TIP png 파일

이미지의 배경을 제거한 것을 반영해서 사용하려면 반드시 png 파일로 저장해야 합니다. 해당 파일을 jpg나 bmp 파일 형식으로 변경하면 배경이 흰색으로 채워지게 됩니다. 투명 배경 이미지는 png 형식으로 사용하도록 합니다.

19

SECTION

저작권 문제없는
섬네일과 포스터 만들기

앞서 살펴본 removebg 사이트처럼 섬네일이나 디자인적인 측면에서 큰 도움을 받을 수 있는 사이트가 있습니다. '미리캔버스'라는 사이트입니다. 수준급의 디자이너가 만든 섬네일 및 포스터를 변형하여 누구나 쉽게 사용할 수 있습니다. 저작권으로부터 안전한 디자인 소스를 활용하는 방법에 대해 알아봅니다.

● **예제 파일** 03\연어요리.jpg

● **완성 파일** 03\섬네일.png

01 원하는 형식 정하기

01 | 미리캔버스(miricanvas.com) 사이트에 접속합니다. 이 사이트에서는 저작권으로부터 안전한 섬네일 및 포스터, 카드 뉴스 등과 같은 이미지적인 디자인 요소들을 자유롭게 사용할 수 있습니다. [바로 시작하기] 버튼을 클릭합니다.

02 | 왼쪽에 사용 가능한 다양한 샘플들이 표시됩니다. 검색창 아래에 '모든 템플릿'을 클릭합니다.

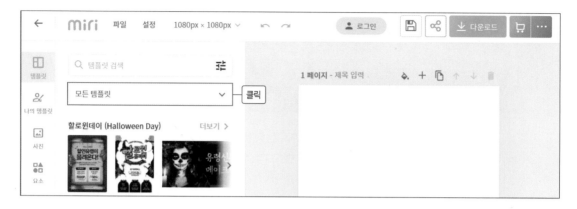

03 | '유튜브/팟빵'에서 '썸네일'을 선택합니다. 썸네일 디자인 샘플이 표시됩니다.

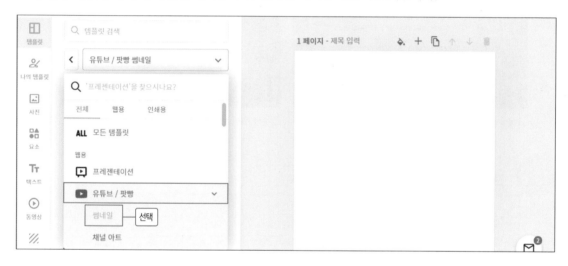

04 | 여러 항목 중에 '브이로그' 항목의 '더보기'를 클릭합니다.

05 | 목록을 내리면 많은 섬네일 디자인 샘플이 표시됩니다. 그중에서 마음에 드는 디자인을 선택합니다.

TIP 캔버스 크기 변환 ────────────────

섬네일을 고르면 3가지 옵션이 표시됩니다. '채우기'를 선택하면 자동으로 유튜브 섬네일에 맞게 캔버스의 크기가 설정됩니다.

06 | 그림과 같이 미리 디자인된 섬네일이 표시됩니다.

02 디자인 교체하기

01 | PC에 있는 이미지를 넣기 위해서는 미리캔버스에 회원가입을 해야 합니다. 회원 가입을 진행하고 로그인합니다.

02 | 로그인을 완료한 상태에서 왼쪽 메뉴 모음에서 '내 이미지'를 클릭합니다.

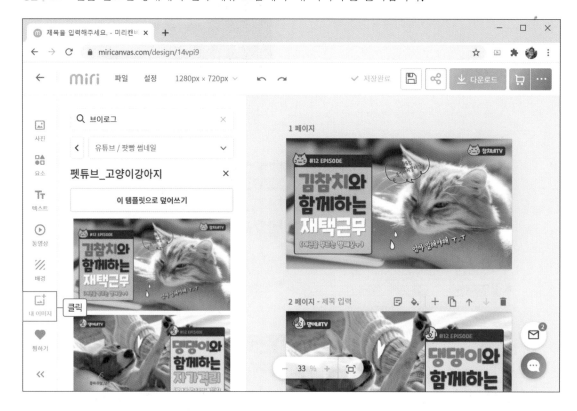

03 | [내 이미지 사용] 버튼을 클릭하면 열기 대화상자가 표시됩니다. PC에 저장된 원하는 이미지를 미리캔버스에 삽입하여 사용할 수 있습니다. 03 폴더에서 '연어요리.jpg' 파일을 선택하고 [열기] 버튼을 클릭합니다.

04 | 불러온 이미지를 섬네일의 고양이 이미지로 드래그합니다. 기존의 섬네일이 내 이미지로 대체됩니다.

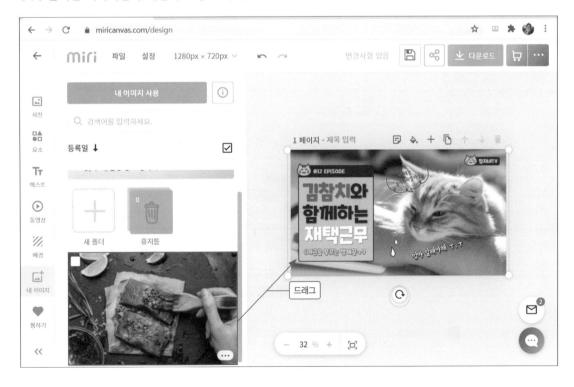

05 | 변경할 문자 부분을 더블클릭합니다. 수정할 수 있는 창이 표시되면서 다양한 설정을 할 수 있습니다.

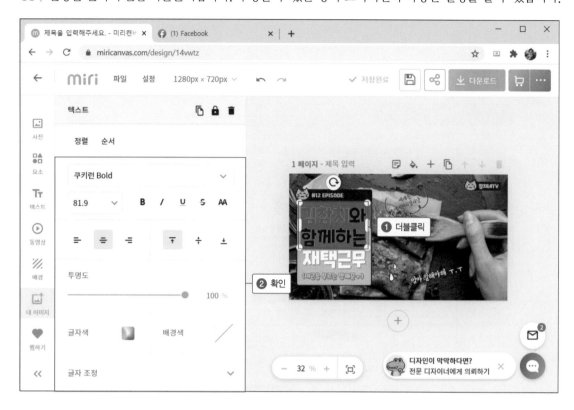

06 | '김참치와 함께하는'을 '맛있는 연어요리'로 변경합니다.

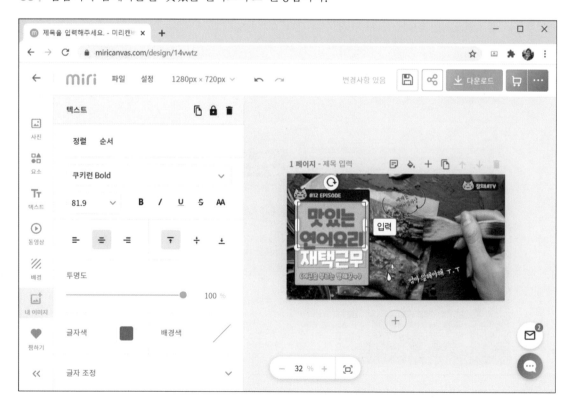

07 | '재택근무'를 '냠냠쩝쩝'으로 변경합니다.

08 | 같은 방법으로 필요한 부분을 추가 및 제거하여 나에게 맞게 수정합니다. 기존 디자인을 변형하고 활용하면 내 섬네일로 바꿀 수 있습니다. 크기 및 위치도 드래그하여 자유롭게 수정이 가능합니다.

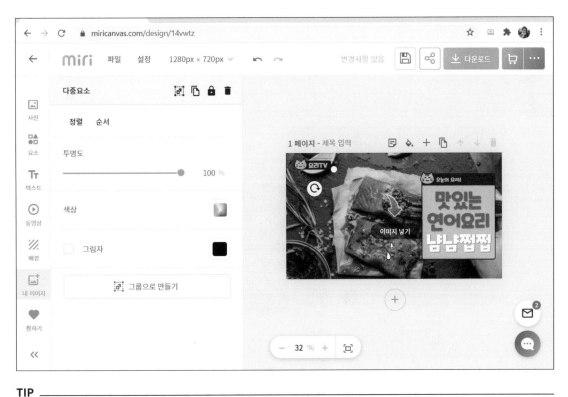

TIP

미리캔버스에는 정말 많은 디자인 샘플이 존재합니다. 원하는 디자인을 기호에 맞게 변형하여 사용하도록 합니다.

09 | 수정이 완료되면 오른쪽 상단에 [다운로드] 버튼을 클릭합니다. 파일 형식을 설정할 수 있는 대화상자가 표시됩니다. 예제에서는 'PNG'로 선택한 다음 [빠른 다운로드] 버튼을 클릭합니다.

10 | 이미지 다운로드가 시작됩니다. 파일이 다운로드된 폴더에서 파일명을 변경하고 자유롭게 사용할 수 있습니다.

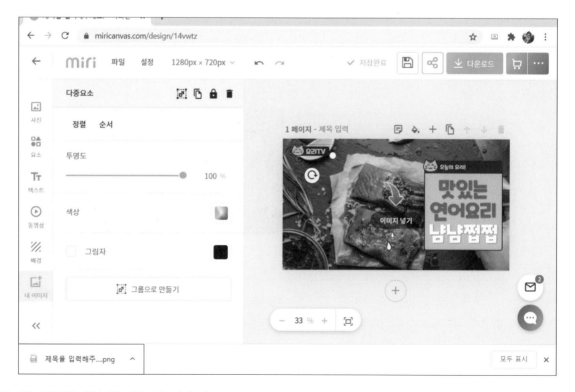

무료 폰트로 디자인과 저작권을 한 번에!
눈누에서 폰트 쇼핑하기

폰트는 자막, 인트로 및 아웃트로, 모션 그래픽 등 다양한 영상에서 사용됩니다. 폰트는 폰트 회사에서 저작권을 이용하여 보호를 하고 있습니다. 따라서, 상업적 폰트를 다운받아 사용하면 폰트 회사에서 저작권 신고를 하여 힘들게 만든 영상을 사용하지 못하게 하거나 심한 경우에는 고소까지 진행할 수 있습니다. 무료로 사용이 가능한 폰트를 사용할 수 있는 방법에 대해 알아봅니다.

1. 무료 폰트 모음 사이트 눈누(noonnu.cc)

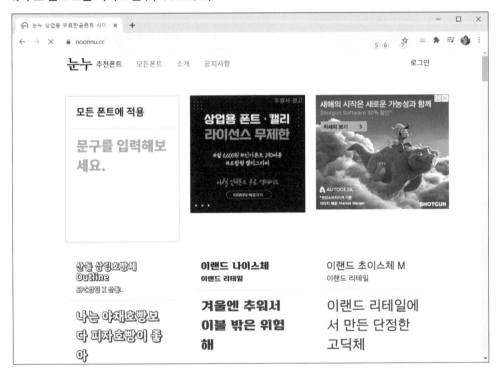

눈누 사이트가 있기 전에는 직접 이름을 외워서 구글이나 네이버에 폰트 이름을 검색해서 다운받거나 기본 폰트만 사용하여 영상을 만들었습니다. 눈누가 생긴 이후에는 상업적으로 이용 가능한 폰트를 직접 사용해 보고 마음에 드는 폰트를 다운받아 사용할 수 있게 되었습니다. 눈누에는 상업적으로 이용이 가능한 폰트를 모아 놓았을 뿐만 아니라, 추천 폰트 기능도 제공하여 디자인적으로 괜찮은 폰트를 편리하게 알아볼 수 있습니다.

2. 폰트 입력해 보고 다운받기

01 | 눈누 사이트(noonnu.cc)에 접속합니다. 상단에 있는 '모든폰트' 메뉴를 클릭합니다.

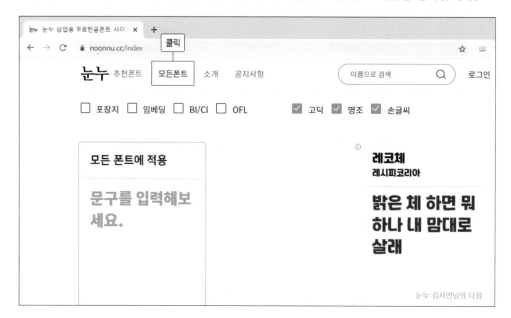

02 | 폰트를 검색할 수 있는 창이 표시됩니다. 검색창에 '에스코어드림'을 검색합니다. 에스코어드림은 고딕체 중 인기가 많은 무료 폰트 중 하나입니다.

03 | '에스코어드림' 폰트 종류가 전부 표시됩니다. 이 중에서 '에스코어드림Thin' 폰트에 '길쭉길쭉 기다랗고 얇은 폰트'를 입력합니다. 직접 폰트를 활용해 글씨를 입력할 수 있습니다. 입력한 다음 마음에 들면 폰트 이름 부분을 클릭합니다.

04 | 폰트를 다운받기 위해 [다운로드] 버튼을 클릭합니다.

05 | 해당 폰트를 제공하는 공식 사이트에 접속됩니다. 눈누에서는 공식 사이트로 링크를 연결하여 다운로드를 제공하는 형태로 폰트를 서비스하고 있습니다. 공식 홈페이지에서 폰트와 관련된 설명을 읽어본 다음 [글꼴 다운받기] 버튼을 클릭합니다.

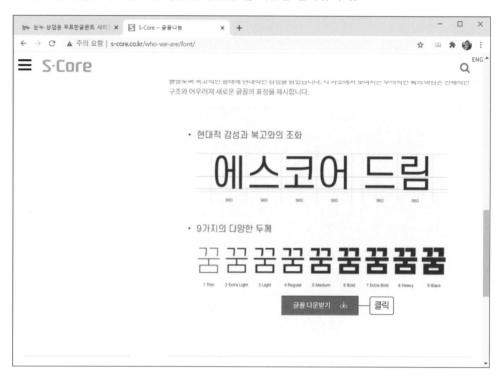

06 | 다운로드받은 폰트의 압축을 해제합니다. 그림과 같이 폰트를 설치할 수 있는 파일이 표시됩니다.

07 | 에스코어드림체는 숫자가 커질수록 글씨의 굵기가 두꺼워집니다. SCDream 1~9까지 일괄적으로 설치하기 위해 드래그하여 모두 선택하고 마우스 오른쪽 버튼을 클릭한 다음 **설치**를 실행합니다.

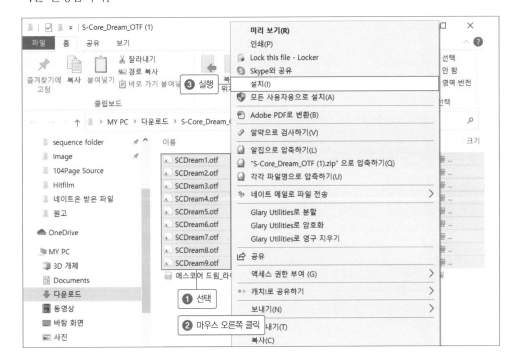

08 | 폰트가 일괄적으로 설치됩니다. 다운로드받은 폰트는 이후로 모든 프로그램에서 사용이 가능합니다.

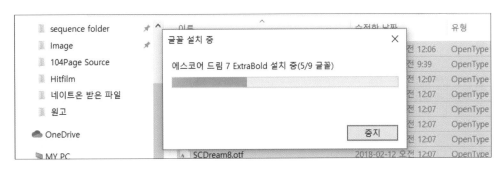

TIP TTF VS OTF

폰트에는 2가지 종류의 확장자가 있습니다. TTF(True Type Font)와 OTF(Open Type Font) 입니다. 모니터와 폰트 처리 기술의 발달로 두 확장자의 눈에 띄는 차이는 없지만, 보통 TTF는 문서 작업 사용자가 주로 선택하며, OTF는 그래픽 작업자가 주로 선택하여 사용하고 있습니다.

유튜브
무료
영상 편집

내게 필요한 영상 효과!
실전 영상 편집하기

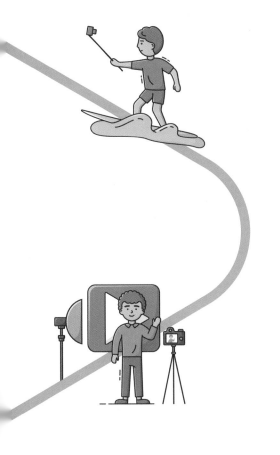

앞선 챕터에서는 히트필름의 기본 기능과 간단한 예제들을 다뤄 봤습니다. 이번에는 실전 예제들로 영상에 직접 효과를 넣어 다양한 장르의 영상를 직접 만들 수 있는 능력을 길러 보도록 하겠습니다.

PART **4**

01

SECTION

움직이는 영상에서 자동으로
트래킹 모자이크 효과 만들기

카메라를 들고 찍거나 삼각대를 활용하여 패닝 및 틸트하는 영상의 경우에는 영상의 피사체가 움직이기 마련입니다. 이런 영상에서 모자이크를 적용하기 위해 키프레임을 이용하는 방법도 있지만, 상당히 노력이 많이 들어갑니다. Tracker 기능을 활용하여 추적하는 모자이크를 적용해 봅니다.

▶ **예제 파일** 04\간판.mp4

▶ **완성 파일** 04\간판 완성.mp4

01 영상 배치하기

01 히트필름 익스프레스를 실행하고 프로젝트를 설정합니다. [New] 버튼을 클릭하여 New Project Settings 대화상자가 표시되면 Template을 '1080p Full HD @ 29.97 fps'로 지정한 다음 [OK] 버튼을 클릭합니다.

02 | Media 패널을 더블클릭하여 Import 대화상자를 표시합니다. 04 폴더에서 '간판.mp4' 파일을 선택하고 [열기] 버튼을 클릭합니다.

03 | Media 패널 하단에서 'Composite Shot'을 클릭합니다. Composite Shot Properties 대화상자가 표시되면 Name에 '모자이크'를 입력한 다음 [OK] 버튼을 클릭합니다.

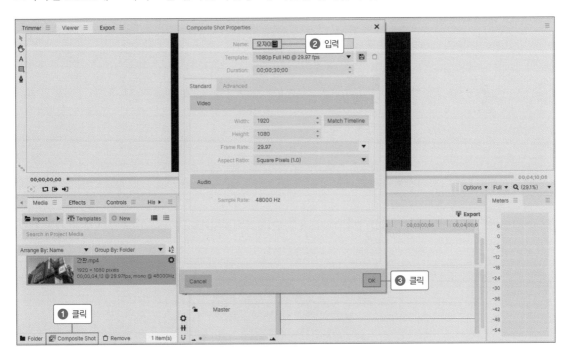

04 | 모자이크 컴포지션이 생성됩니다. '간판.mp4' 파일을 타임라인으로 드래그하여 컴포지션에 위치합니다.

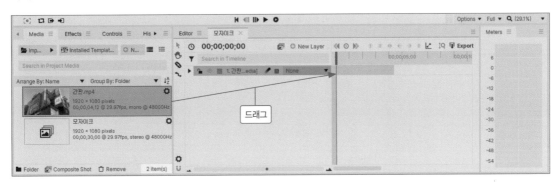

02 트래킹으로 모자이크 효과 적용하기

01 │ 모자이크 컴포지션 패널에서 'New Layer'를 클릭한 다음 **Point**를 실행합니다. 모자이크를 푸티지에 직접 적용하는 것이 아니라 Point 레이어에 트래킹을 적용하여 움직임을 추적할 예정입니다.

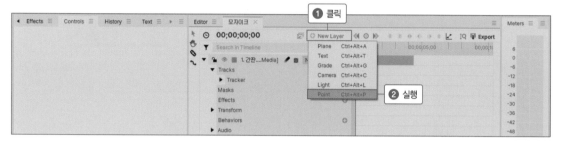

02 │ Effects 패널을 클릭합니다. Effects 패널에서는 다양한 효과를 검색하고 적용할 수 있습니다.

03 │ 'Witness Protection'을 검색합니다. Distort 하위 항목에 Witness Protection이 표시됩니다. 해당 효과를 타임라인의 '간판.mp4'로 드래그하여 적용합니다.

04 | 자동으로 Controls 패널이 표시됩니다. Controls 패널에서는 적용한 효과에 대한 설정을 진행할 수 있습니다. Viewer 패널의 화면에 동그라미 형태의 영역이 생성되며 모자이크가 표시되는 범위입니다.

05 | 타임라인에서 '간판.mp4'의 하위 항목을 표시합니다. Tracks의 'Insert Tracker' 아이콘(⊕)을 클릭하여 Tracker 기능을 실행합니다.

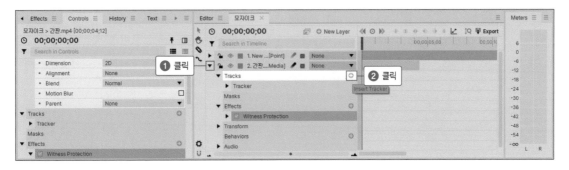

06 | Track 패널이 활성화되면서 추적기를 이용할 수 있습니다. 추적하고자 하는 부분으로 추적기를 드래그합니다.

07 | 추적기의 위치를 옮긴 다음 'Track forward' 아이콘(▶)을 클릭합니다.

08 | Step 2에서 Layer를 '1. New Point'로 지정하고 [Apply] 버튼을 클릭합니다.

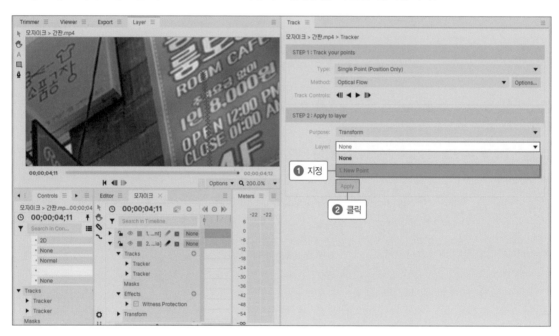

09 | Track의 '패널 메뉴' 아이콘(☰)을 클릭한 다음 Close Panel을 실행합니다.

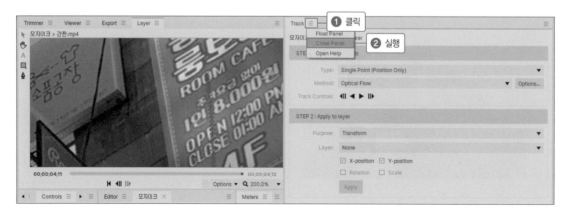

10 | Viewer 패널을 클릭하여 기존의 화면으로 돌아옵니다.

11 | Controls 패널에서 Effects → Witness Protection → Position → Use Layer를 '1. New Point'로 지정합니다. 추적한 위치를 기준으로 움직이는 모자이크가 적용됩니다.

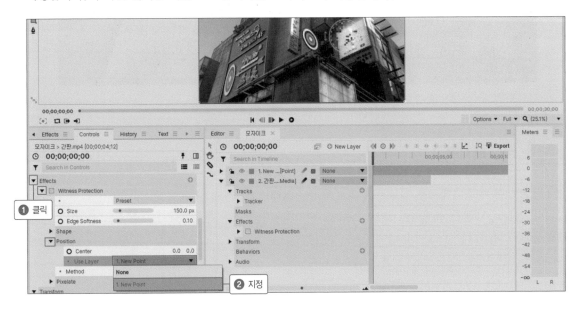

12 | Size를 '300px'로 설정하여 모자이크의 크기를 키웁니다.

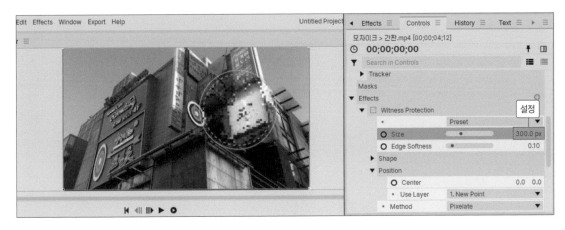

한 장면에 다양한 정보 담아
3분할 영상 만들기

뮤직비디오나 토크쇼를 살펴보면 한 장면에 하나의 영상뿐만 아니라 여러 개의 영상이 특이한 형태로 배치되어 있는 것을 볼 수 있습니다. 히트필름 익스프레스에서는 영상을 네모 모양뿐만 아니라 다양한 모양으로 분할하여 배치할 수 있습니다. 센스 넘치는 3분할 영상을 만들어 봅니다.

◉ **예제 파일** 04\기타.mp4, 보컬.mp4, 밴드.mp4, 피아노.mp4

◉ **완성 파일** 04\3분할 영상 완성.mp4

01 영상 배치하기

01 │ 히트필름 익스프레스를 실행하고 프로젝트를 설정합니다. [New] 버튼을 클릭하여 New Project Settings 대화상자가 표시되면 Template을 '1080p Full HD @ 29.97 fps'로 지정한 다음 [OK] 버튼을 클릭합니다.

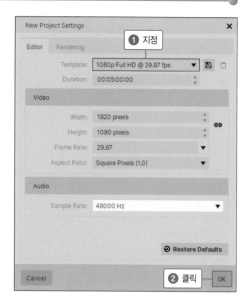

02 | Media 패널을 더블클릭하여 Import 대화상자를 표시합니다. 04 폴더에서 '기타.mp4', '보컬.mp4', '밴드.mp4', '피아노.mp4' 파일을 선택하고 [열기] 버튼을 클릭합니다.

03 | Media 패널에 아래에 'Composite Shot'을 클릭하여 컴포지션을 만듭니다. Composite Shot Propertise 대화상자가 표시되면 Name을 '3분할 영상', Template을 '1080p Full HD @ 29.97 fps'로 지정한 다음 [OK] 버튼을 클릭합니다.

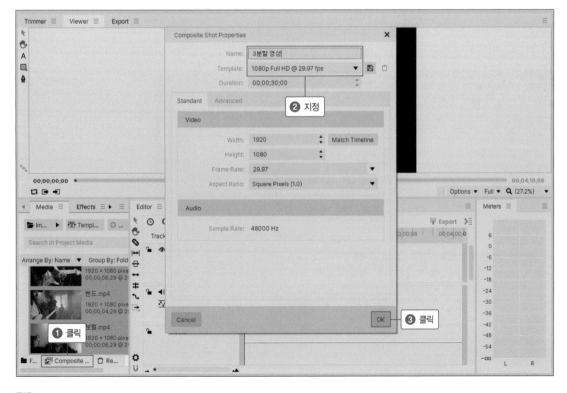

TIP

Composite Shot(컴포지션)은 단순한 컷 편집 단계를 넘어서 복잡한 효과를 적용할 때 사용합니다.

04 | Media 패널에서 '밴드.mp4' 파일을 '3분할 영상' 컴포지션 패널의 타임라인으로 드래그합니다. 3분할 영상 컴포지션 패널에 영상 소스가 위치합니다.

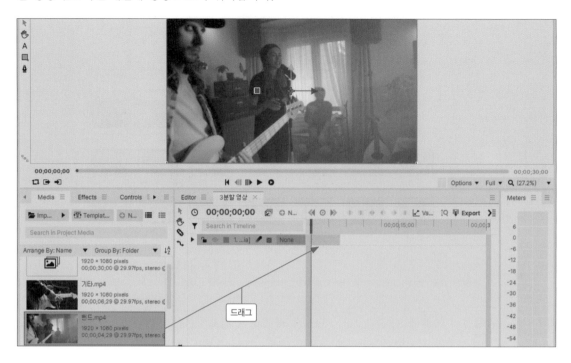

05 | Media 패널에서 '기타.mp4', '보컬.mp4', '피아노.mp4' 파일을 3분할 영상 컴포지션 패널의 타임라인으로 드래그합니다. '밴드.mp4'가 끝나는 지점을 기준으로 드래그하면 그림과 같이 뒤쪽에 영상 3개가 나란히 배치됩니다.

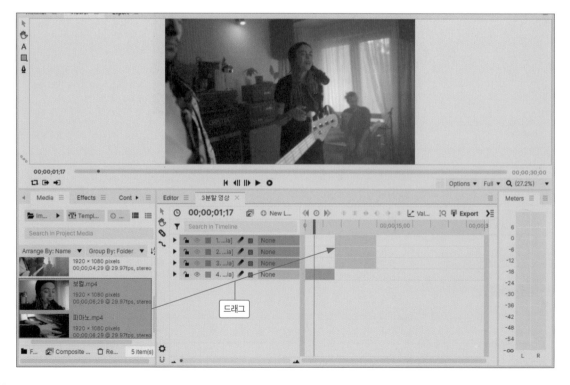

02　마스크 작업하기

01 | 순서대로 영상을 분할합니다. 시간표시자를 '05:05'로 드래그하여 이동합니다. 오른쪽에 '화면 비율' 아이콘(🔍)을 클릭하여 Viewer 패널의 화면 크기를 설정합니다. 예제에서는 '25%'로 지정합니다.

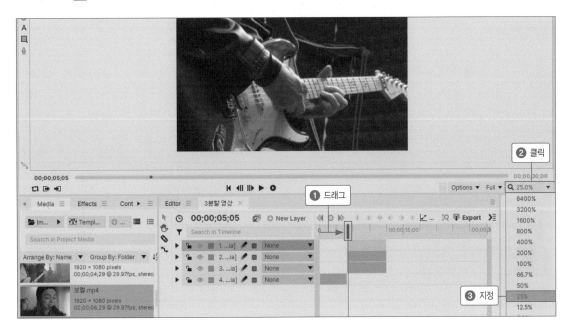

02 | Viewer 패널 왼쪽에서 'Freehand mask/Edit Points' 아이콘(🖉)을 클릭합니다. 원하는 모양으로 영상의 모양을 설정하여 분할할 수 있습니다. 타임라인에서 '기타.mp4'를 선택하고 그림과 같이 사다리꼴 모양으로 클릭합니다. 처음 시작한 곳을 다시 클릭하여 사다리꼴을 완성하면 영상이 분할됩니다.

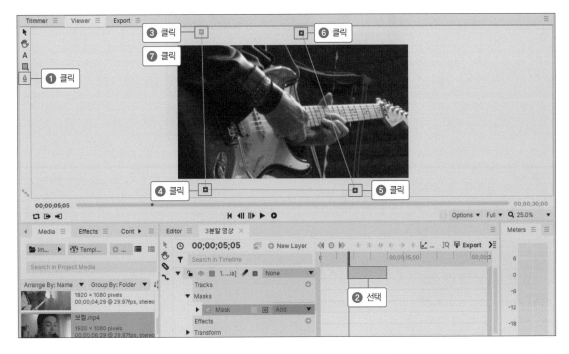

03 타임라인에서 '기타.mp4'의 하위 항목을 표시합니다. Transform에서 Position을 '−600', '0'으로 설정합니다. 분할된 영상이 왼쪽으로 이동합니다.

04 마찬가지로 타임라인에서 '보컬.mp4'를 선택하고 그림과 같이 평행사변형 모양으로 클릭합니다. 처음 시작한 곳을 클릭하여 평행사변형을 완성하면 영상이 그림과 같이 분할됩니다.

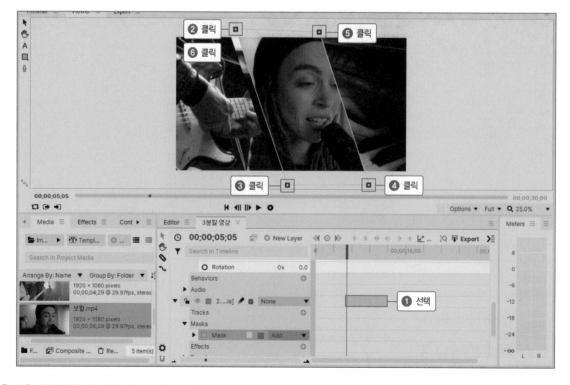

05 타임라인에서 '피아노.mp4'를 선택하고 그림과 같이 사다리꼴 모양을 뒤집은 형태로 클릭합니다. 처음 시작한 곳을 클릭하여 사다리꼴을 완성하면 영상이 분할됩니다.

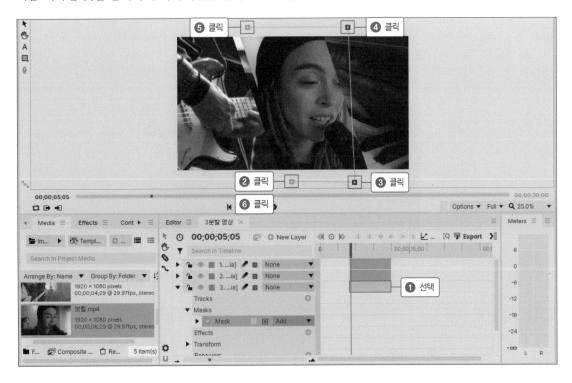

06 타임라인에서 '피아노.mp4'의 하위 항목을 표시합니다. Transform에서 Position을 '715', '0'으로 설정합니다. 분할된 영상이 오른쪽으로 이동합니다. 영상이 3분할된 것을 확인합니다.

03 영상에 전환 효과 적용하기

01 | 시간표시자를 3분할 영상이 나타나는 '04:29'로 드래그하여 이동합니다. '기타.mp4'의 하위 항목을 표시합니다. Transform에서 Position을 '-1600', '0'으로 설정한 다음 '키 프레임 애니메이션' 아이콘(◎)을 클릭합니다.

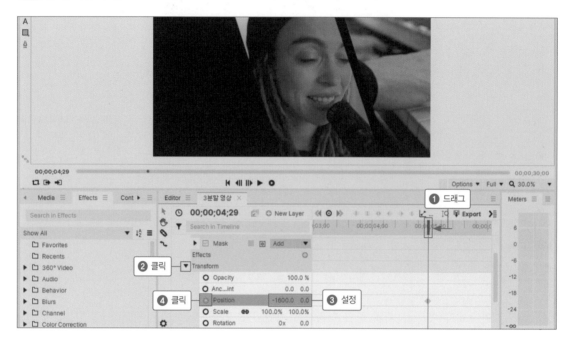

02 | 시간표시자를 '05:05'로 드래그하여 이동합니다. Position을 '-600', '0'으로 설정합니다. 지정한 구간에 애니메이션이 적용됩니다.

03 | 시간표시자를 '04:29'로 드래그하여 이동합니다. '피아노.mp4'의 하위 항목을 표시합니다. Transform에서 Position을 '1715', '0'으로 설정한 다음 '키 프레임 애니메이션' 아이콘 (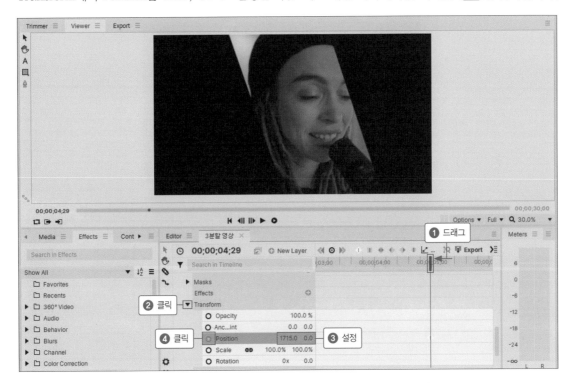)을 클릭합니다.

04 | 시간표시자를 '05:05'로 드래그하여 이동합니다. Position을 '715', '0'으로 설정합니다. 지정한 구간에 애니메이션이 적용됩니다.

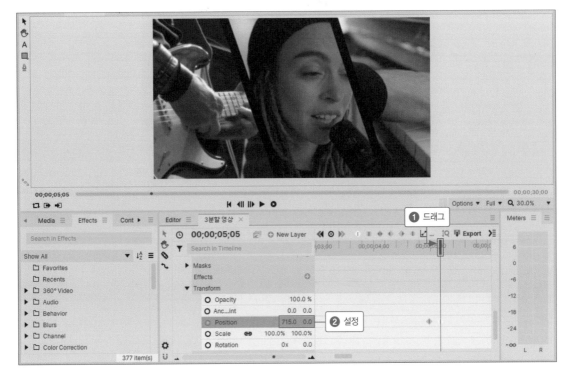

05 | '보컬.mp4'의 하위 항목을 표시합니다. Transform에서 Opacity를 '0%'로 설정한 다음 '키 프레임 애니메이션' 아이콘 (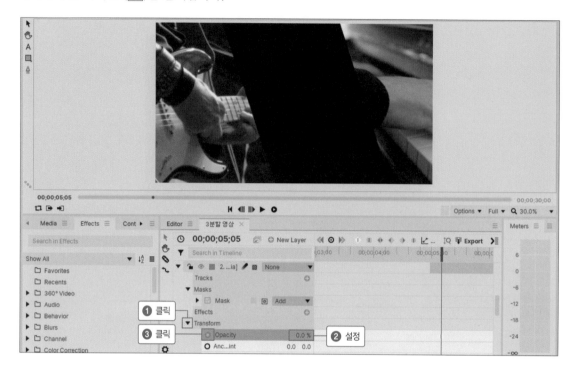)을 클릭합니다.

06 | 시간표시자를 '05:15'로 드래그하여 이동합니다. Opacity를 '100%'로 설정합니다. 지정한 구간에 애니메이션이 적용됩니다.

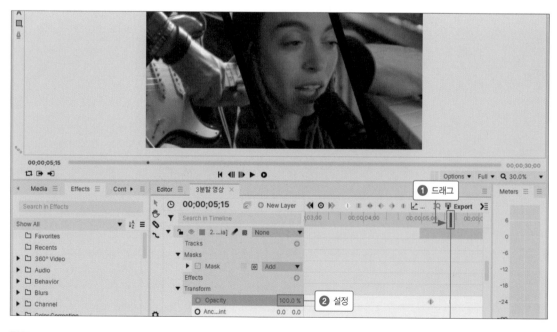

TIP

Freehand mask/Edit Points를 이용하여 화면을 나누는 기법을 '마스크'라고 합니다. 마스크 기법을 활용하면 화면 분할과 분신술 등 다양한 효과를 구현할 수 있습니다.

03

SECTION

자연스러운 마스크 트랜지션 만들기

앞서 이용한 '마스크' 기법을 활용하여 자연스럽게 화면 전환 효과(트랜지션)를 만들 수 있습니다. 국내 및 해외의 뮤직비디오, 영화에서 자주 사용하는 효과로, 촬영에 따라 시청자에게 신선한 느낌을 줄 수 있습니다. 정말 자연스럽게 화면이 전환되는 마스크 트랜지션 효과를 만들어 봅니다.

● **예제 파일** 04\걷는 사람.mp4, 걷는 사람2.mp4

● **완성 파일** 04\화면 전환 완성.mp4

01 영상 배치하기

01 | 히트필름 익스프레스를 실행하고 프로젝트를 설정합니다. [New] 버튼을 클릭하여 New Project Settings 대화상자가 표시되면 Template을 '1080p Full HD @ 24 fps'로 지정한 다음 [OK] 버튼을 클릭합니다.

02 | Media 패널을 더블클릭하여 Import 대화상자를 표시합니다. 04 폴더에서 '걷는 사람.mp4', '걷는 사람2.mp4' 파일을 선택하고 [열기] 버튼을 클릭합니다.

03 | Media 패널에 아래에 'Composite Shot'을 클릭하여 컴포지션을 만듭니다. Composite Shot Propertise 대화상자가 표시되면 Name을 '마스크 트랜지션', Template을 '1080p Full HD @ 24 fps'로 지정한 다음 [OK] 버튼을 클릭합니다.

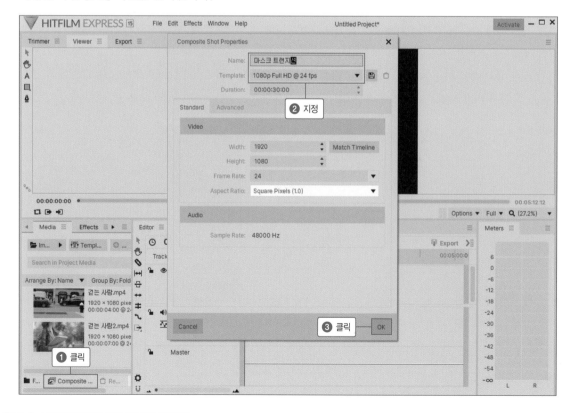

04 | Media 패널에서 '걷는 사람.mp4' 파일을 '마스크 트랜지션' 컴포지션 패널의 타임라인으로 드래그하여 영상을 배치합니다.

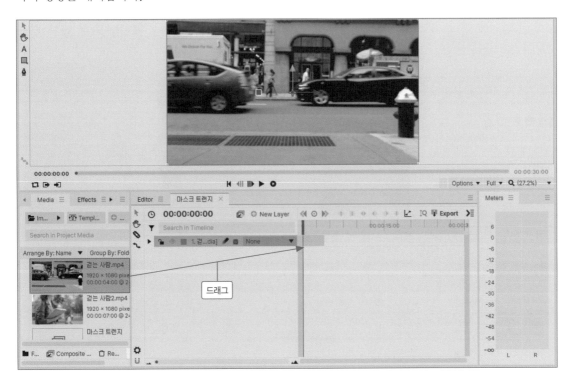

05 | 시간표시자를 빨간 바지가 나타나는 '02:07'로 드래그하여 이동합니다. 시간표시자를 기준으로 뒤쪽에 '걷는 사람2.mp4' 파일을 드래그하여 영상을 배치합니다.

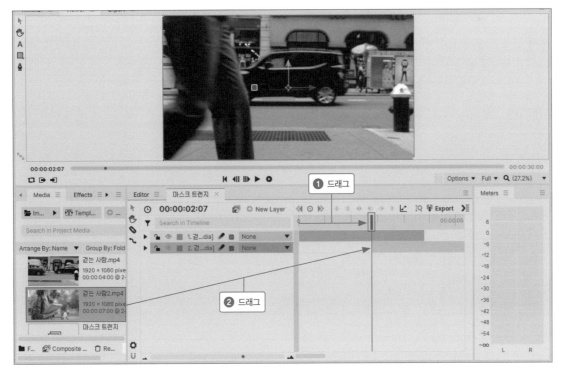

01 | Viewer 패널 왼쪽에서 'Freehand Mask/Edit Points' 아이콘(🖊)을 클릭합니다. '걷는 사람
2.mp4'를 선택한 다음 그림과 같이 클릭하여 도형을 그립니다.

02 | '걷는 사람2.mp4'의 하위 항목을 표시합니다. Masks → Mask → Transform → Path의 '키 프레
임 애니메이션' 아이콘(⊙)을 클릭합니다. 시간표시자를 '02:08'로 드래그하여 이동합니다. Viewer 패
널에서 마스크 영역을 빨간 바지에 맞춰서 조절점을 드래그하여 그림과 같이 변형합니다.

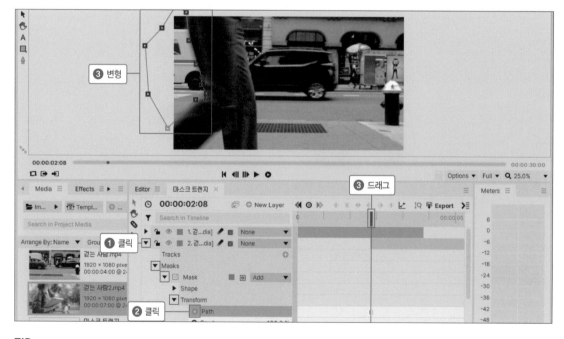

TIP

Path에 키 프레임을 적용하면 영상의 프레임마다 마스크의 모양을 변형할 수 있습니다.

03 시간표시자를 '02:09'로 드래그하여 이동합니다. Viewer 패널에서 마스크 영역을 빨간 바지에 맞춰서 조절점을 드래그하여 그림과 같이 변형합니다.

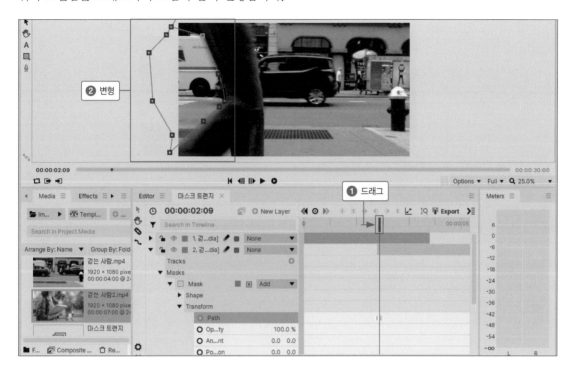

04 앞의 과정을 계속 반복하여 마스크가 영상 전체를 채울 때까지 반복해서 수정합니다.

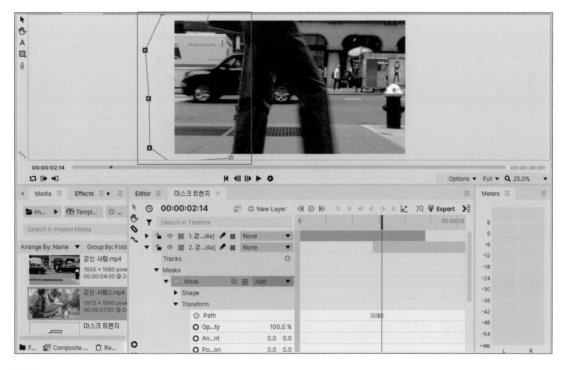

TIP

이렇게 프레임마다 효과를 직접 적용하는 것을 '프레임 바이 프레임(Frame by Frame)'이라고 합니다.

05 | 정교한 마스크 적용을 위해 오른쪽에 '화면 비율' 아이콘(🔍)을 클릭하여 Viewer 패널의 화면 크기를 지정합니다. 확대와 축소를 자유롭게 설정하여 마스크를 수정합니다.

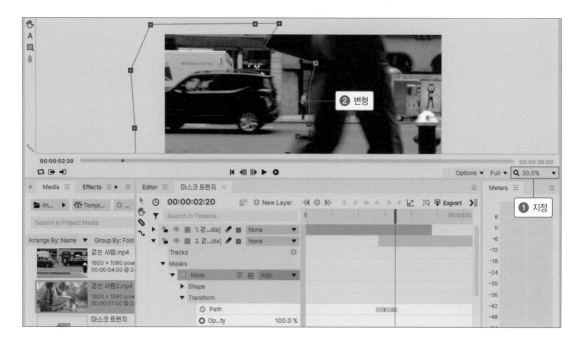

06 | 마스크 키 프레임이 영상 전체를 채울 때까지 계속해서 반복합니다. '걷는 영상2.mp4'의 하위 항목을 표시합니다. Masks → Mask → Shape → Feather를 '10px'로 설정합니다. 마스크의 경계 부분이 흐려지면서 자연스럽게 합성되는 것을 확인할 수 있습니다.

TIP

기호에 따라 Feather 값을 10보다 높게 설정하여 더 흐린 경계를 만들 수 있습니다.

07 | '걷는 사람2.mp4'를 '걷는 사람.mp4' 위의 트랙으로 드래그합니다.

08 | 시간표시자를 드래그하면서 그림과 같이 마스크가 잘못 적용된 부분을 빨간 바지에 맞게 드래그하여 수정합니다.

TIP

마스크 기능을 적용하다 보면 클릭 실수나 조절점이 추가되는 과정에서 마스크가 틀어지게 적용될 수 있습니다. 프레임마다 확인하여 조절점을 옮겨서 적용하면 틀어진 부분을 고칠 수 있습니다.

09 마스크가 잘 적용되었다면 그림과 같이 빨간 바지의 사람이 걸어가면서 영상이 전환되는 효과가 만들어집니다. 디테일이 정말 많이 필요한 영상이기 때문에 충분한 노력과 시간이 필요한 효과입니다.

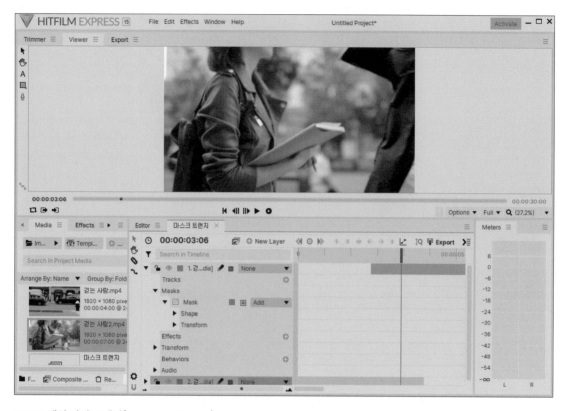

TIP **프레임 바이 프레임(Frame By Frame)**

Mask 기능에서 필수적이면서 기본적인 편집 기법으로 프레임마다 특정 부분을 선택하여 배경과 분리하는 방식입니다. 프레임 바이 프레임을 간소화하기 위해 크로마키(그린 스크린)를 사용하기도 하지만, 여의치 않은 경우에는 프레임 바이 프레임으로 하나하나 다 분리하여 합성 작업을 진행하기도 합니다.

▲ 경계 부분을 Mask 기능으로 프레임 바이 프레임 작업을 하면 위와 같은 특수 효과를 만들 수 있습니다.

그림을 그리듯이
밋밋한 영상에 색 입히기

촬영을 마치고 영상을 편집하는 과정에서 날씨가 흐려서 혹은 Log 촬영이라는 특수한 상황으로 인해 촬영 소스가 흐리고 건조한 톤으로 담길 때가 있습니다. 히트필름 익스프레스에서는 색 보정 기능을 상당수 무료로 제공하기 때문에 다른 유료 프로그램 못지않게 색을 보정할 수 있습니다. 히트필름 유료 버전이나 Add-on 구매를 통해 단순한 색 보정뿐만 아니라 피부 톤 보정, 컬러 휠 등의 기능도 이용할 수 있습니다.

▶ **예제 파일** 04\색보정용.mov

▶ **완성 파일** 04\색보정 완성.mp4

01 영상 배치하기

01 히트필름 익스프레스를 실행하고 프로젝트를 설정합니다. [New] 버튼을 클릭하여 New Project Settings 대화상자가 표시되면 Template를 '1080p Full HD @ 23.976 fps'로 지정한 다음 [OK] 버튼을 클릭합니다.

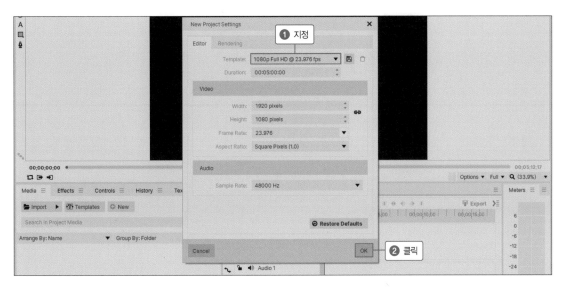

02 | Media 패널을 더블클릭하여 Import 대화상자를 표시합니다. 04 폴더에서 '색보정용.mov' 파일을 선택하고 [열기] 버튼을 클릭합니다.

03 | Media 패널 아래에 'Composite Shot'을 클릭하여 컴포지션을 만듭니다. Composite Shot Propertise 대화상자가 표시되면 Name을 '색보정용', Template을 '1080p Full HD @ 23.976 fps'로 지정한 다음 [OK] 버튼을 클릭합니다.

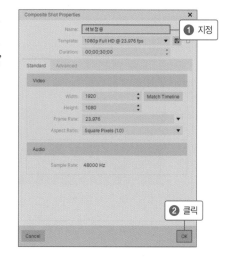

04 | Media 패널에서 '색보정용.mov' 파일을 '색보정용' 컴포지션 패널의 타임라인으로 드래그합니다. 색보정용 컴포지션 패널에 영상 소스가 위치합니다.

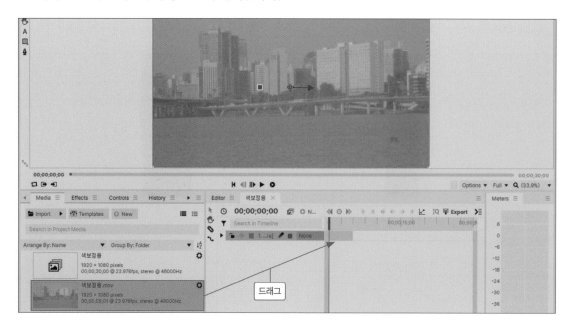

02 색 보정하기

01 색 보정 효과를 적용하기 위해 Effects 패널의 효과 검색창에 'Hue, Saturation & Lightness'를 검색합니다. Color Correction 하위 항목에 'Hue, Saturation & Lightness' 효과가 표시됩니다. 'Hue, Saturation & Lightness'를 '색보정용.mov'로 드래그하여 적용합니다.

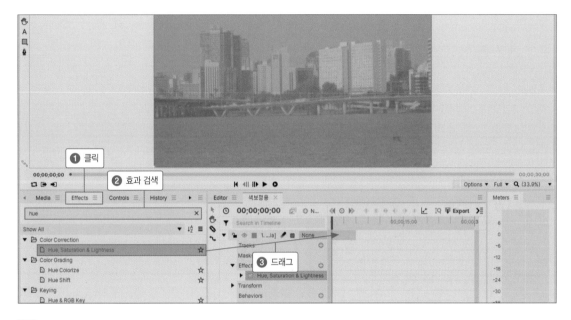

TIP

히트필름 익스프레스에서 모든 효과는 Effects 패널에서 효과를 트랙에 드래그하는 방법으로 적용합니다.

02 Controls 패널을 클릭합니다. Effects에 'Hue, Saturation & Lightness'의 다양한 항목이 표시됩니다.

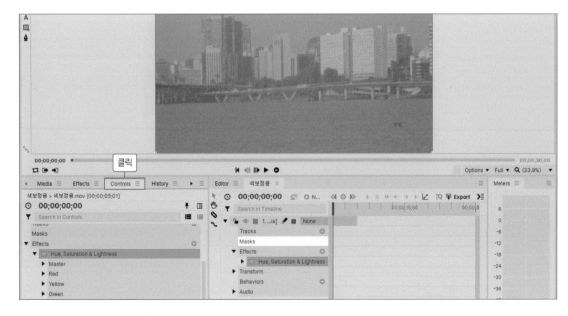

03 | Master에서 Saturation을 '66', Lightness를 '-6'으로 설정합니다.

04 | 다른 색 보정 효과를 적용하기 위해 Effects 패널의 효과 검색창에서 'Curves'를 검색합니다. Color Correction 하위 항목에 'Curves' 효과가 표시됩니다. 'Curves'를 '색보정용.mov'로 드래그하여 적용합니다.

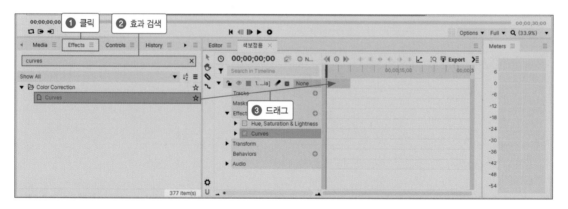

05 | Controls 패널을 클릭합니다. Effects에 'Curves' 곡선이 표시됩니다.

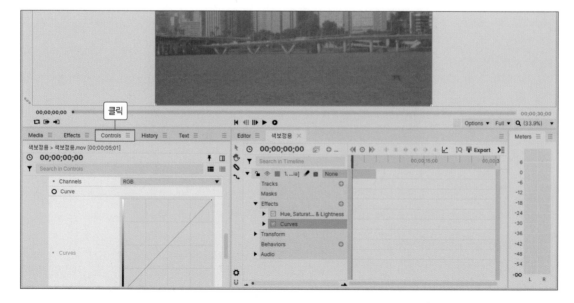

06 | 곡선을 드래그하면 색 보정을 적용할 수 있습니다. 그림과 같이 왼쪽 끝, 가운데, 오른쪽 끝을 드래그하여 S 모양의 가운데가 볼록 튀어나온 듯한 모양을 만들어 줍니다.

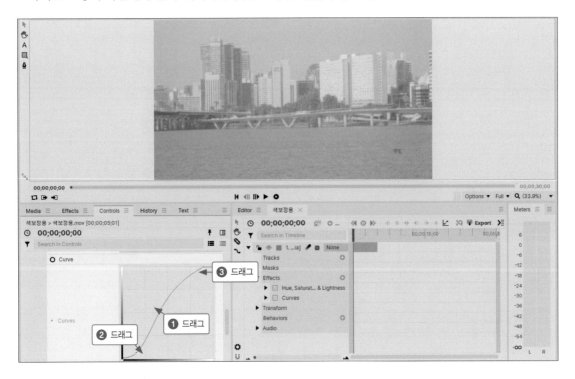

07 | 대비와 명도 색 보정 효과를 적용하기 위해 Effects 패널의 효과 검색창에 'Brightness & Contrast'를 검색합니다. Color Correction 하위 항목에 'Brightness & Contrast' 효과가 표시됩니다. 'Brightness & Contrast'를 '색보정용.mov'에 드래그하여 적용합니다.

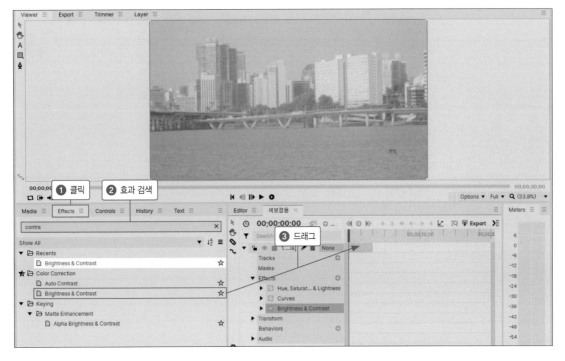

08 | Controls 패널을 클릭합니다. Effects → Brightness & Contrast에서 Brightness를 '−10', Contrast를 '15'로 설정합니다.

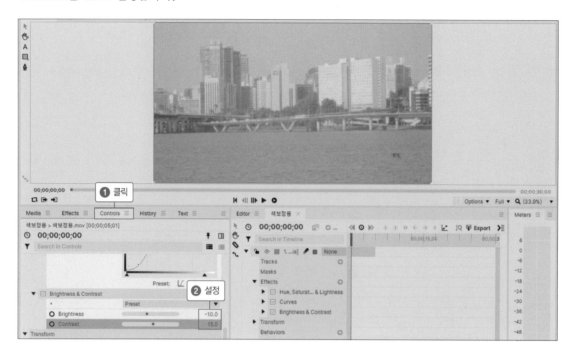

09 | 파란색 계열을 더 강조하기 위해 Effects → Hue, Saturation & Lightness → Blue에서 Saturation을 '30'으로 설정합니다. 파란색 계열이 좀 더 선명해지는 것을 확인할 수 있습니다.

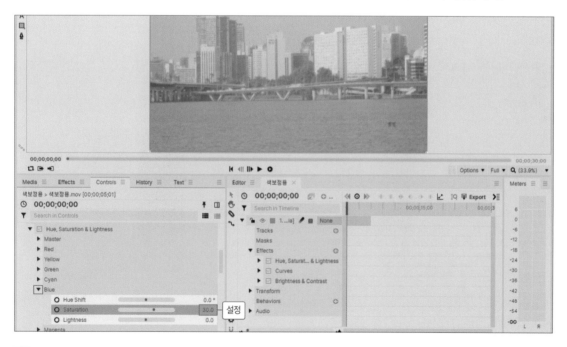

TIP

색 보정은 공식이 없습니다. 본인의 눈에 가장 마음에 드는 값을 찾는 것이 중요합니다. 예제에 명시된 설정 이외에도 다양한 효과와 수치를 적용하여 본인의 눈에 맞는 색 보정을 찾아봅니다.

내가 만든 영상을 영화 비율로! 시네마스코프 영상 만들기

SECTION 05

영화관에서 영화를 보거나 개봉한 영화를 TV나 인터넷에서 보면 일반적인 16:9 비율의 영상이 아닌 가로가 더 긴 형태의 영상을 볼 수 있습니다. 이러한 영화 상영 방식을 '시네마스코프'라고 합니다. 유튜브 영상에서도 감각적이고 영화 같은 느낌을 내고 싶다면 2.35:1 비율의 영상을 만들어서 출력하면 새로운 느낌을 전달할 수 있습니다. 시네마스코프 영상을 만들어 봅니다.

● **예제 파일** 04\숲속.mp4

● **완성 파일** 04\영화 비율 영상 완성.mp4

01 영상 배치하기

01 │ 히트필름 익스프레스를 실행하고 프로젝트를 설정합니다. [New] 버튼을 클릭하여 New Project Settings 대화상자가 표시되면 Template을 '1080p Full HD @ 23.976 fps'로 지정한 다음 [OK] 버튼을 클릭합니다.

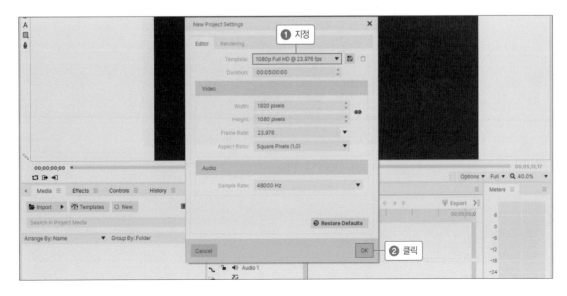

02 | Media 패널을 더블클릭하여 Import 대화상자를 표시합니다. 04 폴더에서 '숲속.mp4' 파일을 선택하고 [열기] 버튼을 클릭합니다.

03 | Media 패널 아래에 'Composite Shot'을 클릭하여 컴포지션을 만듭니다. Composite Shot Propertise 대화상자가 표시되면 Name을 '영화비율', Template을 '1080p Full HD @ 23.976 fps'로 지정한 다음 [OK] 버튼을 클릭합니다.

04 | Media 패널에서 '숲속.mp4' 파일을 '영화비율' 컴포지션 패널의 타임라인으로 드래그합니다. 영화 비율 컴포지션 패널에 영상 소스가 위치합니다.

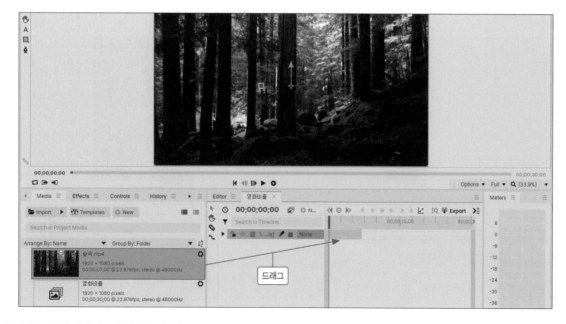

02 영화 비율 효과 적용하기

01 영화 비율 효과를 적용하기 위해 Effects 패널의 효과 검색창에 'Letterbox'를 검색합니다. Generate 하위 항목에 'Letterbox' 효과가 표시됩니다. 'Letterbox'를 '숲속.mp4'로 드래그하여 적용합니다. 화면에 검은색의 여백이 생깁니다.

02 Controls 패널을 클릭합니다. Effects에 'Letterbox'의 다양한 항목이 표시됩니다. Color의 색상 상자를 클릭합니다.

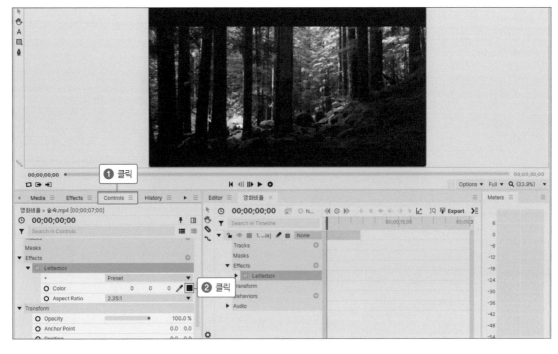

03 Select a Color 대화상자가 표시되면 색상을 '흰색'으로 지정하고 [OK] 버튼을 클릭합니다. Letterbox가 흰색으로 변경됩니다.

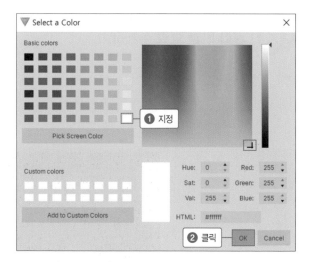

04 Aspect Ratio를 'Custom (ratio)'으로 지정합니다.

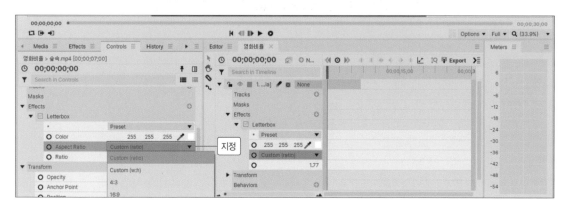

05 Ratio를 '10'으로 설정한 다음 '키 프레임 애니메이션' 아이콘 (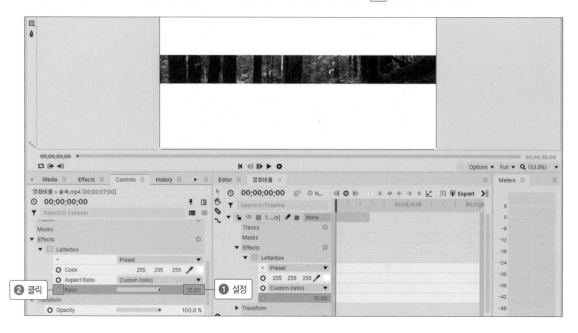)을 클릭합니다.

06 | 시간표시자를 '02:00'으로 드래그하여 이동합니다.

07 | 다시 Ratio를 '2.35'로 설정합니다. 키 프레임이 적용되어 해당 구간에 애니메이션이 적용됩니다.

08 | 부드러운 키 프레임 애니메이션을 위해 '영화비율' 컴포지션 패널의 타임라인에서 '숲속.mp4'의 하위 항목을 표시합니다. Effects → Letterbox → Ratio의 키 프레임 2개를 드래그하여 선택합니다. 마우스 오른쪽 버튼을 클릭한 다음 Temporal Interpolation → Smooth를 실행합니다. 키 프레임 애니메이션이 물리 법칙에 따라 부드럽게 적용됩니다.

06

흑백에서 컬러로 변하는
잉크 퍼짐 효과 만들기

역사 다큐멘터리나 사극, 전쟁 영화 등을 보면 종이나 흰 배경에 잉크처럼 퍼지면서 화면이 나오는 효과를 볼 수 있습니다. 히트필름 익스프레스의 매트 효과를 이용해서 드라마틱한 효과를 연출할 수 있습니다. 잉크 소스에 따라 무궁무진하게 응용이 가능한 잉크 퍼짐 효과를 만들어 봅니다.

◉ **예제 파일** 04\꽃밭.mp4, 잉크 소스.mp4

◉ **완성 파일** 04\잉크 효과 완성.mp4

01 영상 배치하고 흑백 효과 적용하기

01 히트필름 익스프레스를 실행하고 프로젝트를 설정합니다. [New] 버튼을 클릭하여 New Project Settings 대화상자가 표시되면 Template을 '1080p Full HD @ 24 fps'로 지정한 다음 [OK] 버튼을 클릭합니다.

02 | Media 패널을 더블클릭하여 Import 대화상자를 표시합니다. 04 폴더에서 '꽃밭.mp4' 파일을 선택하고 [열기] 버튼을 클릭합니다.

03 | Media 패널 아래에 'Composite Shot'을 클릭하여 컴포지션을 만듭니다. Composite Shot Propertise 대화상자가 표시되면 Name을 '트랙매트', Template을 '1080p Full HD @ 24 fps'로 지정한 다음 [OK] 버튼을 클릭합니다.

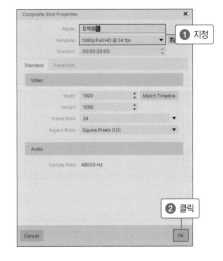

04 | Media 패널에서 '꽃밭.mp4' 파일을 '트랙매트' 컴포지션 패널의 타임라인으로 드래그합니다. '트랙매트' 컴포지션 패널에 영상 소스가 위치합니다.

05 흑백 효과를 적용하기 위해 Effects 패널의 효과 검색창에 'Black & White'를 검색합니다. Presets → Film Looks 하위 항목에 'Black & White' 효과가 표시됩니다. 'Black & White'를 '꽃밭.mp4'로 드래그하여 적용합니다. 화면이 흑백 영상으로 바뀝니다.

06 다시 한번 Media 패널에서 '꽃밭.mp4' 파일을 트랙매트 컴포지션 패널의 흑백 '꽃밭.mp4' 아래쪽으로 드래그합니다. 트랙매트 컴포지션 패널에 영상 소스가 위치합니다.

02 트랙매트 효과 적용하기

01 | Media 패널을 더블클릭하여 Import 대화상자를 표시합니다. 04 폴더에서 '잉크 소스.mp4' 파일을 선택하고 [열기] 버튼을 클릭합니다.

02 | Media 패널에서 '잉크 소스.mp4' 파일을 트랙매트 컴포지션 패널의 타임라인 가장 위쪽으로 드래 그합니다. 트랙매트 컴포지션 패널에 영상 소스가 위치합니다.

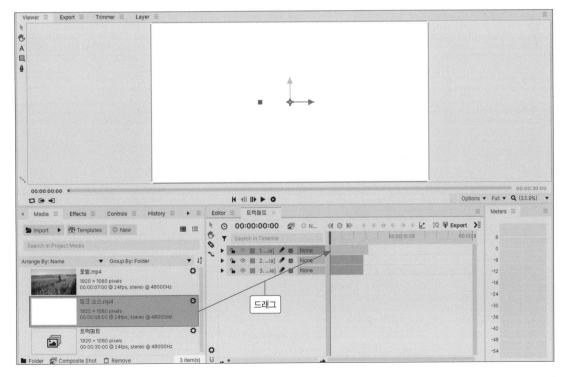

03 | 트랙매트 효과를 적용하기 위해 Effects 패널의 효과 검색창에 'Set Matte'를 검색합니다. Keying → Matte Enhancement 하위 항목에 'Set Matte' 효과가 표시됩니다. 'Set Matte'를 흑백 '꽃밭.mp4'로 드래그하여 적용합니다.

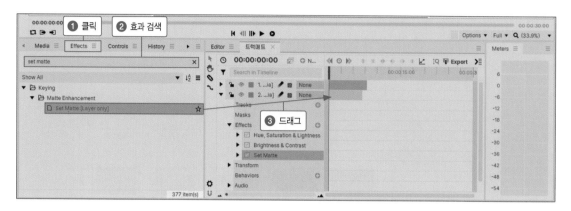

04 | 트랙매트 컴포지션의 타임라인에서 흑백 '꽃밭.mp4'의 하위 항목을 표시합니다. Effects → Set Matte → Source Layer를 '1. 잉크 소스.mp4'로 지정합니다.

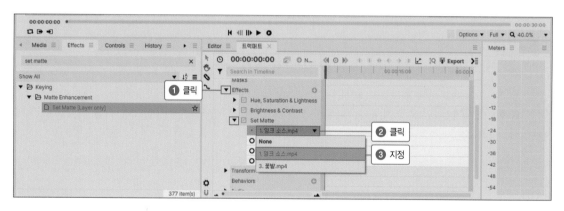

05 | Matte Source를 'Luminance'로 지정합니다.

06 | '잉크 소스.mp4'의 '눈' 아이콘()을 클릭하여 비활성화합니다.

07 | Spacebar를 눌러 영상을 재생하면 흑백 영상에서 컬러 영상으로 잉크 퍼짐 효과와 함께 칠해지는 것을 확인할 수 있습니다.

초록색 배경만 있으면 합성 끝!
크로마키로 합성 영상 만들기

SECTION

할리우드를 비롯하여 모든 영상 업체에서는 항상 초록색 스튜디오에서 촬영합니다. 그 이유는 인체에서 가장 보이지 않는 색이 초록색 계열이기 때문입니다. 일반적인 사람이라면 인체에 초록색 부분이 없기 때문에 촬영한 소스에서 초록색을 분리하여 새로운 영상을 입힐 수 있습니다. 크로마키를 이용한 합성 영상을 만들어 봅니다.

◉ **예제 파일** 04\그린스크린.mp4, 회사.mp4

◉ **완성 파일** 04\크로마키 완성.mp4

01 영상 배치하기

01 | 히트필름 익스프레스를 실행하고 프로젝트를 설정합니다. [New] 버튼을 클릭하여 New Project Settings 대화상자가 표시되면 Template을 '1080p Full HD @ 24 fps'로 지정한 다음 [OK] 버튼을 클릭합니다.

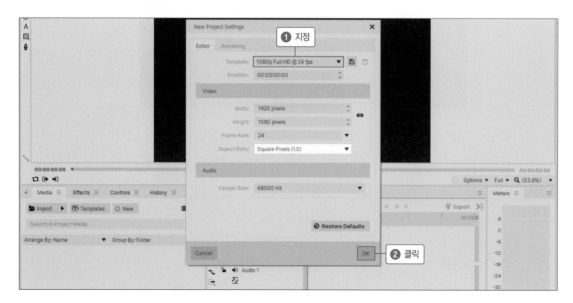

02 | Media 패널을 더블클릭하여 Import 대화상자를 표시합니다. 04 폴더에서 '그린스크린.mp4', '회사.mp4' 파일을 선택하고 [열기] 버튼을 클릭합니다.

03 | Media 패널 아래에 'Composite Shot'을 클릭하여 컴포지션을 만듭니다. Composite Shot Propertise 대화상자가 표시되면 Name을 '크로마키', Template을 '1080p Full HD @ 24 fps'로 지정한 다음 [OK] 버튼을 클릭합니다.

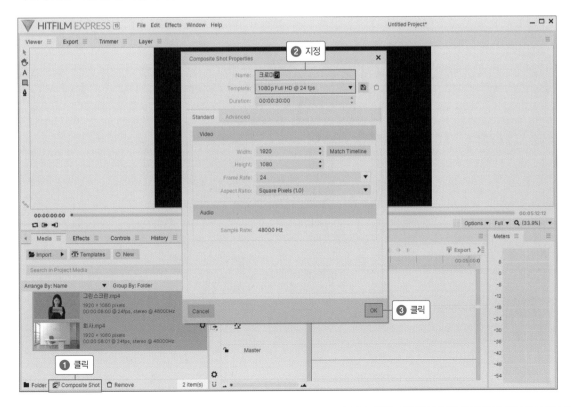

04 | Media 패널에서 '회사.mp4' 파일을 '크로마키' 컴포지션 패널의 타임라인으로 드래그합니다. 크로마키 컴포지션 패널에 영상 소스가 위치합니다.

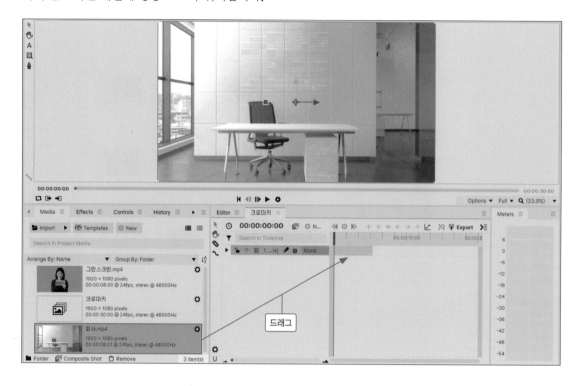

05 | Media 패널에서 '그린스크린.mp4' 파일을 크로마키 컴포지션 패널의 '회사.mp4' 위로 드래그합니다. 크로마키 컴포지션 패널에 영상 소스가 위치합니다.

02 키잉 효과 적용하기

01 키잉 효과를 적용하기 위해 Effects 패널의 효과 검색창에 'Greenscreen Key'를 검색합니다. Presets → 2D Effects 하위 항목에 'Greenscreen Key' 효과가 표시됩니다. 'Greenscreen Key'를 '그린 스크린.mp4'에 드래그하여 적용합니다. 초록색 배경이 사라집니다.

02 크로마키 컴포지션의 타임라인에서 '그린스크린.mp4'의 하위 항목을 표시합니다. Effects → Matte Cleaner → Smooth를 '15px'로 설정합니다. 영상 소스의 가장자리가 한층 부드러워집니다.

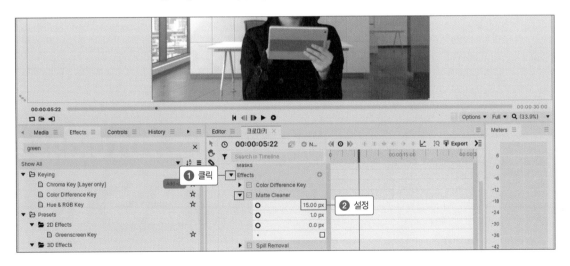

TIP

크로마키 효과는 디테일이 정말 중요한 효과입니다. 적용하는 것을 넘어서 효과의 세부 설정 값을 기호에 맞게 설정하면 가장자리의 디테일과 합성의 자연스러움을 표현할 수 있습니다.

영상의 특정 색상만 남기고 흑백 영상 만들기

08 SECTION

일반적으로 영상에는 다양한 색상이 담겨 있습니다. 히트필름 익스프레스에서는 영상의 특정 색상만을 남기고 나머지를 전부 흑백으로 만들 수 있습니다. 감각적이고 고혹적인 느낌의 효과를 구현해봅니다.

▶ **예제 파일** 04\빨간꽃.mp4

▶ **완성 파일** 04\빨간꽃 완성.mp4

01 영상 배치하기

01 | 히트필름 익스프레스를 실행하고 프로젝트를 설정합니다. [New] 버튼을 클릭하여 New Project Settings 대화상자가 표시되면 Template을 '1080p Full HD @ 29.97 fps'로 지정한 다음 [OK] 버튼을 클릭합니다.

02 Media 패널을 더블클릭하여 Import 대화상자를 표시합니다. 04 폴더에서 '빨간꽃.mp4' 파일을 선택하고 [열기] 버튼을 클릭합니다.

03 Media 패널에서 '빨간꽃.mp4' 파일을 Editor 패널의 타임라인으로 드래그합니다. Editor 패널에 영상 소스가 위치합니다.

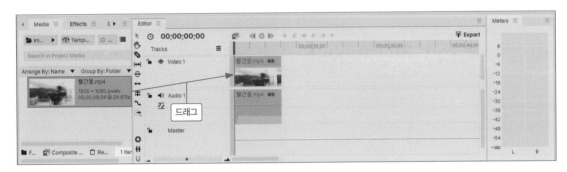

02 특정 부분을 제외하고 흑백으로 만들기

01 Effects 패널을 클릭합니다. Effects 패널에서는 다양한 효과를 검색하고 적용할 수 있습니다.

02 | 효과 검색창에 'Hue, Saturation & Lightness'를 검색합니다. Color Correction 하위 항목에 'Hue, Saturation & Lightness' 효과가 표시됩니다. 해당 효과를 타임라인에 '빨간꽃.mp4'로 드래그하여 적용합니다.

03 | Controls 패널이 표시됩니다. Controls 패널에서는 적용한 효과에 대한 설정을 진행할 수 있습니다. Effects → Hue, Saturation & Lightness에서 효과를 설정할 수 있습니다.

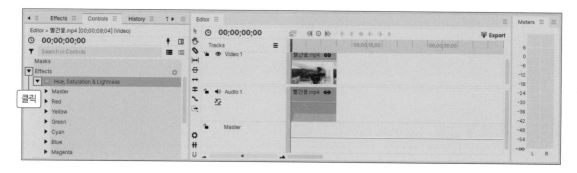

04 | Yellow의 하위 항목을 표시합니다. Hue Shift를 '−120°', Saturation을 '−100'으로 설정합니다. 노란색 영역의 채도가 낮아집니다.

05 | Green의 하위 항목을 표시합니다. Saturation을 '-100'으로 설정합니다. 녹색 영역의 채도가 낮아집니다.

06 | Cyan의 하위 항목을 표시합니다. Saturation을 '-100'으로 설정합니다. 청록색 영역의 채도가 낮아집니다.

07 | Blue의 하위 항목을 표시합니다. Saturation을 '–100'으로 설정합니다. 파란색 영역의 채도가 낮아집니다.

08 | 마지막으로 Magenta의 하위 항목을 표시합니다. Saturation을 '–100'으로 설정합니다. 자홍색 영역의 채도가 낮아집니다.

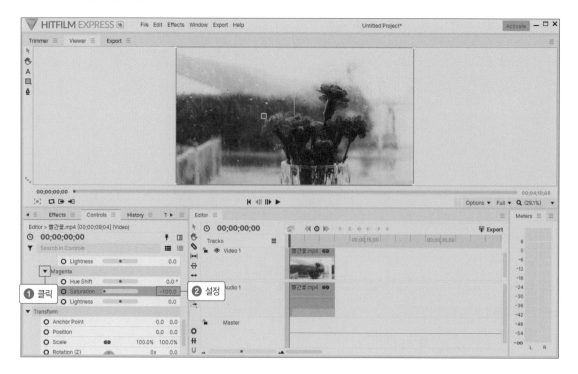

09 | 빨간색을 좀 더 강조하기 위해 Red의 하위 항목을 표시합니다. Saturation을 '50'으로 설정합니다. 빨간색 영역의 채도가 증가합니다. 빨간색 영역을 제외한 모든 채도를 -100으로 설정하였기 때문에 빨간색만 남게 되는 효과가 만들어집니다.

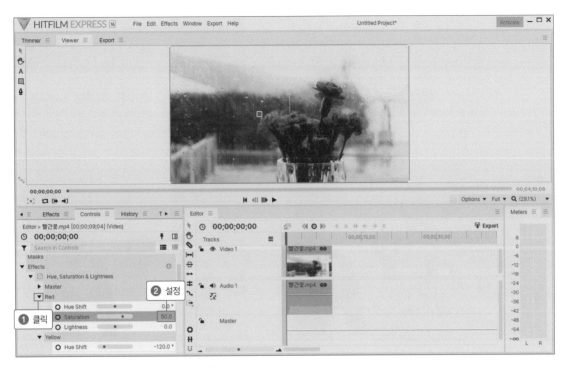

TIP Leave Color Add-on

히트필름 익스프레스에서 유료로 결제하여 사용하는 효과를 'Add-on'이라고 합니다. 히트필름 Pro 버전이나 Add-on을 결제하면 'Leave Color' 효과를 사용할 수 있습니다. 이 효과는 특정 부분의 색상을 남기고 모두 채도를 낮춰 주는 효과입니다. 필요한 경우 결제하여 사용하면 좋습니다.

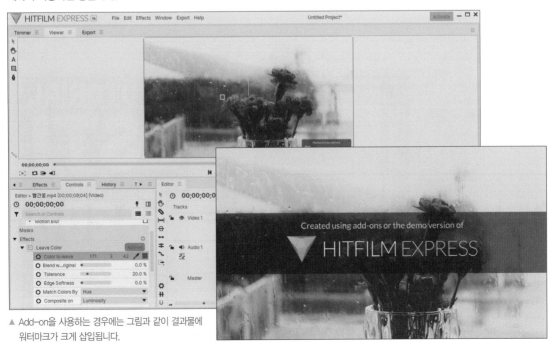

▲ Add-on을 사용하는 경우에는 그림과 같이 결과물에
  워터마크가 크게 삽입됩니다.

09

불필요한 것은 블러 처리!
모자이크 효과 만들기

길에서 촬영을 하다 보면 불필요한 사람 및 물체가 찍힐 수 있습니다. 초상권을 침해할 수 있는 문제이기 때문에 영상에 사전 협의된 사람이 아닌 이상, 모자이크를 처리하는 것이 필수입니다. 히트필름 익스프레스에서 특정 부분을 모자이크 처리하는 방법에 대해 알아봅니다.

▶ **예제 파일** 04\사람들.mp4

▶ **완성 파일** 04\사람들 완성.mp4

01 영상 배치하기

01 | 히트필름 익스프레스를 실행하고 프로젝트를 설정합니다. [New] 버튼을 클릭하여 New Project Settings 대화상자가 표시되면 Template을 '1080p Full HD @ 29.97 fps'로 지정한 다음 [OK] 버튼을 클릭합니다.

02 | Media 패널을 더블클릭하여 Import 대화상자를 표시합니다. 04 폴더에서 '사람들.mp4' 파일을 선택하고 [열기] 버튼을 클릭합니다.

03 | Media 패널에서 '사람들.mp4' 파일을 Editor 패널의 타임라인으로 드래그합니다. Editor 패널에 영상 소스가 위치합니다. 비율 변경에 대한 대화상자가 표시되면 [Yes] 버튼을 클릭합니다.

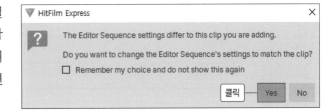

04 | 편집의 편의성을 위해 타임라인을 확대 및 축소할 수 있습니다. 하단에 휠을 좌우로 드래그하면서 본인에게 맞는 크기의 타임라인을 설정합니다.

01 | Effects 패널을 클릭합니다. Effects 패널에서는 다양한 효과를 검색하고 적용할 수 있습니다.

02 | 효과 검색창에 'Witness Protection'을 검색합니다. Distort 하위 항목에 'Witness Protection' 효과가 표시됩니다. 'Witness Protection'을 타임라인의 '사람들.mp4'로 드래그하여 적용합니다.

03 | Controls 패널이 표시됩니다. Controls 패널에서는 적용한 효과에 대한 설정을 진행할 수 있습니다. Viewer 패널의 화면에 동그라미 형태의 영역이 생성되며 모자이크가 표시되는 범위입니다.

04 | Effects → Witness Protection → Position → Center를 '-240', '-130'으로 설정합니다. 가장 앞에 있는 여성을 대상으로 얼굴에 모자이크가 생성됩니다.

05 | Size를 '200px'로 설정합니다. 모자이크의 크기가 커집니다.

06 | Preset에서 모자이크의 종류를 설정할 수 있습니다. 상황이나 기호에 맞게 종류를 선택하면 됩니다.

07 | 물체가 움직이는 경우 Position → Center의 '키 프레임 애니메이션' 아이콘(◎)을 클릭한 다음 위치마다 Center 값을 얼굴의 중심으로 이동합니다.

TIP

해당 과정은 수동으로 움직임을 조절해야 하는 방법으로, 모자이크가 인물을 따라가지 않습니다.

10 예능 자막도 손쉽게! 도장 찍는 듯한 자막 만들기

SECTION

유튜브 영상은 특히 자막의 비중이 큰 영상들이 많습니다. 브이로그, 말 콘텐츠, 리뷰 콘텐츠, 언박싱 등 장르를 불문하고 자막은 영상의 정보 전달은 물론, 형태에 따라 재미와 감정도 전달이 가능합니다. 히트필름 익스프레스에서 TV 예능과 유튜브 영상에서 많이 쓰는 도장 찍는 듯한 자막을 만들어 봅니다.

● **예제 파일** 04\강아지.mp4, 강아지 발바닥.png

● **완성 파일** 04\도장 자막 완성.mp4

01 소스 배치하기

01 │ 히트필름 익스프레스를 실행하고 프로젝트를 설정합니다. [New] 버튼을 클릭하여 New Project Settings 대화상자가 표시되면 Template을 '1080p Full HD @ 29.97 fps'로 지정한 다음 [OK] 버튼을 클릭합니다.

02 | Media 패널을 더블클릭하여 Import 대화상자를 표시합니다. 04 폴더에서 '강아지.mp4', '강아지 발바닥.png' 파일을 선택하고 [열기] 버튼을 클릭합니다.

03 | Media 패널에서 '강아지.mp4' 파일을 Editor 패널의 타임라인으로 드래그합니다. Editor 패널에 영상 소스가 위치합니다.

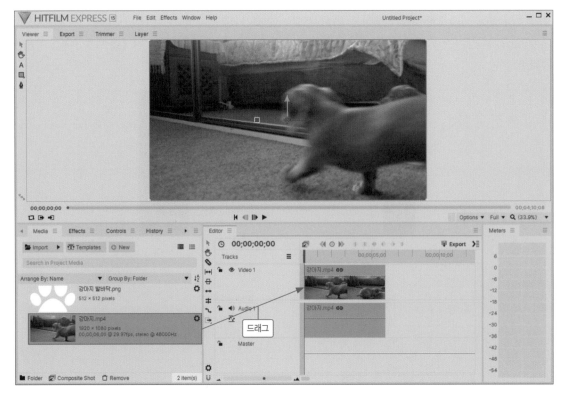

01 | Viewer 패널 왼쪽에서 'Text' 아이콘(A)을 클릭합니다. Viewer 패널에 표시되는 화면의 가운데 부분을 클릭한 다음 '아니 너는 누구냐멍!'을 입력합니다.

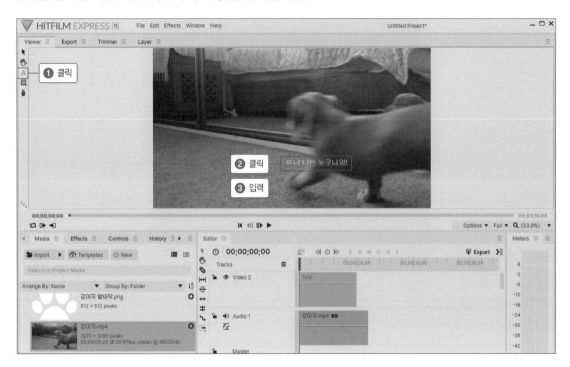

02 | '패널 메뉴' 아이콘(≡)을 클릭한 다음 **Text**를 실행하여 Text 패널을 표시합니다. Text 패널에서는 다양한 문자 설정을 할 수 있습니다.

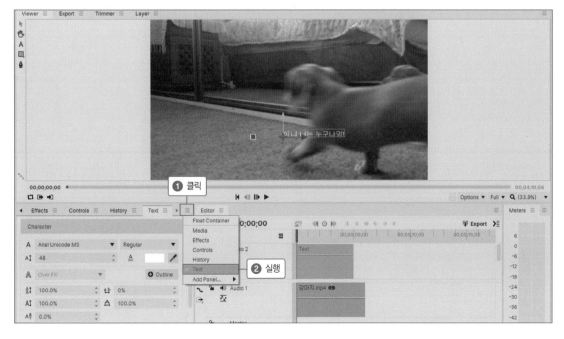

03 | Editor 패널에서 'Text'를 선택한 다음 Text 패널에서 문자의 설정을 변경합니다. 문자를 드래그하여 블록으로 지정합니다. 예제에서는 글꼴을 무료 폰트인 '배찌체', 글꼴 크기를 '175'로 지정합니다.

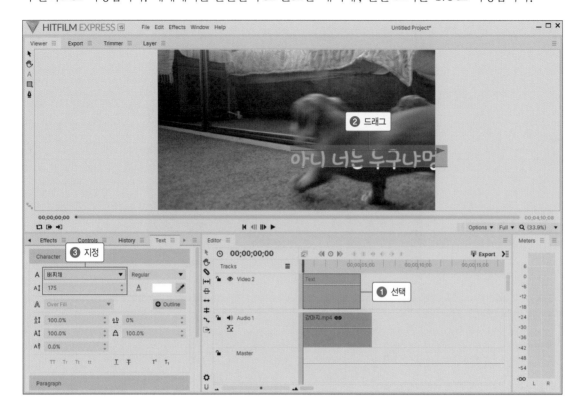

04 | [Outline(🟦 Outline)] 버튼을 클릭하여 외곽선을 추가합니다.

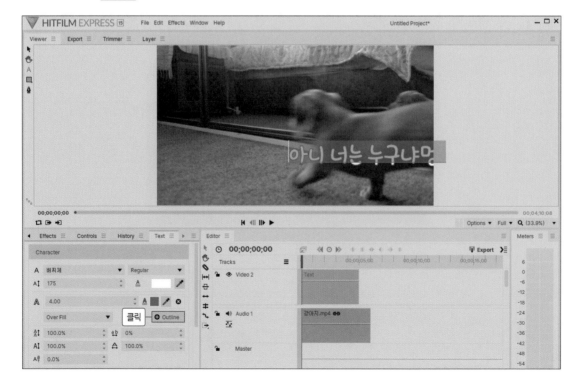

05 외곽선의 두께를 '4'로 설정합니다. 외곽선의 색상 상자를 클릭하여 Select a Color 대화상자가 표시되면 색상을 '검은색'으로 지정한 다음 [OK] 버튼을 클릭합니다.

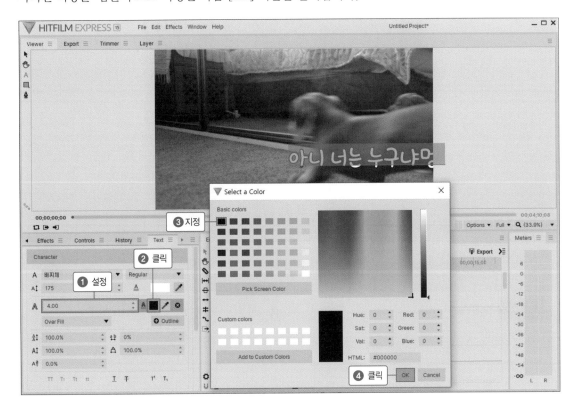

06 Viewer 패널에서 선택 도구(▶)를 선택한 다음 자막을 드래그하여 영상의 하단 가운데에 배치합니다.

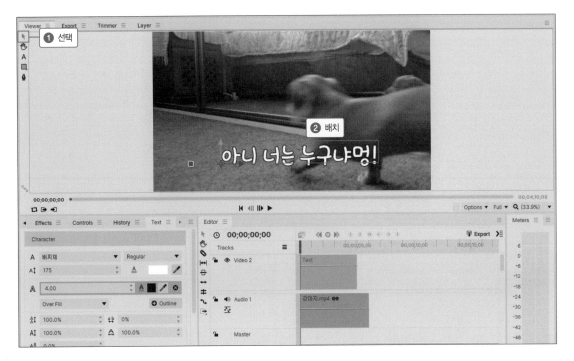

07 | 원활한 편집을 위해 Editor 패널에서 타임라인 옆에 있는 'Track Options' 아이콘(⊞)을 클릭하여 Video Size → Small을 실행합니다. 비디오 트랙의 크기가 작아져 영상을 편집하는 것이 편리해집니다.

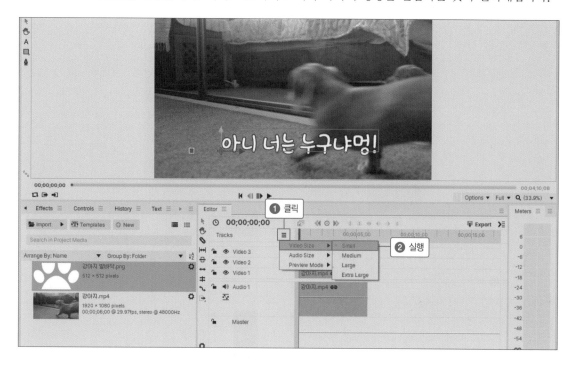

08 | Media 패널에서 '강아지 발바닥.png' 파일을 Editor 패널의 Video 3으로 드래그합니다. Editor 패널에 소스가 위치합니다.

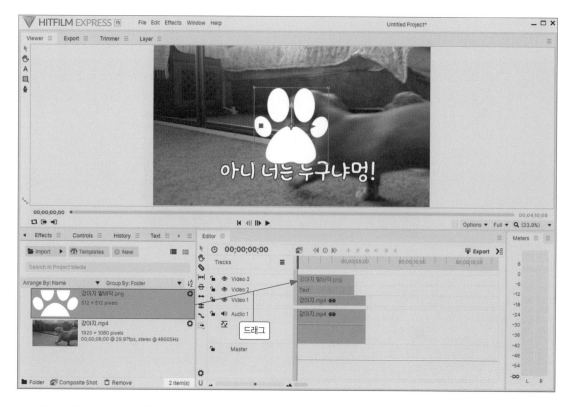

09 | Viewer 패널에서 강아지 발바닥 이미지를 적절한 위치로 배치한 다음 크기 조절 및 회전합니다.

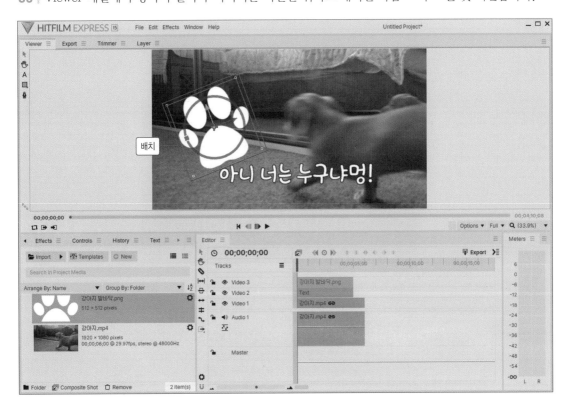

10 | 같은 방법으로 '강아지 발바닥.png'를 그림과 같이 하나 더 배치합니다.

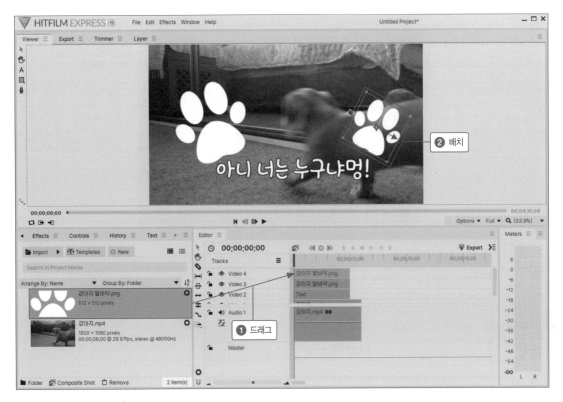

03 도장 찍는 효과 적용하기

01 | 도장 찍는 효과를 적용하기 위해 Effects 패널을 클릭합니다. Effects 패널에서는 다양한 효과를 적용할 수 있습니다.

02 | 효과 검색창에 'Cross Zoom'을 검색합니다. Transitions → Video → Zoom 하위 항목에 효과가 표시됩니다. 'Cross Zoom'을 Video 2의 'Text' 시작 부분으로 드래그하여 효과를 적용합니다.

03 | 효과가 적용되면서 Controls 패널이 표시됩니다. Controls 패널에서는 적용한 효과를 설정할 수 있습니다.

04 | 시간표시자를 '00:20'으로 드래그하여 이동합니다. Controls 패널에서 Offset B를 '0', '-285'로 설정합니다. 자막이 중앙에 도장 찍히듯 설정됩니다.

05 | Editor 패널에서 타임라인에 적용된 'Cross Zoom' 효과의 오른쪽 끝부분을 시간표시자가 있는 '00:20'으로 드래그합니다. 화면 전환의 속도가 빨라집니다.

06 | Controls 패널에서 Motion Blur를 '70%'로 설정합니다. 동작에 흐림 효과가 더 선명하게 표시됩니다.

07 | 시간표시자를 '01:00'으로 드래그하여 이동합니다. Editor 패널에서 '강아지 발바닥.png'를 시간표시자 기준으로 드래그하여 위치하도록 합니다.

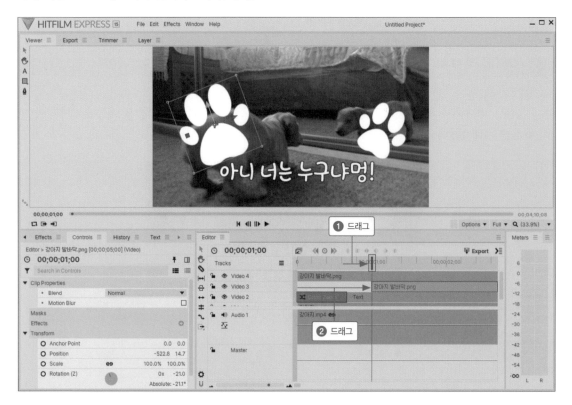

08 | 시간표시자를 '01:15'로 드래그하여 이동합니다. Editor 패널에서 Video 4의 '강아지 발바닥.png'를 시간표시자 기준으로 드래그하여 위치하도록 합니다.

09 | 타임라인에서 '강아지.mp4'의 끝부분을 기준으로 'Text'와 '강아지 발바닥.png'의 오른쪽 끝부분을 드래그하여 길이를 맞춥니다.

11

강하게 문자를 표현할 땐!
폭발 자막 만들기

예능이나 유튜브 영상을 보면 소위 텐션이 높아져서 볼륨이 커지거나 화를 내는 것처럼 재미 포인트가 많은 장면이 있습니다. 이때 폭발 자막을 이용하면 그 감정을 보다 강력하게 전달할 수 있습니다. 히트필름 익스프레스에서 쓰임새가 많은 폭발 자막을 만들어 봅니다.

● 예제 파일 04\폭발.mp4

● 완성 파일 04\폭발 자막 완성.mp4

01 영상 배치하기

01 │ 히트필름 익스프레스를 실행하고 프로젝트를 설정합니다. [New] 버튼을 클릭하여 New Project Settings 대화상자가 표시되면 Template을 '1080p Full HD @ 29.97 fps'로 지정한 다음 [OK] 버튼을 클릭합니다.

02 | Media 패널을 더블클릭하여 Import 대화상자를 표시합니다. 04 폴더에서 '폭발.mp4' 파일을 선택하고 [열기] 버튼을 클릭합니다.

03 | Media 패널 아래에 'Composite Shot'을 클릭하여 컴포지션을 만듭니다. Composite Shot Propertise 대화상자가 표시되면 Name을 '폭발 자막', Template을 '1080p Full HD @ 29.97 fps'로 지정하고 [OK] 버튼을 클릭합니다.

04 | Media 패널에서 '폭발.mp4' 파일을 '폭발 자막' 컴포지션 패널의 타임라인으로 드래그합니다. 폭발 자막 컴포지션 패널에 영상 소스가 위치합니다.

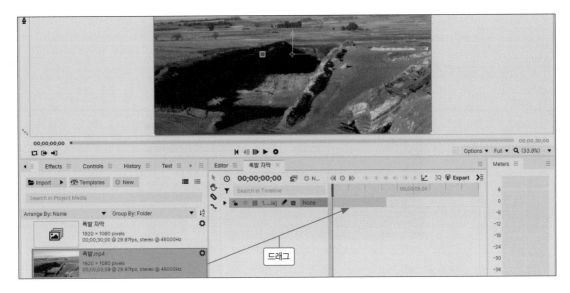

01 | 폭발 효과를 적용하기 위해 Effects 패널을 클릭합니다. Effects 패널에서는 다양한 효과를 적용할 수 있습니다.

02 | 효과 검색창에 'Bonfire'를 검색합니다. Quick 3D 하위 항목에 효과가 표시됩니다. 'Bonfire'를 폭발 자막 컴포지션의 타임라인으로 드래그하여 효과를 적용합니다.

03 | Viewer 패널 왼쪽에서 'Text' 아이콘(A)을 클릭합니다. Viewer 패널에 표시되는 화면의 가운데 부분을 클릭하여 '화가 난다!'를 입력합니다.

04 | '패널 메뉴' 아이콘(▤)을 클릭한 다음 **Text**를 실행하여 Text 패널을 표시합니다. Text 패널에서는 다양한 문자 설정을 할 수 있습니다.

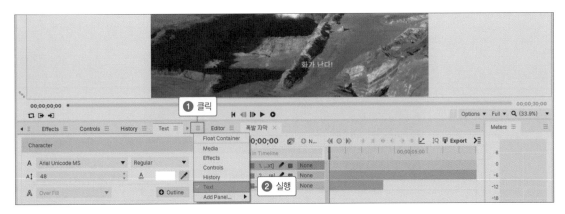

05 | 폭발 자막 컴포지션에서 'Text'를 선택한 다음 Text 패널에서 문자의 설정을 변경합니다. 문자를 드래그하여 블록으로 지정합니다. 예제에서는 글꼴을 무료 폰트인 '메이플스토리', 글꼴 크기를 '250'으로 지정합니다.

06 | [Outline(⊕ Outline)] 버튼을 클릭하여 외곽선을 추가합니다.

07 외곽선의 두께를 '10'으로 설정합니다. 외곽선의 색상 상자를 클릭하여 Select a Color 대화상자가 표시되면 색상을 '검은색'으로 지정합니다.

08 Viewer 패널에서 선택 도구(▶)를 선택합니다. '화가 난다!'를 화면의 가운데로 드래그하여 배치합니다.

09 | Effects 패널을 클릭합니다. 효과 검색창에 'Heat Distortion'을 검색합니다. Distort 하위 항목에 효과가 표시됩니다. 'Heart Distortion'을 폭발 자막 컴포지션의 'Text'로 드래그하여 효과를 적용합니다. 꿀렁거리는 효과가 적용됩니다.

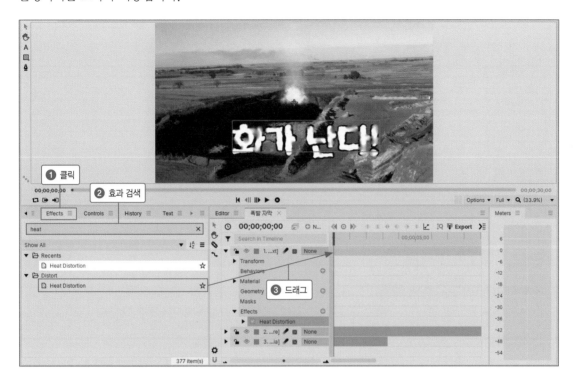

10 | Controls 패널을 클릭합니다. Controls 패널에서는 적용한 효과를 설정할 수 있습니다.

11 | Effects → Heat Distortion → Scale을 '25px'로 설정합니다. 꿀렁거리는 정도가 줄어듭니다.

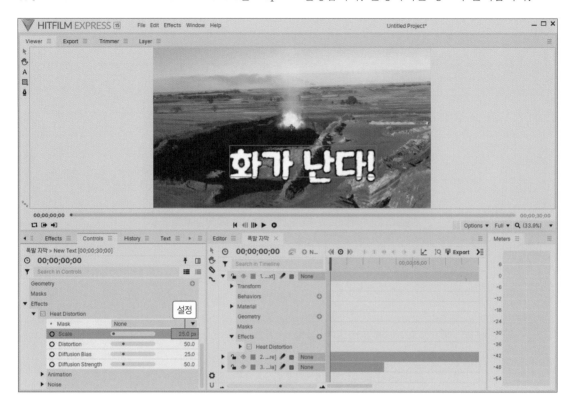

12 | 폭발 자막 컴포지션에서 'Bonfire'를 선택합니다. Controls 패널에서 Transform → Position의 Y 값을 '−235'로 설정합니다.

13 | Controls 패널에서 Fire → Spread를 '720', Ferocity를 '4'로 설정합니다.

14 | Fire → Size를 '120'으로 설정합니다. 불의 크기가 커집니다. 흰색 문자에 불 배경의 예능 자막이 완성됩니다.

TIP Fire Add-on

히트필름에는 다양한 유료 Add-on이 존재합니다. 각각 개별로 구매하거나 히트필름 프로를 구매하면 이용 가능한 효과들입니다. 불 자막의 경우 'Fire' 효과를 통해 문자마다 불이 나오는 효과를 쉽게 적용할 수 있습니다. 이외에도 다양한 효과가 유료로 존재하기 때문에 필요하다면 구매를 고려하는 것을 추천합니다.

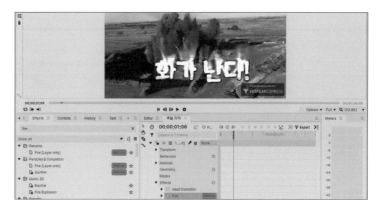

히트필름 익스프레스의 트랙매트 기능을 활용하여 감각적이고 세련된 타이틀을 만들 수 있습니다. 이 효과를 이용하면 브이로그, 여행 영상 등 분위기를 전달하는 영상에서 타이틀을 보다 효과적으로 보여줄 수 있습니다. 감각적이면서 세련된 타이틀을 만들어 봅니다.

◉ 예제 파일 04\저녁노을.mp4

◉ 완성 파일 04\감각적인 타이틀 완성.mp4

01 타이틀 삽입하기

01 | 히트필름 익스프레스를 실행하고 프로젝트를 설정합니다. [New] 버튼을 클릭하여 New Project Settings 대화상자가 표시되면 Template을 '1080p Full HD @ 24 fps'로 지정한 다음 [OK] 버튼을 클릭합니다.

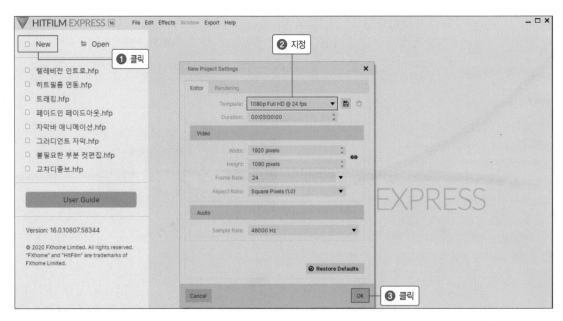

02 | Media 패널을 더블클릭하여 Import 대화상자를 표시합니다. 04 폴더에서 '저녁노을.mp4' 파일을 선택하고 [열기] 버튼을 클릭합니다.

03 | Media 패널에서 '저녁노을.mp4' 파일을 Editor 패널의 타임라인으로 드래그합니다. Editor 패널에 영상 소스가 위치합니다.

04 | Editor 패널에서 '저녁노을.mp4'를 선택합니다. 마우스 오른쪽 버튼을 클릭한 다음 **Make Composite Shot**을 실행합니다. 타이틀 애니메이션 효과를 주기 위해 Composition으로 프로젝트를 설정합니다.

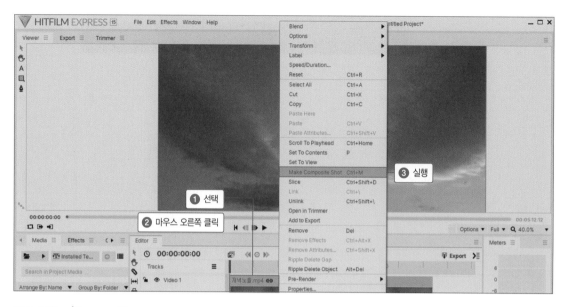

TIP Editor/Composition

Editor 패널에서는 단순 컷 편집이나 자막 작업과 같이 간단한 편집 수행이 편리합니다. Composition 패널에서는 키 프레임 애니메이션과 모션 그래픽 등 복잡한 효과 적용이 편리합니다. Adobe 사의 프리미어 프로와 애프터 이펙트의 개념과 비슷합니다.

05 | Make Composite Shot 대화상자가 표시되면 [OK] 버튼을 클릭합니다.

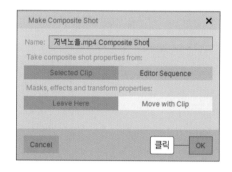

06 | '저녁노을.mp4 Composite Shot' 패널이 생성되었습니다.

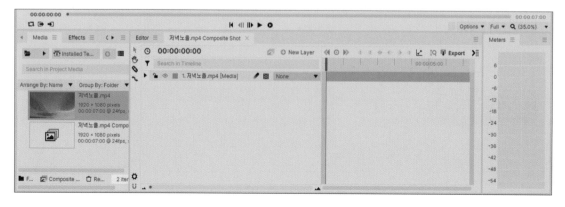

07 | Viewer 패널 왼쪽에서 'Text' 아이콘(Ａ)을 클릭합니다. Viewer 패널에 표시되는 화면의 가운데 부분을 클릭하여 '유나's 브이로그'를 입력합니다.

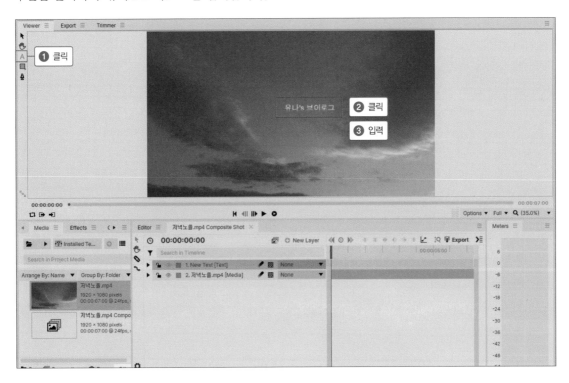

08 | Viewer 패널에서 선택 도구(▶)를 선택합니다. '패널 메뉴' 아이콘(≡)을 클릭한 다음 **Text**를 실행하여 Text 패널을 표시합니다. Text 패널에서는 다양한 문자 설정을 할 수 있습니다. 문자를 드래그하여 블록으로 지정합니다. 예제에서는 글꼴을 '배달의 민족 주아체', 글꼴 크기를 '230', 색상을 '흰색'으로 지정합니다.

09 | 직선을 추가하기 위해 저녁노을.mp4 Composite Shot 패널 상단의 'New Layer'를 클릭한 다음 Plane을 실행합니다.

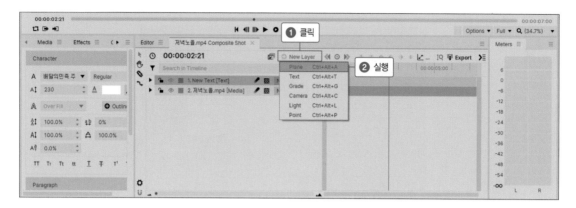

10 | Plane Properties 대화상자가 표시되면 Name을 'Line' 으로 입력하고 Width를 '1600', Height를 '15'로 설정한 다음 [OK] 버튼을 클릭합니다.

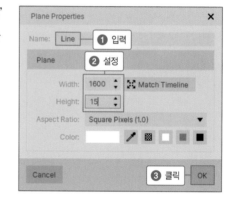

11 | Viewer 패널에서 화면의 중앙에 직선이 추가됩니다. '유나's 브이로그' 문자를 드래그하여 선 중앙 에 정확히 위치하도록 배치합니다.

12 | 저녁노을.mp4 Composite Shot 패널에서 시간표시자를 '01:00'으로 드래그하여 이동합니다. 타임라인에서 'Line'의 하위 항목을 표시합니다. Transform에서 Position을 '0', '140'으로 설정한 다음 '키프레임 애니메이션' 아이콘(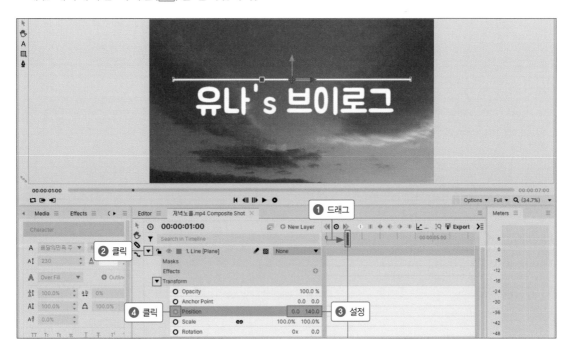)을 클릭합니다.

13 | 시간표시자를 '02:00'으로 드래그하여 이동합니다. Position을 '0', '−140'으로 설정합니다. 선이 아래로 내려오는 애니메이션이 생성됩니다.

14 | 부드러운 직선 애니메이션을 구현하기 위해 Position의 키 프레임 2개를 드래그하여 선택합니다. 마우스 오른쪽 버튼을 클릭한 다음 Temporal Interpolation → Smooth를 실행합니다. 직선의 움직임에 중력을 더한 느낌이 추가됩니다.

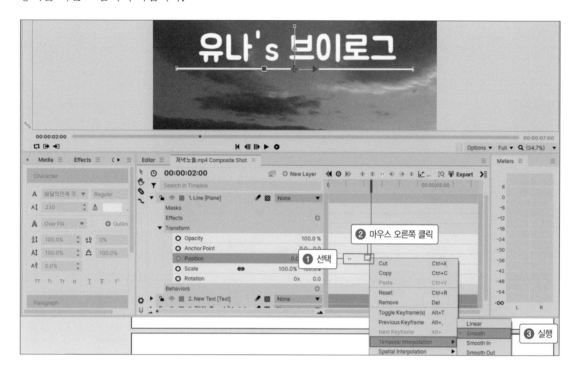

15 | 저녁노을.mp4 Composite Shot 패널에서 시간표시자를 '00:00'으로 드래그하여 이동합니다. Transform에서 Scale을 '0%', '100%'로 설정한 다음 '키 프레임 애니메이션' 아이콘(◎)을 클릭합니다.

TIP

Scale 옆에 있는 '크기 비율' 아이콘(⬌)을 클릭하면 가로, 세로의 크기 비율을 자유롭게 변경할 수 있습니다.

16 │ 시간표시자를 '01:00'으로 드래그하여 이동합니다. Scale을 '100%', '100%'로 설정합니다. 직선이 가로로 펼쳐지는 효과가 만들어집니다.

17 │ 부드러운 직선 애니메이션을 구현하기 위해 Scale의 키 프레임 2개를 드래그하여 선택합니다. 마우스 오른쪽 버튼을 클릭한 다음 Temporal Interpolation → Smooth를 실행합니다.

01 | 직사각형을 추가하기 위해 저녁노을.mp4 Composite Shot 패널 상단의 'New Layer'를 클릭하고 Plane을 실행합니다.

02 | Plane Properties 대화상자가 표시되면 Name을 'Square'로 입력하고 Width를 '1600', Height를 '500'으로 설정한 다음 [OK] 버튼을 클릭합니다.

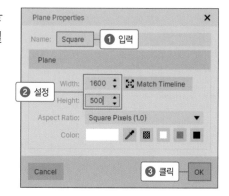

03 | Viewer 패널 화면의 중앙에 직사각형이 한 개 추가됩니다. 저녁노을.mp4 Composite Shot 패널의 타임라인에서 Square의 하위 항목을 표시합니다. Transform에서 Position을 '0', '−112'로 설정합니다.

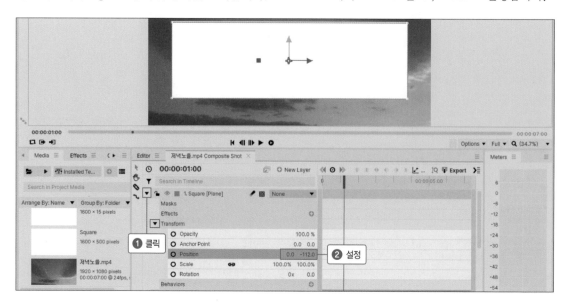

04 | 'Square'의 'None'을 '2. Line'으로 지정합니다. 2번 트랙에 적용한 애니메이션이 그대로 1번 트랙에도 적용됩니다.

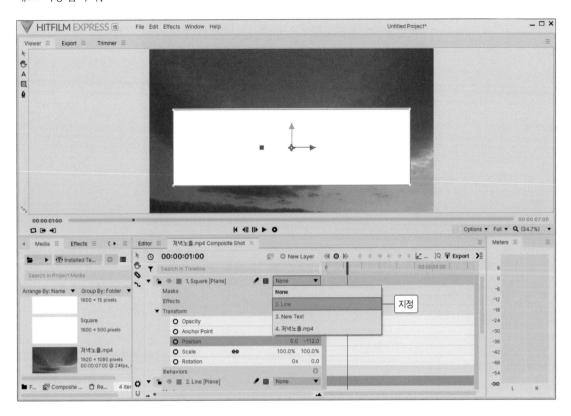

05 | 'Square'의 '눈' 아이콘(👁)을 클릭하여 비활성화하면 직사각형이 보이지 않습니다.

06 | Effects 패널을 클릭합니다. 효과 검색창에 'Set Matte'를 검색합니다. Keyring → Matte Enhancement 하위 항목에 효과가 표시됩니다. 'Set Matte'를 'Text'로 드래그하여 적용합니다.

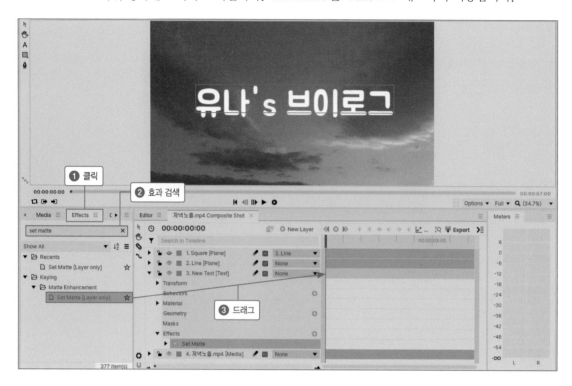

07 | 타임라인에서 'Text'의 하위 항목을 표시합니다. Effects → Set Matte → Source Layer를 '1. Square', Blend를 'Subtract'으로 지정합니다. 선이 지나가는 자리에 글씨가 생성되는 효과가 적용됩니다.

08 | 시간표시자를 '01:00'으로 드래그하여 이동합니다. 타임라인에서 시간표시자를 기준으로 'Text'를 드래그하여 01:00부터 문자가 보이게 합니다.

03 키 프레임 애니메이션 복제하기

01 | 키 프레임을 복제하고 붙여 넣으면 새로 값을 입력할 필요 없이 특정 애니메이션을 그대로 구현할 수 있습니다. 'Line'의 하위 항목을 표시합니다. '02:00'에 있는 'Position'의 키 프레임을 선택한 다음 Ctrl+C를 눌러 복제합니다. 시간표시자를 '05:00'으로 드래그하여 이동한 다음 Ctrl+V를 눌러 키 프레임을 붙여 넣습니다.

02 | '01:00'에 있는 'Position'의 키 프레임을 선택한 다음 Ctrl+C를 눌러 복제합니다. 시간표시자를 각각 '06:00'과 '06:23'으로 드래그하여 이동한 다음 Ctrl+V를 눌러 키 프레임을 붙여 넣습니다.

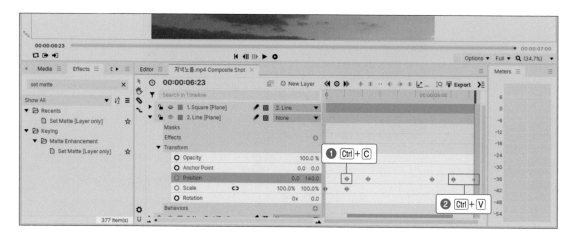

03 | '01:00'에 있는 'Scale'의 키 프레임을 선택한 다음 Ctrl+C를 눌러 복제합니다. 시간표시자를 '06:00'으로 드래그하여 이동한 다음 Ctrl+V를 눌러 키 프레임을 붙여 넣습니다.

04 | 마지막으로 '00:00'에 있는 'Scale'의 키 프레임을 선택한 다음 Ctrl+C를 눌러 복제합니다. 시간표시자를 '06:23'으로 드래그하여 이동한 다음 Ctrl+V를 눌러 키 프레임을 붙여 넣습니다.

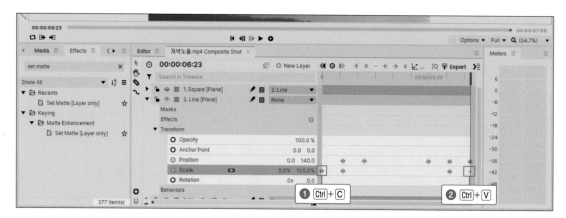

물체를 따라다니는
움직이는 문자 만들기

보통 자막이나 문자는 정적으로 고정되어 있습니다. 특정 사물이나 물체 혹은 인물의 움직임을 따라가는 문자 효과를 통해 특정 장면에 집중은 물론 전문가적인 느낌을 줄 수 있습니다. Tracking 기법을 통해 물체의 움직임을 따라다니는 자막을 만들어 봅니다.

● **예제 파일** 04\고양이.mp4

● **완성 파일** 04\트래킹 완성.mp4

01 영상 배치하기

01 │ 히트필름 익스프레스를 실행하고 프로젝트를 설정합니다. [New] 버튼을 클릭하여 New Project Settings 대화상자가 표시되면 Template을 '1080p Full HD @ 29.97 fps'로 지정한 다음 [OK] 버튼을 클릭합니다.

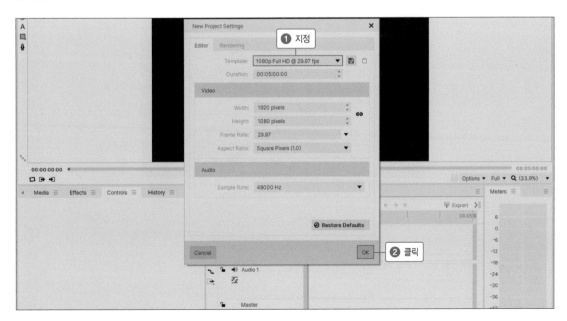

02 | Media 패널을 더블클릭하여 Import 대화상자를 표시합니다. 04 폴더에서 '고양이.mp4' 파일을 선택하고 [열기] 버튼을 클릭합니다.

03 | Media 패널 아래에 'Composite Shot'을 클릭하여 컴포지션을 만듭니다. Composite Shot Propertise 대화상자가 표시되면 Name을 '트래킹', Template을 '1080p Full HD @ 29.97 fps'로 지정하고 [OK] 버튼을 클릭합니다.

04 | Media 패널에서 '고양이.mp4' 파일을 '트래킹' 컴포지션 패널의 타임라인으로 드래그합니다. 트래킹 컴포지션 패널에 영상 소스가 위치합니다.

02 자막 입력하기

01 Viewer 패널 왼쪽에서 'Text' 아이콘(A)을 클릭한 다음 Viewer 패널에 표시되는 화면의 고양이 왼쪽 부분을 클릭합니다. '고양이 ☞'를 입력합니다.

02 '패널 메뉴' 아이콘(≡)을 클릭한 다음 **Text**를 실행하여 Text 패널을 표시합니다. Text 패널에서는 다양한 문자 설정을 할 수 있습니다.

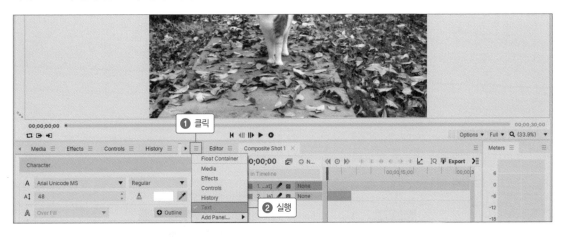

03 트래킹 컴포지션 패널에서 'Text'를 선택한 다음 Text 패널에서 문자의 설정을 변경합니다. 문자를 드래그하여 블록으로 지정합니다. 예제에서는 글꼴을 무료 폰트인 '넥슨Lv1고딕 OTF', 글꼴 크기를 '200'으로 지정합니다.

04 글꼴의 색상 상자를 클릭하여 Select a Color 대화상자가 표시되면 원하는 문자의 색상을 지정합니다. 예제에서는 색상을 '#ff66a1'로 지정한 다음 [OK] 버튼을 클릭합니다.

05 [Outline(⊕ Outline)] 버튼을 클릭하여 외곽선을 추가합니다.

06 | 외곽선의 두께를 '8'로 설정합니다. 외곽선의 색상 상자를 클릭하여 Select a Color 대화상자가 표시되면 '#61009d'으로 지정한 다음 [OK] 버튼을 클릭합니다.

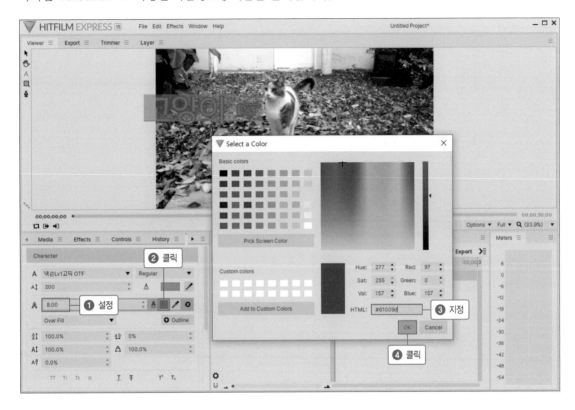

07 | 문자의 크기를 맞추기 위해 '☞' 부분만 따로 드래그하여 블록으로 지정한 다음 Text 패널에서 글꼴 크기를 '240'으로 지정합니다.

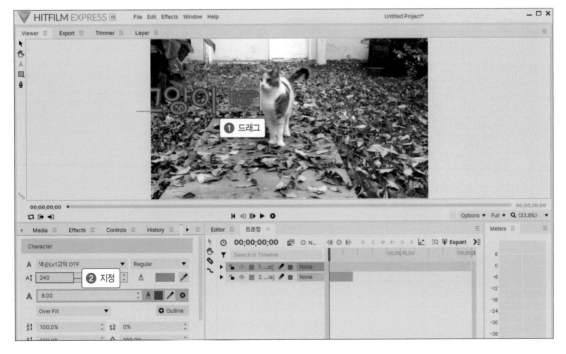

03 트래킹 적용하기

01 트래킹 컴포지션 패널의 타임라인에서 '고양이.mp4'의 하위 항목을 표시합니다. Tracks 오른쪽에 있는 'Insert Tracker' 아이콘(⊕)을 클릭합니다.

02 Track 패널이 표시됩니다. Tracking 기능은 Track 패널에서 설정할 수 있습니다.

03 | 마우스 휠을 드래그하거나 중간에 '화면 비율' 아이콘(🔍)을 클릭하여 화면의 크기를 변경할 수 있습니다. Tracking은 디테일을 필요로 하는 작업이기 때문에 화면을 확대해야 합니다.

04 | 소스의 경계가 확실한 부분으로 추적기를 드래그하여 옮겨 줍니다. 빨간색 사각형과 가운데 점의 사이 공간을 클릭하여 드래그하면 추적기를 이동할 수 있습니다.

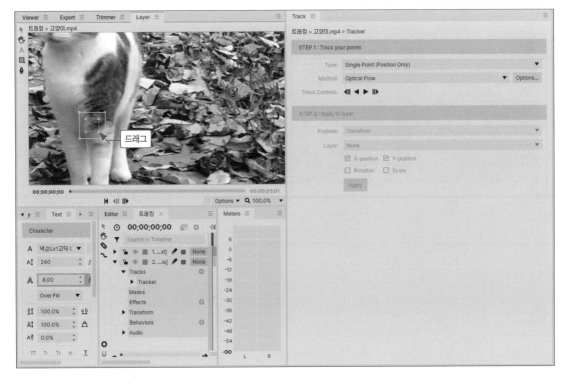

05 | Track 패널에서 Track Controls의 'Track forward' 아이콘(▶)을 클릭하면 트래킹을 시작합니다. 프레임 단위로 히트필름 익스프레스가 특정 사물의 움직임을 추적합니다.

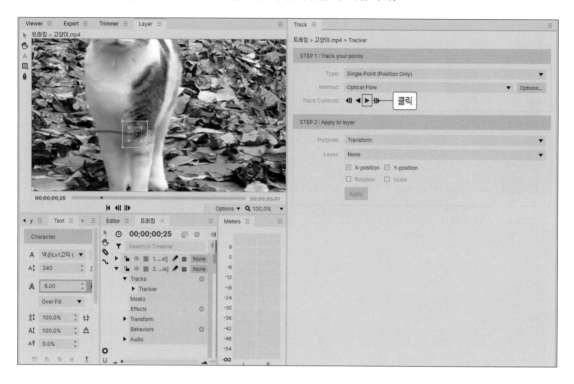

06 | 분석이 완료된 다음 STEP 2에서 Layer를 '1. New Text'로 지정합니다. 분석한 데이터를 레이어에 적용하는 과정입니다.

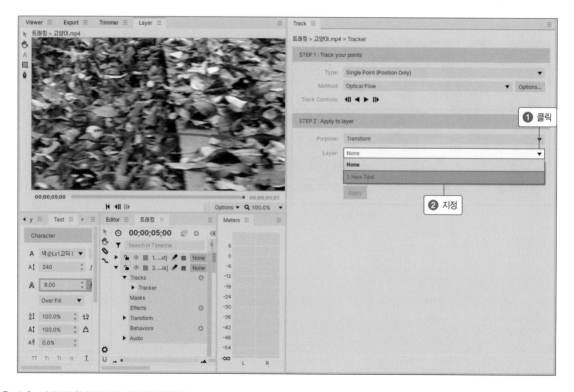

07 | [Apply] 버튼을 클릭합니다. 트래킹이 적용됩니다.

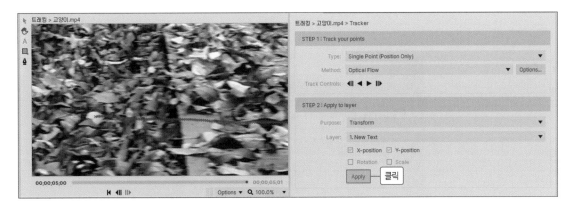

08 | Track 패널의 '패널 메뉴' 아이콘(≡)을 클릭한 다음 Close Panel을 실행합니다.

09 | '고양이 ☞'의 움직임이 지정한 부분에 고정됩니다. 전체적인 움직임을 보정합니다.

10 | 트래킹 컴포지션 패널의 타임라인에서 'Text'의 하위 항목을 표시합니다. Transform → Anchor Point를 '550', '-41'로 설정합니다. 정확한 값보다는 시각적으로 고양이의 왼쪽에 텍스트가 위치하면 됩니다.

TIP 왜 Position 값을 변경하지 않나요?

Track 패널에서 트래킹을 적용했기 때문에 Position의 좌표 값이 프레임 단위로 키 프레임 애니메이션이 적용되어 있는 상태입니다. 따라서 한 부분의 Position 값을 변경하면 다음 프레임에서 값이 틀어지기 때문에 전체적인 움직임을 바꿀 수 있는 'Anchor Point'를 설정하였습니다.

11 | [Spacebar]를 눌러 영상에 트래킹이 잘 적용되었는지 확인합니다.

집에서 만드는 방송!
뉴스 자막 만들기

TV에서만 보던 뉴스를 히트필름 익스프레스에서도 무료로 구현할 수 있습니다. 깔끔하고 심플한 자막 형태로 인터뷰 및 말 콘텐츠 활용에 좋은 뉴스 자막을 만들어 봅니다.

● **예제 파일** 04\삼겹살.mp4

● **완성 파일** 04\뉴스 자막 완성.mp4

01 영상 배치하기

01 히트필름 익스프레스를 실행하고 프로젝트를 설정합니다. [New] 버튼을 클릭하여 New Project Settings 대화상자가 표시되면 Template을 '1080p Full HD @ 59.94 fps'로 지정한 다음 [OK] 버튼을 클릭합니다.

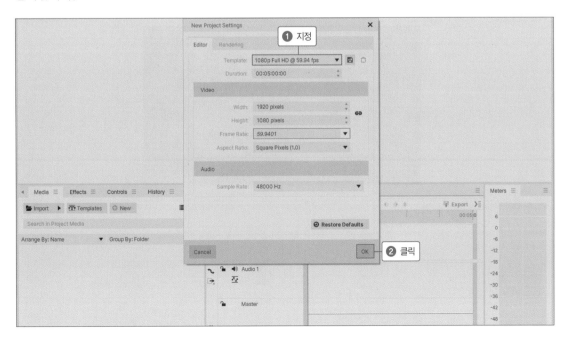

02 | Media 패널을 더블클릭하여 Import 대화상자를 표시합니다. 04 폴더에서 '삼겹살.mp4' 파일을 선택하고 [열기] 버튼을 클릭합니다.

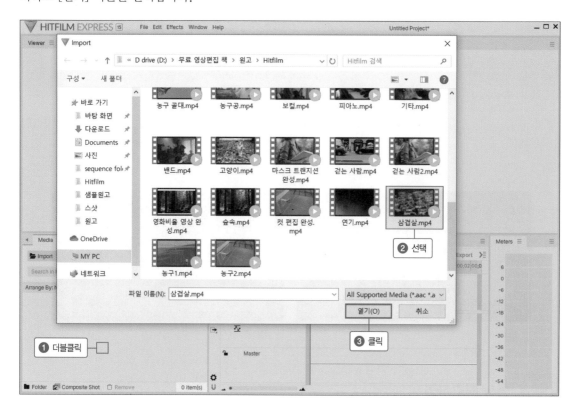

03 | Media 패널에서 '삼겹살.mp4' 파일을 Editor 패널의 타임라인으로 드래그합니다. Editor 패널에 영상 소스가 위치합니다.

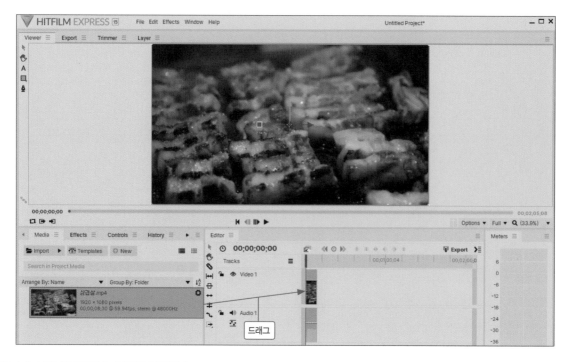

02 뉴스 자막 바 만들기

01 | Media 패널에서 [New( New)] 버튼을 클릭한 다음 **Plane**을 실행합니다.

02 | Plane Properties 대화상자가 표시되면 Name을 '파란 자막바'로 입력한 다음 Color의 색상 상자를 클릭합니다. Select a Color 대화상자가 표시되면 색상을 '#375cff'로 지정한 다음 [OK] 버튼을 클릭합니다.

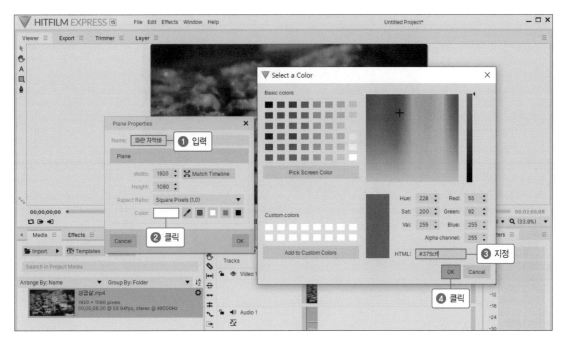

03 | 다시 Media 패널에서 [New(⚙ New)] 버튼을 클릭한 다음 **Plane**을 실행합니다. Plane Properties 대화상자가 표시되면 Name을 '흰색 자막바'로 입력한 다음 Color의 색상 상자를 클릭합니다. Select a Color 대화상자가 표시되면 색상을 '흰색'으로 지정한 다음 [OK] 버튼을 클릭합니다.

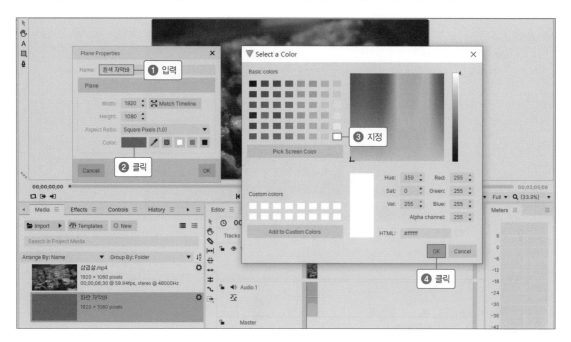

04 | 원활한 편집을 위해 Editor 패널의 타임라인 옆에 있는 'Track Options' 아이콘(☰)을 클릭하여 **Video Size → Small**을 실행합니다. 타임라인의 비디오 트랙 크기가 작아져 영상을 편집하는 것이 편리 해집니다.

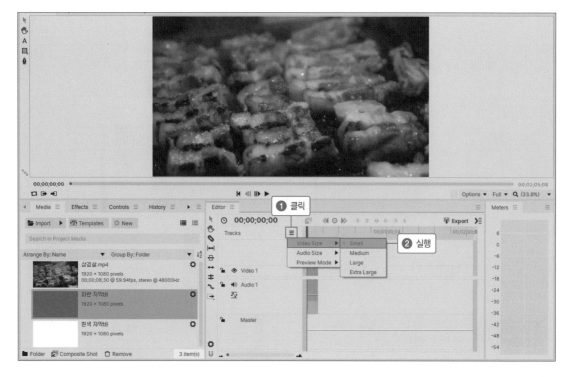

05 | Video 2로 '파란 자막바'를 드래그하여 위치합니다.

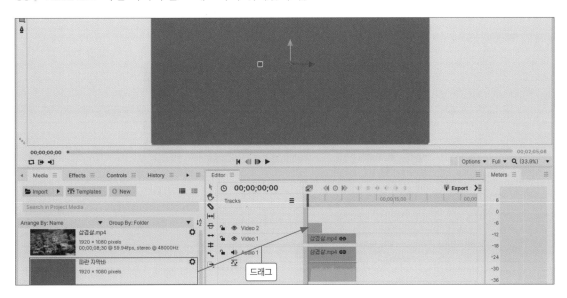

06 | Viewer 패널 왼쪽에서 'Rectangle Mask' 아이콘(▣)을 클릭합니다. 드래그하여 그림과 같이 파란 자막 바의 크기를 설정합니다. 마스크한 영역만큼 자막 바가 표시됩니다.

07 | Viewer 패널 왼쪽에서 'Text' 아이콘(A)을 클릭한 다음 Viewer 패널에 표시되는 파란 자막 바 부분을 클릭합니다. '삼겹살은 예로부터 노릇노릇하게 구워서 아삭아삭한 김치와 함께 먹어야 제맛…'을 입력합니다.

08 | '패널 메뉴' 아이콘()을 클릭한 다음 **Text**를 실행하여 Text 패널을 표시합니다. Text 패널에서는 다양한 문자 설정을 할 수 있습니다. 문자를 드래그하여 블록으로 지정합니다. 예제에서는 글꼴을 무료 폰트인 '넥슨Lv1고딕 OTF', 글꼴 크기를 '75', 색상을 '흰색'으로 지정합니다.

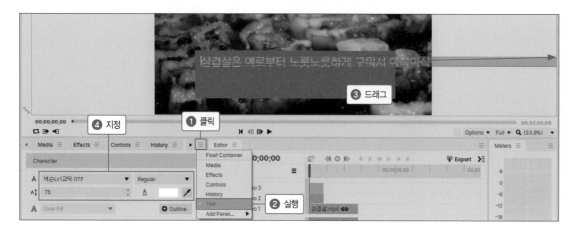

09 | 자막이 자막바 안에 들어갈 수 있도록 Enter를 눌러 2줄로 만들어 줍니다.

10 | 타임라인에서 Video 2의 '파란 자막바'를 선택한 다음 Controls 패널을 클릭합니다. Controls 패널에서는 소스의 다양한 설정을 할 수 있습니다.

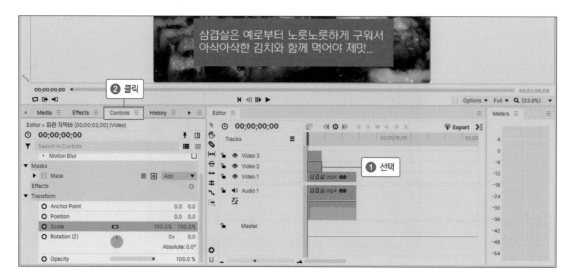

11 │ Transform → Scale의 '크기 비율' 아이콘(⊖)을 클릭하여 크기 비율을 해제한 다음 '100%', '80%'로 설정합니다. 세로의 길이가 줄어듭니다.

12 │ Position의 Y 값을 설정하여 자막이 자막 바에 위치하도록 설정합니다.

13 | Media 패널을 클릭합니다. 이번에는 '흰색 자막바'를 Video 4로 드래그하여 위치합니다.

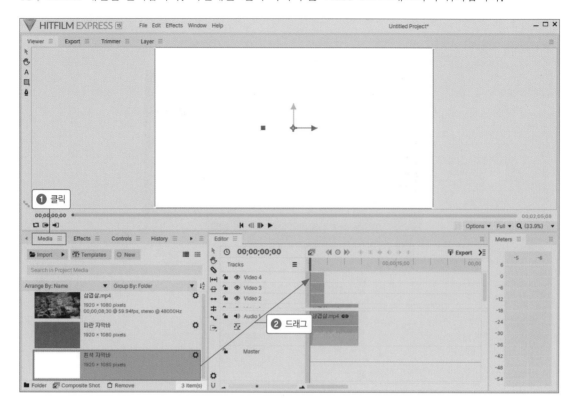

14 | Video 4의 '눈' 아이콘(👁)을 클릭하여 비활성화합니다.

15 | Video 4의 '흰색 자막바'를 선택합니다. Viewer 패널 왼쪽에서 'Rectangle Mask' 아이콘(▣)을 클릭합니다. 그림과 같이 '파란 자막 바' 위쪽에 이름이 들어갈 만큼 드래그하여 크기를 설정합니다.

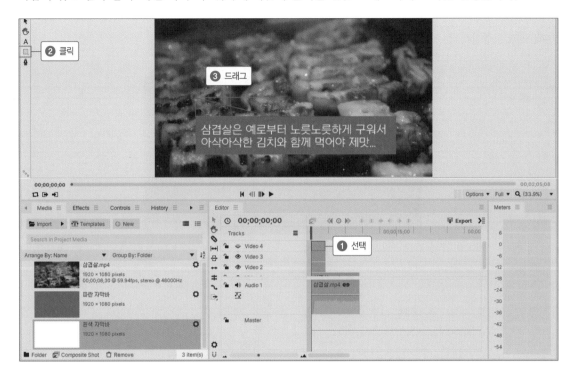

16 | Video 4의 '눈' 아이콘(▱)을 클릭하여 다시 활성화합니다. 마스크를 지정한 만큼 흰색 영역이 표시됩니다.

17 | Viewer 패널 왼쪽에서 'Text' 아이콘(A)을 클릭합니다. Viewer 패널에 표시되는 흰색 자막 바 부분을 클릭하여 '먹방TV'를 입력합니다. Text 패널에서 문자를 설정할 수 있습니다. 문자를 드래그하여 블록으로 지정합니다. 예제에서는 글꼴을 무료 폰트인 '넥슨Lv1고딕 OTF', 글꼴 크기를 '70', 색상을 '검은색'으로 지정합니다.

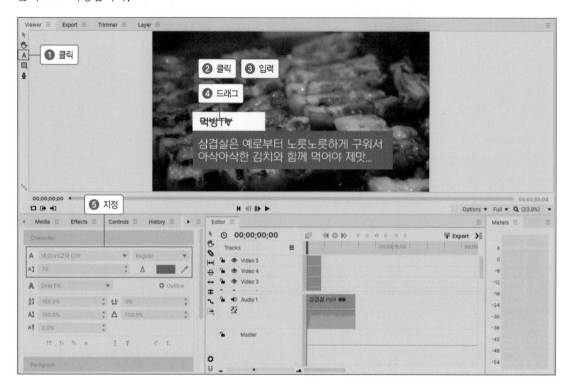

18 | 흰색 자막 바가 문자 크기에 맞게 Controls 패널에서 크기, 위치, 투명도를 설정합니다. Scale과 Position을 흰색 자막 바에 맞게 설정한 다음 Opacity를 '85%'로 설정합니다.

19 | 'Video 2'부터 'Video 5'까지 트랙을 드래그하여 선택한 다음 트랙의 길이를 '삼겹살.mp4' 길이에 맞게 드래그하여 조절합니다.

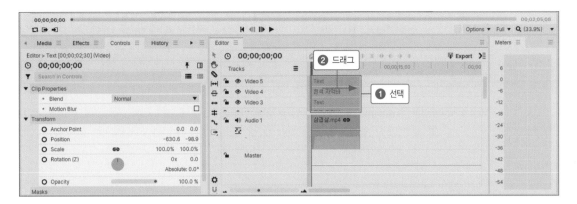

20 | 자막에 화면 전환 효과를 적용하기 위해 Effects 패널의 효과 검색창에 'Cross Dissolve'를 검색합니다. Dissolve 하위 항목에 'Cross Dissolve' 효과가 표시됩니다.

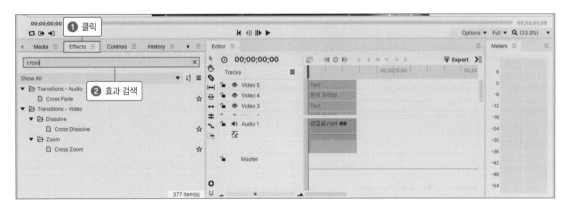

21 | 'Cross Dissolve'를 'Video 2'부터 'Video 5'까지 모든 자막 바와 자막의 시작 부분으로 드래그하여 적용합니다. 뉴스 형태의 자막이 완성됩니다.

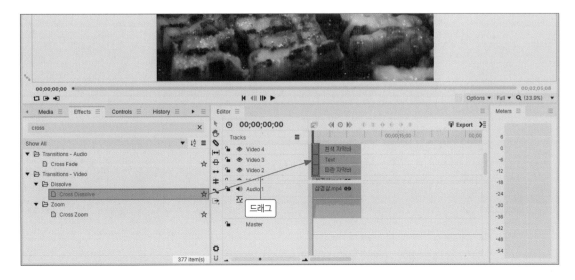

15
SECTION

크로마키 소스를 이용한
간단한 인트로 만들기

초록색이나 파란색을 배경으로 만들고 이 부분을 투명하게 영역을 지정하여 다른 배경으로 대체하는 기능을 크로마키라 합니다. 이 기능을 이용하여 구독을 부르는 인트로 영상을 만들어 봅니다.

▶ **예제 파일** 04\텔레비전.mp4, 냥튜브.mp4

▶ **완성 파일** 04\텔레비전 인트로 완성.mp4

01 영상 배치하기

01 ┃ 히트필름 익스프레스를 실행하고 프로젝트를 설정합니다. [New] 버튼을 클릭하여 New Project Settings 대화상자가 표시되면 Template을 '1080p Full HD @ 24 fps'로 지정한 다음 [OK] 버튼을 클릭합니다.

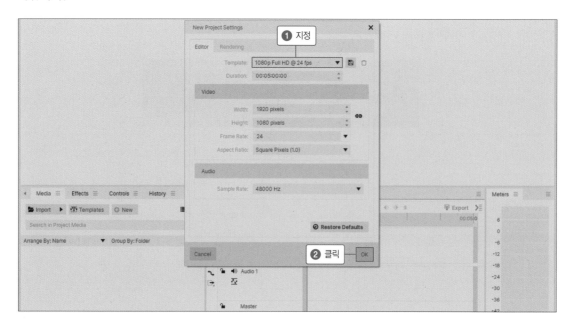

02 | Media 패널을 더블클릭하여 Import 대화상자를 표시합니다. 04 폴더에서 '텔레비전.mp4', '냥튜브.mp4' 파일을 선택하고 [열기] 버튼을 클릭합니다.

03 | Media 패널 아래에 'Composite Shot'을 클릭하여 컴포지션을 만듭니다. Composite Shot Propertise 대화상자가 표시되면 Name을 '인트로', Template을 '1080p Full HD @ 24 fps'로 지정한 다음 [OK] 버튼을 클릭합니다.

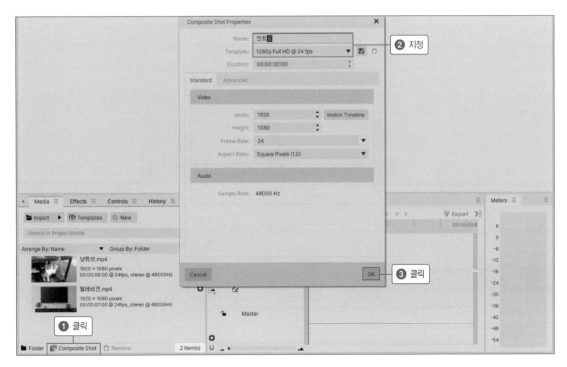

04 | Media 패널에서 '텔레비전.mp4' 파일을 '인트로' 컴포지션 패널의 타임라인으로 드래그합니다. 인트로 컴포지션 패널에 영상 소스가 위치합니다.

05 | 시간표시자를 초록색 화면이 처음 나오는 '01:17'로 드래그하여 이동합니다. Media 패널에서 '냥튜브.mp4' 파일을 인트로 컴포지션 패널의 타임라인으로 드래그합니다. 시간표시자를 기준으로 뒤에 영상 소스를 배치합니다.

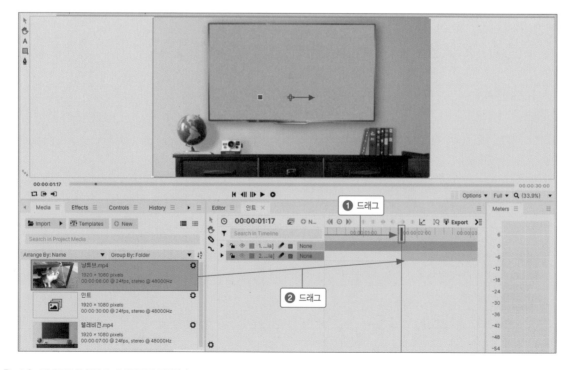

02 키잉 효과 적용하기

01 | 키잉 효과를 적용하기 위해 Effects 패널의 효과 검색창에 'Greenscreen Key'를 검색합니다. Presets → 2D Effects 하위 항목에 'Greenscreen Key' 효과가 표시됩니다. 'Greenscreen Key'를 크로마키 컴포지션 패널의 '텔레비전.mp4'로 드래그하여 적용합니다. 초록색 배경이 사라집니다.

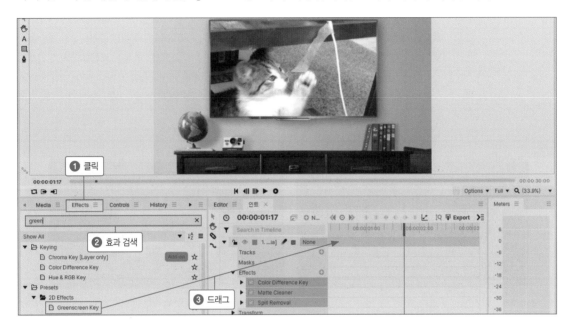

02 | '인트로' 컴포지션의 2번 트랙(냥튜브.mp4)의 Transform → Scale 값을 '60.0%'로 입력하고 Position 값을 '0.0', '-288.0'으로 입력하여 변경합니다.

16
SECTION

응답하라 1994!
인트로 뉴스 만들기

보통 뉴스라고 하면 파란 배경에 지구가 돌면서 3D로 된 글씨도 지구를 따라서 같이 회전하는 장면을 떠올립니다. 아쉽게도 무료 버전인 히트필름 익스프레스에서는 3D를 지원하지 않습니다. 히트필름 프로에서는 3D까지 지원하므로 필요하다면 히트필름 프로나 Add-on을 구매하여 이용하길 바랍니다. 이 섹션에서는 뉴미디어 뉴스 인트로 느낌의 2.5D 뉴스 인트로를 만들어 봅니다.

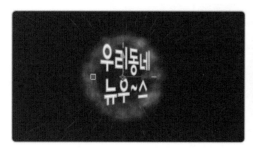 

● 완성 파일 04\뉴스 인트로 완성.mp4

01 자막 배치하기

01 │ 히트필름 익스프레스를 실행하고 프로젝트를 설정합니다. [New] 버튼을 클릭하여 New Project Settings 대화상자가 표시되면 Template을 '1080p Full HD @ 29.97 fps'로 지정한 다음 [OK] 버튼을 클릭합니다.

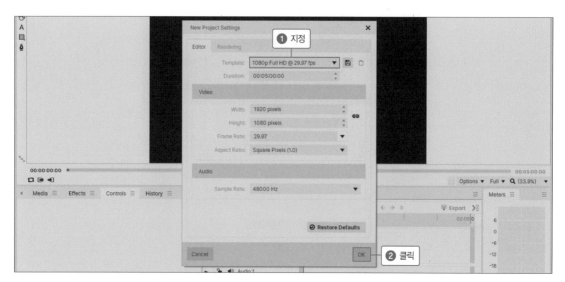

02 | Media 패널 아래에 'Composite Shot'을 클릭하여 컴포지션을 만듭니다. Composite Shot Propertise 대화상자가 표시되면 Name을 '뉴우스', Template을 '1080p Full HD @ 29.97 fps', Duration을 '06:00'으로 설정하고 [OK] 버튼을 클릭합니다.

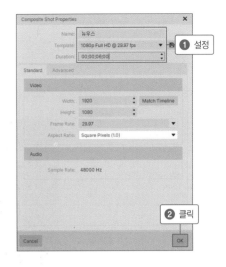

03 | Viewer 패널 왼쪽에서 'Text' 아이콘(A)을 클릭합니다. Viewer 패널에 표시되는 화면을 클릭하여 '우리동네 뉴우~스'를 입력합니다.

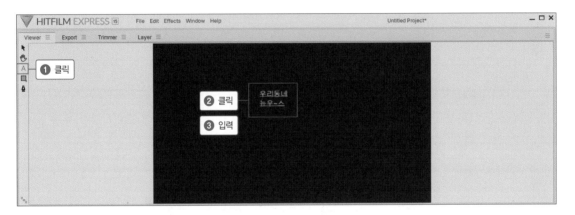

04 | '패널 메뉴' 아이콘(☰)을 클릭한 다음 **Text**를 실행하여 Text 패널을 표시합니다. Text 패널에서는 다양한 문자 설정을 할 수 있습니다.

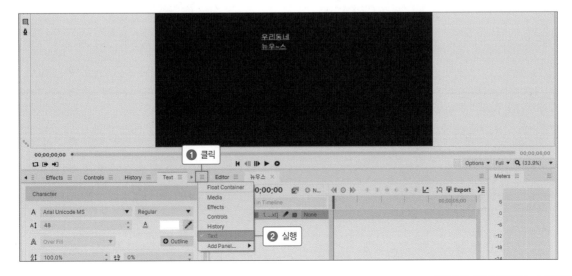

05 뉴우스 컴포지션 패널에서 'Text'를 선택한 다음 Text 패널에서 문자를 설정합니다. 문자를 드래그
하여 블록으로 지정합니다. 예제에서는 글꼴을 무료 폰트인 '배스킨라빈스 R', 글꼴 크기를 '300'으로 지
정합니다.

06 [Outline(● Outline)] 버튼을 클릭하여 외곽선을 추가합니다. 외곽선의 두께를 '10'으로 설정합니다.
외곽선의 색상 상자를 클릭하여 Select a Color 대화상자가 표시되면 '#ffd500'으로 지정한 다음 [OK]
버튼을 클릭합니다.

07 | Text 패널의 Paragraph에서 'Center Alignment' 아이콘(▤)을 클릭합니다. 문자가 가운데를 기준으로 정렬됩니다.

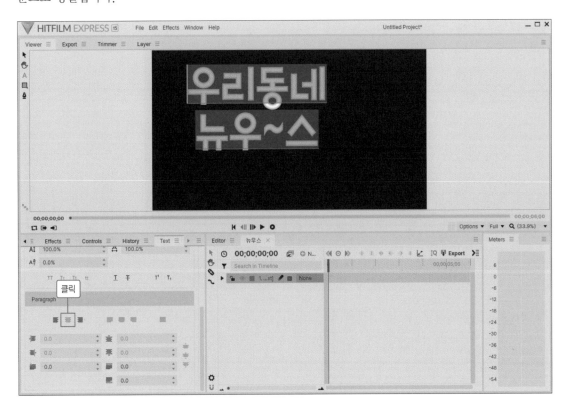

08 | Viewer 패널에서 선택 도구(▸)를 선택합니다. '우리동네 뉴우~스'를 화면의 중앙으로 드래그합니다.

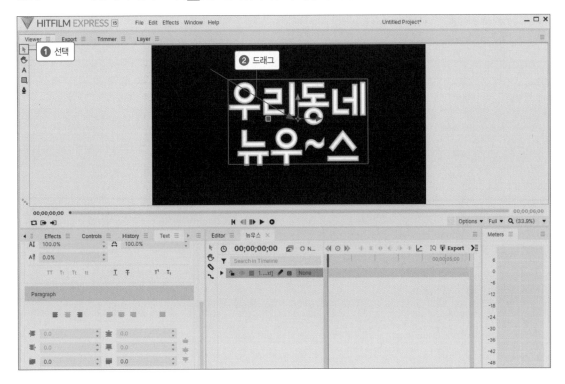

09 | 뉴우스 컴포지션 패널에서 'Text'의 'Layer Dimensions' 아이콘(▦)을 클릭한 다음 3D Plane을 실행합니다.

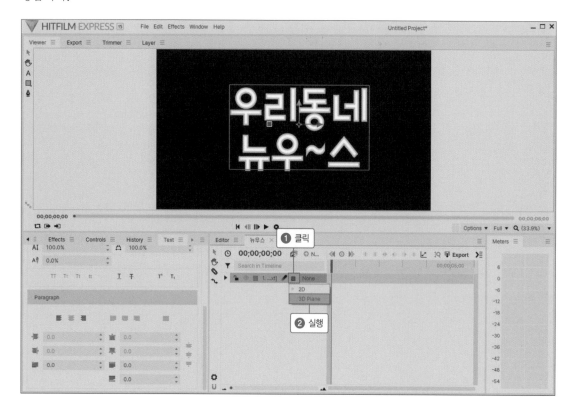

10 | 확인 대화상자가 표시되면 [YES] 버튼을 클릭합니다.

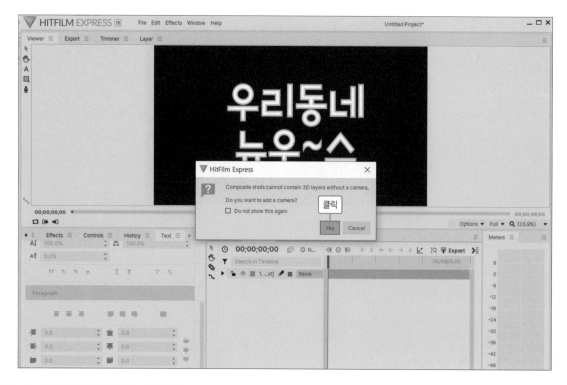

11 | 2D 문자를 2.5D로 변형할 수 있는 설정이 완료됩니다.

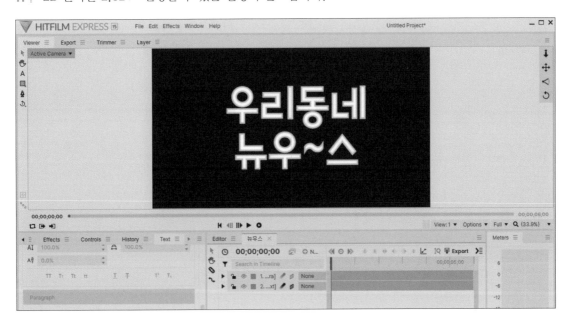

02 자막 회전하기

01 | 뉴우스 컴포지션 패널에서 'Text'를 선택하고 Controls 패널을 클릭합니다. Controls 패널에서는 다양한 영상의 설정을 제어할 수 있습니다.

02 | Transform → Scale을 '59%'로 설정한 다음 '키 프레임 애니메이션' 아이콘(　)을 클릭합니다.

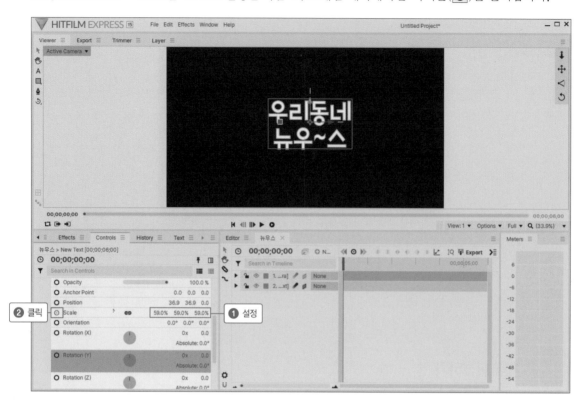

03 | Transform → Rotation (Y)의 '키 프레임 애니메이션' 아이콘(　)을 클릭합니다.

04 시간표시자를 '05:29'로 드래그하여 이동한 다음 Scale을 '100%', Rotation (Y)을 '6×0'으로 설정합니다. 지정한 범위에 키 프레임 애니메이션이 적용됩니다.

05 뉴우스 컴포지션 패널에서 'Text'의 하위 항목을 표시합니다.

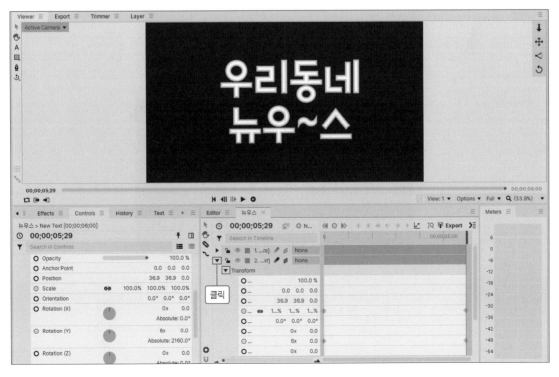

06 | 부드러운 글씨의 움직임을 위해 Transform에서 Rotation (Y)과 Scale의 키 프레임 4개를 드래그하여 선택합니다. 마우스 오른쪽 버튼을 클릭한 다음 **Temporal Interpolation → Smooth**를 실행합니다.

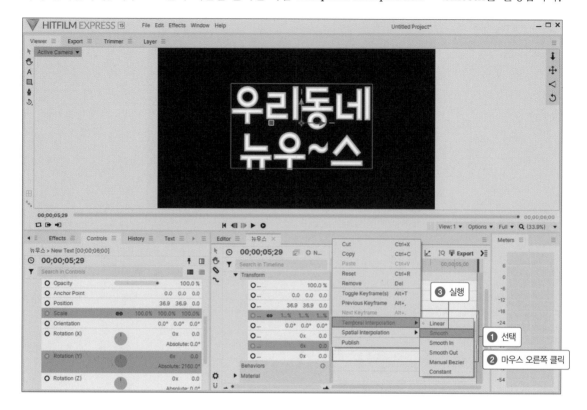

03 효과 적용하기

01 | Effects 패널을 클릭합니다. Effects 패널에서는 다양한 효과를 적용할 수 있습니다.

02 | 효과 검색창에 'Star Travel'을 검색합니다. Presets → 3D Effects → Quick 3D 하위 항목에 효과가 표시됩니다. 'Star Travel'을 뉴우스 컴포지션 패널의 타임라인 맨 아래로 드래그하여 효과를 적용합니다.

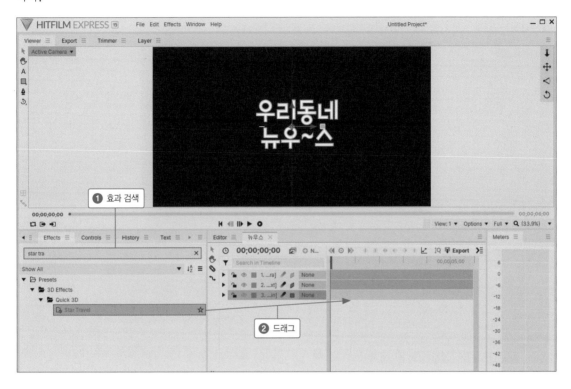

03 | 한 번 더 효과를 적용합니다. 같은 효과가 2번 적용되어 더 잘 보입니다. 시간표시자를 드래그하여 이동하면서 효과가 적용되었는지 확인합니다.

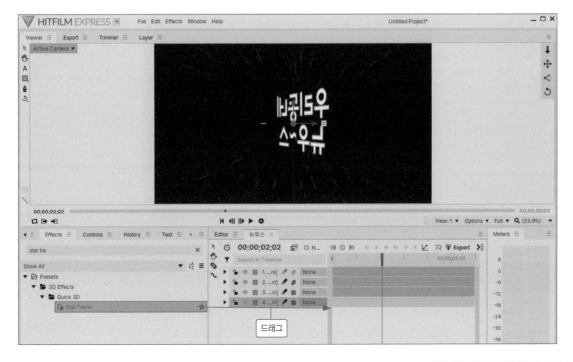

04 Effects 패널의 효과 검색창에 'Green Ripple Shock'를 검색합니다. Presets → 3D Effects → Quick 3D 하위 항목에 효과가 표시됩니다. 'Green Ripple Shock' 뉴우스 컴포지션 패널에 드래그하여 효과를 적용합니다. 예제에서는 'Text'와 'Star Travel' 사이에 드래그하여 효과를 배치하였습니다.

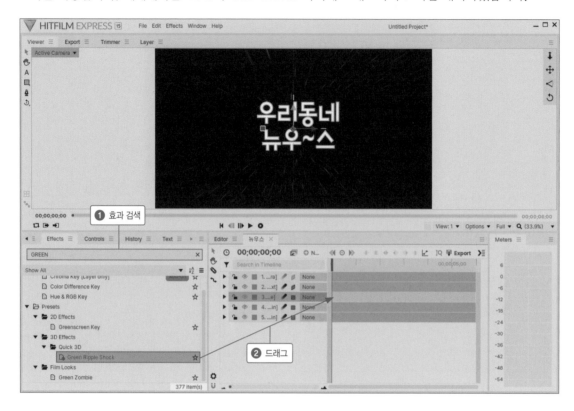

05 시간표시자를 드래그하여 이동하면서 효과가 적용되었는지 확인합니다.

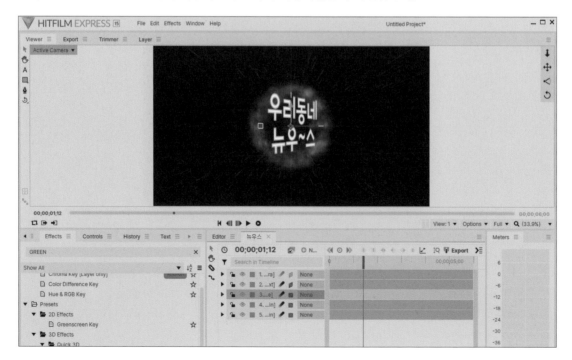

06 | Effects 패널의 효과 검색창에 'Drop Shadow'를 검색합니다. Generate 하위 항목에 효과가 표시됩니다. 'Drop Shadow' 뉴우스 컴포지션 패널의 'Text'에 드래그하여 효과를 적용합니다.

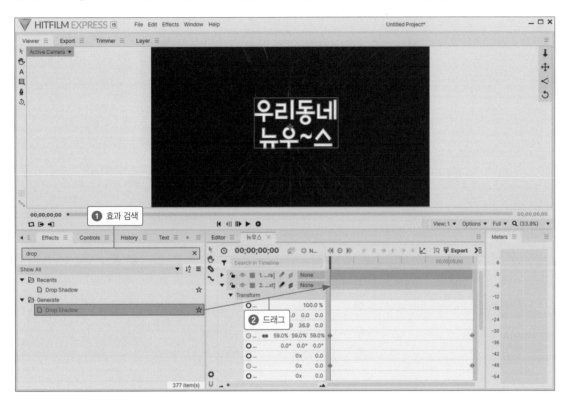

07 | Controls 패널을 클릭합니다. Controls 패널에서는 다양한 영상의 설정을 제어할 수 있습니다.

08 | Effects → Drop Shadow → Angle을 '0×135', Distance를 '17px'로 설정합니다. Shadow Color의 색상 박스를 클릭합니다. Select a Color 대화상자가 표시되면 색상을 '흰색'으로 지정한 다음 [OK] 버튼을 클릭합니다. Opacity를 '1'로 설정합니다. 흰색 그림자가 표시됩니다.

09 | 시간표시자를 드래그하여 영상을 확인합니다. 2.5D 형태로 영상이 회전하는 뉴스 인트로가 완성됩니다.

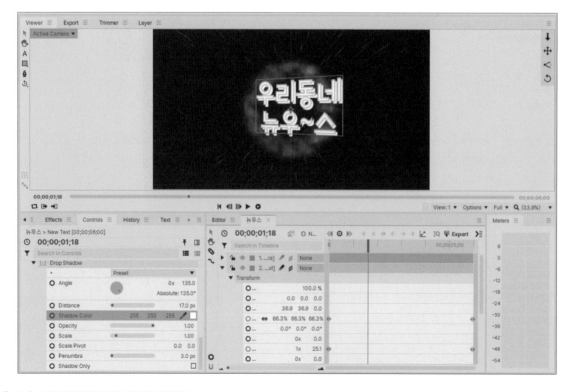

무료로
나만의 섬네일 디자인하기

요즘은 초보 크리에이터나 입문자들을 위해 미리 디자인을 구성하여 글씨나 사진만 바꿔서 만들 수 있는 섬네일 템플릿을 제공하거나 디자인 사이트를 쉽게 발견할 수 있습니다. 그렇지만, 직접 만들면서 디자인적인 감각을 키운다면, 주변에서 쉽게 볼 수 있는 디자인에 획일화되지 않고 나만의 아이덴티티를 발견할 수 있습니다. 예제에서는 온라인 무료 포토샵 Pixlr로 섬네일을 직접 디자인해 봅니다.

1. Pixlr 접속하기

01 | Pixlr(pixlr.com/kr)에 접속합니다. 사이트에서는 2가지 버전의 Pixlr를 제공합니다. 예제에서는 'PIXLR E' 버전을 선택합니다.

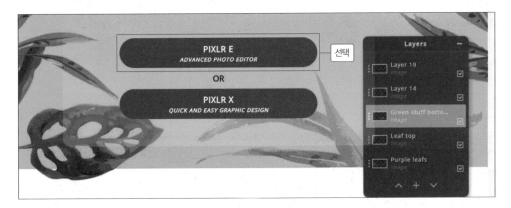

TIP PIXLR E / PIXLR X

• **PIXLR E** : 아마추어 / 전문가를 위한 무료 포토샵 개념으로, 모든 과정을 디자인해야 하는 목적일 때 선택하면 좋습니다.

• **PIXLR X** : 입문자 / 초보자를 위한 무료 포토샵 개념으로, 레이아웃 & 템플릿을 통해 디자인을 적용하고 변형하는 목적일 때 선택하면 좋습니다.

02 | 처음 설정 화면이 표시됩니다. '신규 생성' 메뉴를 클릭합니다.

03 | 사이즈와 파일명을 설정할 수 있는 창이 표시됩니다. 파일명에 '썸네일'을 입력합니다.

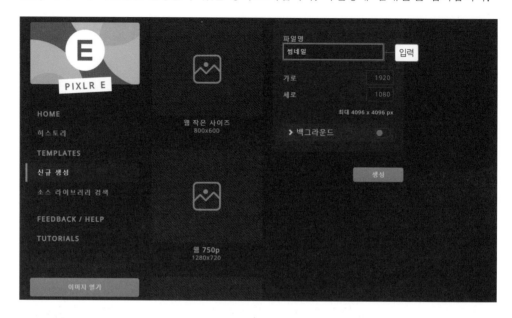

04 | '풀 HD(1920×1080)' 사이즈의 캔버스를 선택하고 [생성] 버튼을 클릭합니다.

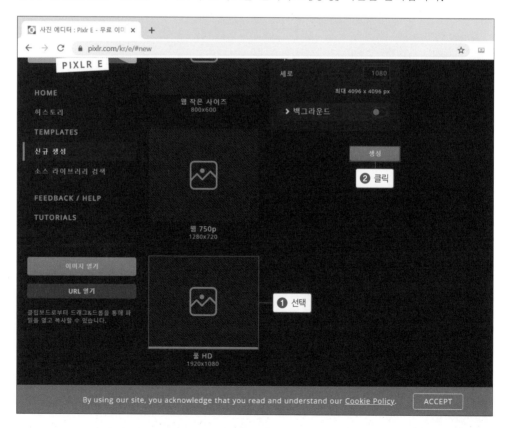

05 | Pixlr E 캔버스가 생성됩니다.

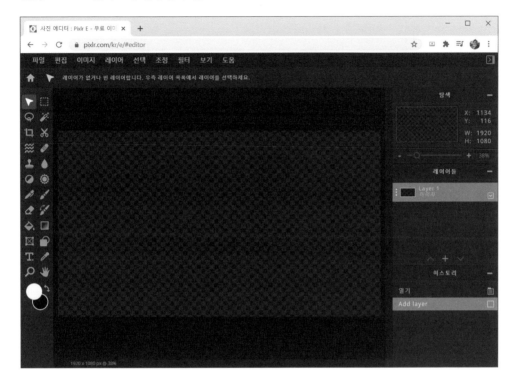

06 | 인터페이스가 어두워서 밝게 조정합니다. 상단의 메뉴에서 **보기 → 라이트 / 다크 모드로 보기**를 실행합니다.

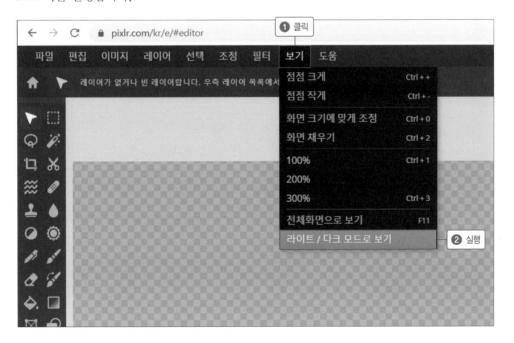

2. 사진 불러오기

01 | 메뉴에서 **파일 → 이미지 열기**를 실행합니다.

02 | 열기 대화상자가 표시되면 04 폴더에서 '쇼핑.jpg' 파일을 선택한 다음 [열기] 버튼을 클릭합니다.

03 | '쇼핑.jpg' 사진이 표시됩니다. Ctrl+A를 눌러 전체 선택한 다음 Ctrl+C를 눌러 사진을 복제합니다.

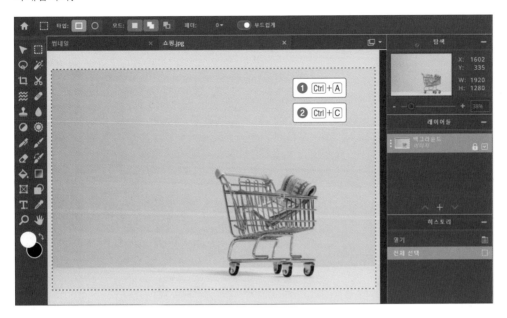

04 | '썸네일' 탭을 클릭하여 빈 캔버스가 있던 창을 표시합니다. Ctrl+V를 눌러 복제한 사진을 붙여 넣습니다.

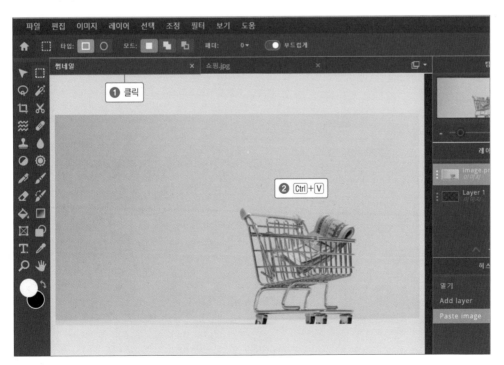

05 │ 왼쪽 도구 패널에서 선택 도구(▶)를 선택한 다음 '쇼핑.jpg' 사진을 위로 살짝 드래그하여 캔버스 하단과 딱 맞게 배치합니다.

3. 섬네일 내용 입력하고 스타일 지정하기

01 │ 텍스트 도구(T)를 선택한 다음 사진의 빈 부분을 클릭합니다. Add Text 대화상자가 표시되면 [ADD] 버튼을 클릭합니다.

02 | 텍스트 입력 창이 표시되면 '현명한 쇼핑 당신의 습관에 있습니다!'를 입력합니다.

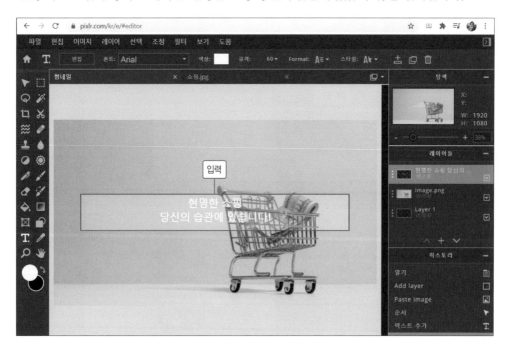

03 | 옵션바에서 칠하기의 색상 상자를 클릭합니다. 색상을 '#FF0105'로 지정한 다음 '닫기' 아이콘(❎)을 클릭합니다.

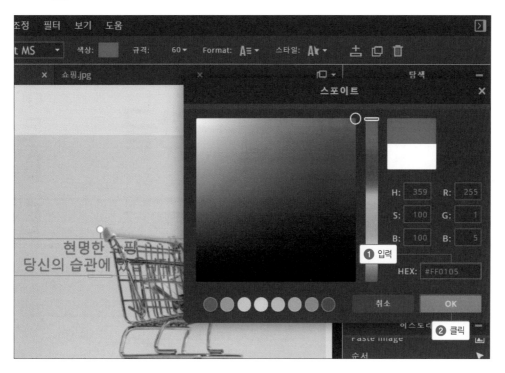

04 | 원하는 폰트를 설치하여 변경하기 위해 '폰트'를 클릭한 다음 [ADD LOCAL FONT] 버튼을 클릭합니다.

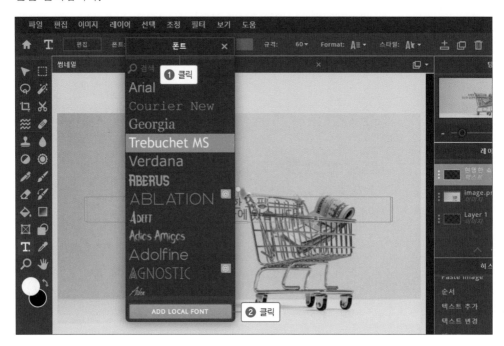

05 | 열기 대화상자가 표시되면 설치할 폰트 파일을 선택하고 [열기] 버튼을 클릭합니다. 예제에서 무료 폰트인 '메이플스토리' 폰트를 사용합니다.

TIP PIXLR E / PIXLR X _____

상업적으로 이용 가능한 폰트는 '눈누' 사이트에서 다운받을 수 있습니다.

06 | 선택한 폰트가 설치됩니다. 설치한 폰트를 선택하여 적용합니다.

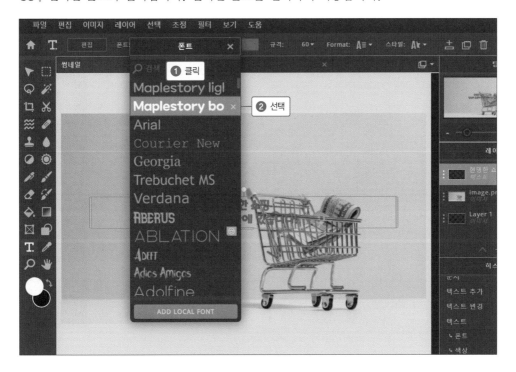

07 | 규격을 '140'으로 지정합니다. 글씨의 크기가 커집니다.

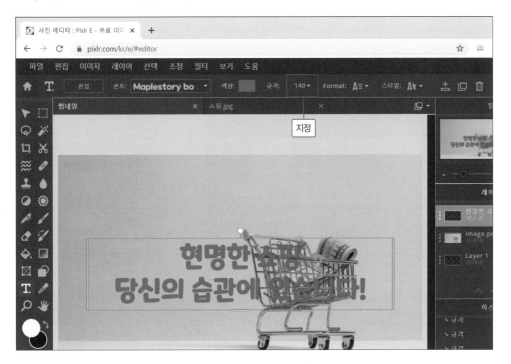

08 | 상단의 중간으로 드래그하여 배치합니다.

09 | 글씨의 외곽선과 그림자도 추가할 수 있습니다. '스타일'을 클릭하면 Styles 대화상자가
표시됩니다. '아웃라인'을 클릭하여 활성화한 다음 기호에 맞게 외곽선을 설정합니다. 예제에
서는 색상의 색상 상자를 클릭하여 스포이트 대화상자가 표시되면 색상을 '#D2E2E2'로 지정
한 다음 [OK] 버튼을 클릭합니다. 규격을 '50'으로 설정합니다.

10 | 아래에 '그림자'를 클릭하여 활성화한 다음 기호에 맞게 그림자를 설정합니다. 예제에서는 색상을 '검은색', 블러를 '0', 초기화를 '35', Direction을 '150', 불투명도를 '50'으로 설정합니다.

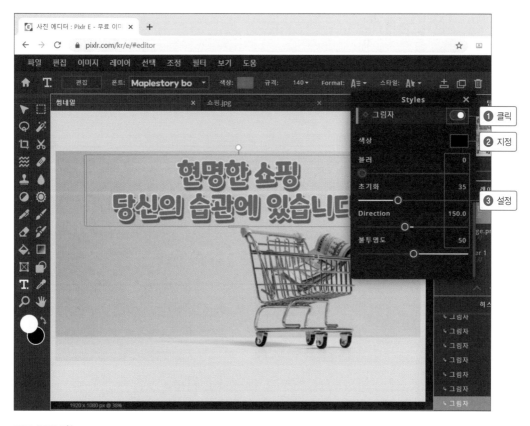

TIP 굴곡 기능

Styles 대화상자에는 'Curve' 기능이 있습니다. 이 기능을 통해 글씨를 아치형이나 활처럼 휘게 만들 수 있습니다. 물건의 배치에 따라 활용하면 감각적인 느낌의 디자인을 만들 수 있습니다.

유튜브
무료
영상 편집

보정하고 편집하기

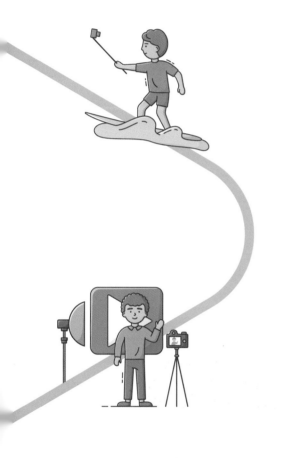

사운드는 영상만큼 중요한 요소입니다. 가장 좋은 방법은 촬영본이나 녹음 과정에서 잘 수음하는 것이지만, 상황을 제어할 수 없거나 급박한 경우가 많아서 촬영이 진행되고 사운드를 손보는 과정이 일상다반사입니다. 무료 프로그램인 오다시티에서는 많은 종류의 사운드 보정 및 효과를 적용할 수 있습니다. 오다시티를 이용한 사운드 보정에 대해 살펴봅니다.

PART 5

01

무료 사운드 편집을 도와주는
오다시티 다운받기

히트필름 익스프레스는 동영상 편집에 특화된 도구입니다. 유료 버전에는 다양한 기능이 확장
되어 특수 효과라던가 사운드 편집에서의 제한이 많이 없지만, 무료 버전에서는 사용할 수 있
는 기능이 제한적입니다. 그래서 오다시티를 통해 우회적으로 소리를 보정해야 합니다. 심한
노이즈 제거나 소리의 보정, 저음 및 고음의 강화와 같은 사운드 편집은 심심치 않게 사용되는
기능입니다. 무료 사운드 편집 프로그램인 오다시티를 다운받는 방법에 대해 알아봅니다.

01 오다시티 다운받기

01 | 오다시티(audacity.softonic.kr) 사이트에 접속합니다. 오다시티는 한국어를 지원합니다. [무료
다운로드] 버튼을 클릭합니다.

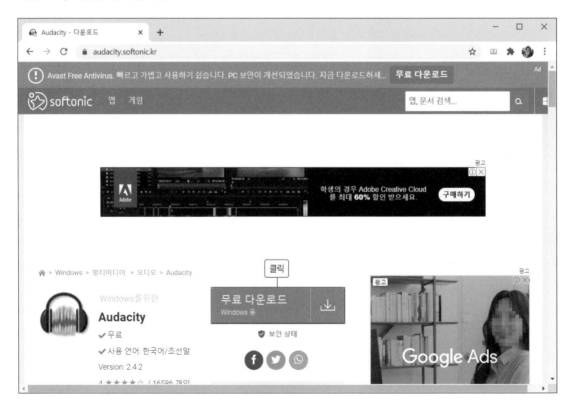

TIP 오다시티 설치 사양

오다시티의 장점은 엄청 낮은 사양의 컴퓨터에서도 구동할 수 있다는 점입니다. 컴퓨터만 있다면 누구나 사용이 가능한 수준의 사양
입니다.

02 | 한 번 더 [무료 다운로드] 버튼을 클릭합니다.

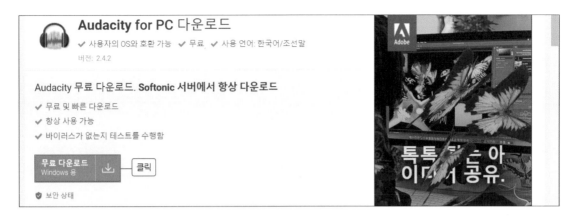

03 | 다운로드가 자동으로 진행됩니다. 다운로드가 자동으로 시작되지 않으면 하단에 '여기를 클릭'을 클릭하여 다운로드를 진행합니다.

04 | 오다시티를 실행하기 위해서는 파일의 압축을 풀어야 합니다. 해당 파일의 압축을 해제합니다.

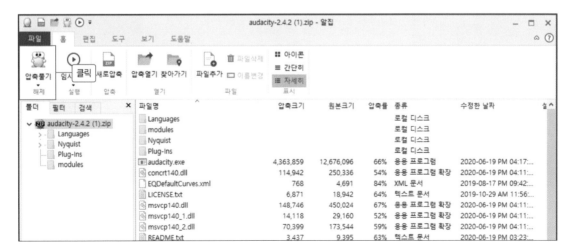

05 | 압축을 해제한 폴더에 실행 파일인 'audacity.exe' 파일이 있습니다. 'audacity.exe' 파일을 더블클릭하여 오다시티를 실행합니다.

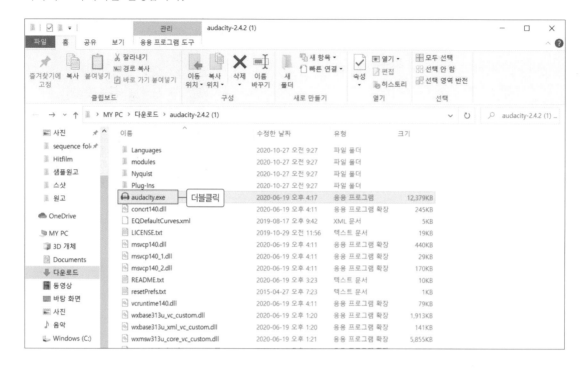

06 | 무료 사운드 편집 프로그램인 오다시티가 실행됩니다. '시작시 다시 보여주지 않음'을 체크 표시한 다음 [확인] 버튼을 클릭하면 처음에 표시되는 창을 다시 표시하지 않을 수 있습니다.

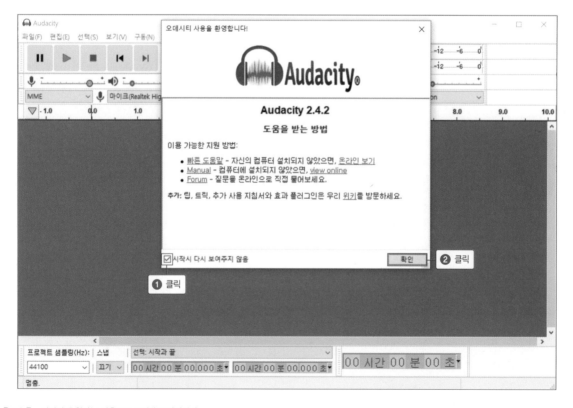

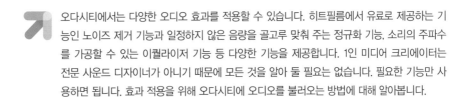

SECTION

02

사운드 작업을 위한 준비 과정!
오디오 불러오고 저장하기

오다시티에서는 다양한 오디오 효과를 적용할 수 있습니다. 히트필름에서 유료로 제공하는 기능인 노이즈 제거 기능과 일정하지 않은 음량을 골고루 맞춰 주는 정규화 기능, 소리의 주파수를 가공할 수 있는 이퀄라이저 기능 등 다양한 기능을 제공합니다. 1인 미디어 크리에이터는 전문 사운드 디자이너가 아니기 때문에 모든 것을 알아 둘 필요는 없습니다. 필요한 기능만 사용하면 됩니다. 효과 적용을 위해 오다시티에 오디오를 불러오는 방법에 대해 알아봅니다.

01 오다시티 실행하기 & 프로젝트 저장하기

01 │ 오다시티를 실행합니다. 메뉴에서 '파일'을 클릭한 다음 **열기**를 실행합니다. 열기의 단축키는 Ctrl +O입니다.

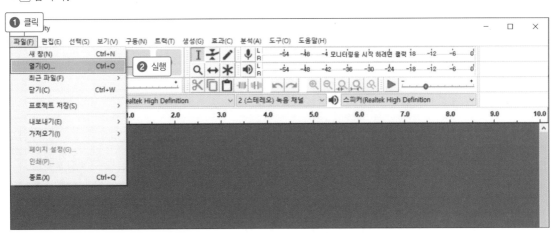

02 │ 파일을 선택할 수 있는 대화상자가 표시됩니다. 원하는 오디오 파일을 선택하고 [열기] 버튼을 클릭합니다.

TIP ──────────────

오다시티에서는 오디오 파일(WAV, AIFF, AU, MP3 등)만 불러올 수 있습니다. 영상 파일이나 사진, 텍스트 파일은 불러올 수 없습니다.

03 | 사운드를 편집할 수 있는 화면이 표시됩니다.

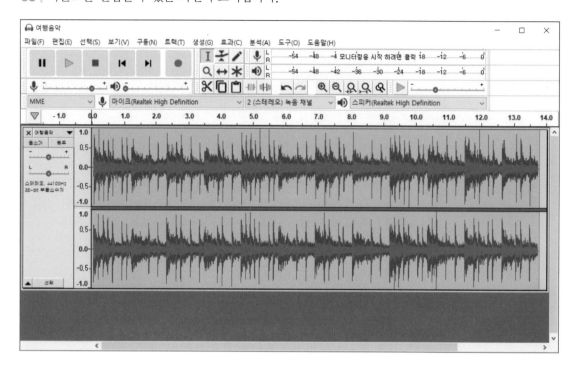

04 | 주파수가 표시된 부분을 드래그하거나 하단에 있는 '선택: 시작과 끝'에 숫자를 입력하면 특정 부분을 선택할 수 있습니다. 시작 부분에 '03.000'초, 끝부분에 '07.000'초를 입력합니다.

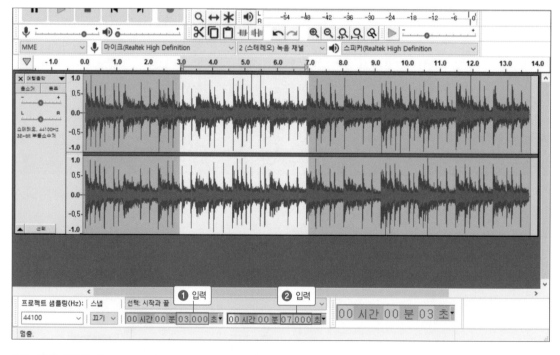

TIP 선택: 시작과 끝 ―――――――――――――――――――――――――――――――――――――

효과를 적용할 때 해당 부분을 선택하여 활성화된 상태에서 선택된 부분에만 효과가 적용됩니다. 전체 음원에 효과를 적용하는 경우 반드시 Ctrl + A 를 눌러 전체 선택하도록 합니다. 출력은 선택 영역과 상관없이 전체 영역이 출력됩니다.

05 | Ctrl + A 를 누르면 주파수 전체를 선택할 수 있습니다.

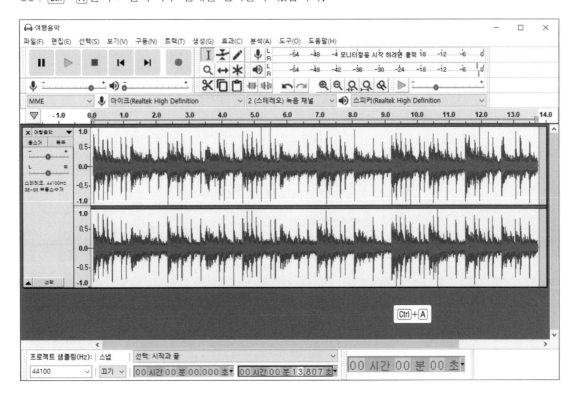

06 | 메뉴에서 '파일'을 클릭한 다음 **프로젝트 저장 → 프로젝트 저장**을 실행합니다. 프로젝트 저장의 단축키는 Ctrl + S 입니다.

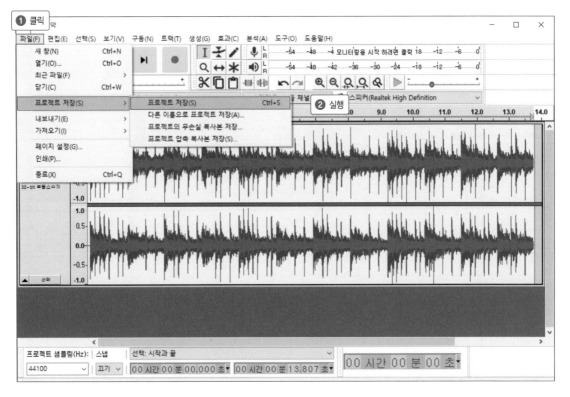

07 | 경고 창이 표시되면 [확인] 버튼을 클릭합니다.

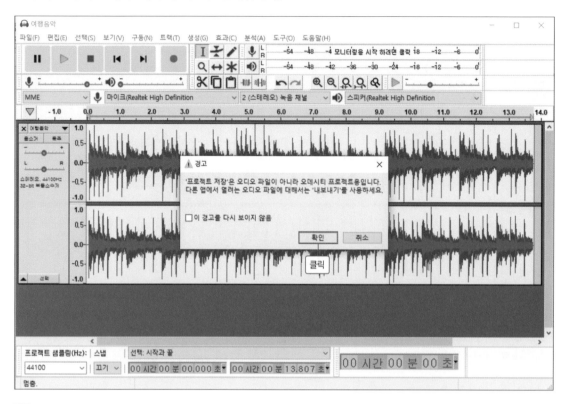

TIP

프로젝트 저장은 음악을 PC에 저장하는 과정이 아닌, 오다시티의 사운드 편집 과정 프로젝트를 추후에도 작업할 수 있게 저장하는 것입니다.

08 | 프로젝트의 이름과 경로를 지정할 수 있는 대화상자가 표시됩니다. 이름과 경로를 지정한 다음 [저장] 버튼을 클릭합니다.

주변의 소음으로 인해 녹음된
노이즈 제거하기

03
SECTION

주변 환경을 완벽하게 통제할 수 있는 상황이 아니라면, 주변의 소음으로 인해 지지직 소리가 들어가거나 환경음이 섞여 들어갈 수 있습니다. 노이즈 때문에 재녹음을 고려하거나 비싼 장비를 구매하는 것은 매우 비효율적이고 번거로운 과정입니다. 오다시티에서 기존의 녹음본의 노이즈를 줄이는 방법에 대해 알아봅니다.

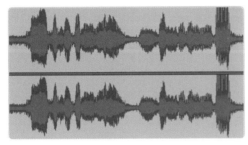

● **예제 파일** 05\노이즈 제거.wav

● **완성 파일** 05\노이즈 제거 완성.wav

01 사운드 불러오기

01 | 오다시티를 실행합니다. 메뉴에서 '파일'을 클릭한 다음 **열기**를 실행합니다.

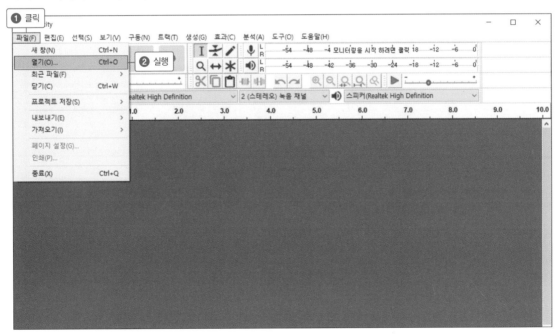

02 파일을 선택할 수 있는 대화상자가 표시됩니다. 05 폴더에서 '노이즈 제거.wav' 파일을 선택하고 [열기] 버튼을 클릭합니다.

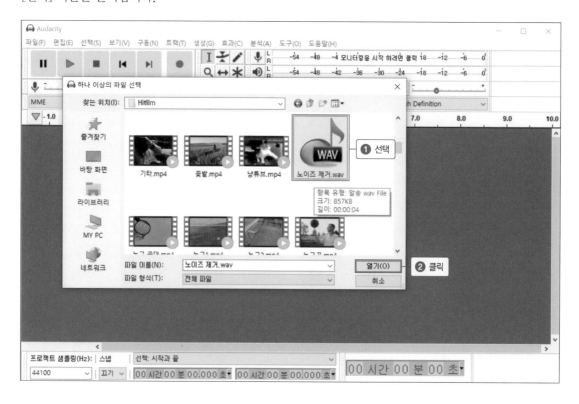

03 사운드를 편집할 수 있는 화면이 표시됩니다.

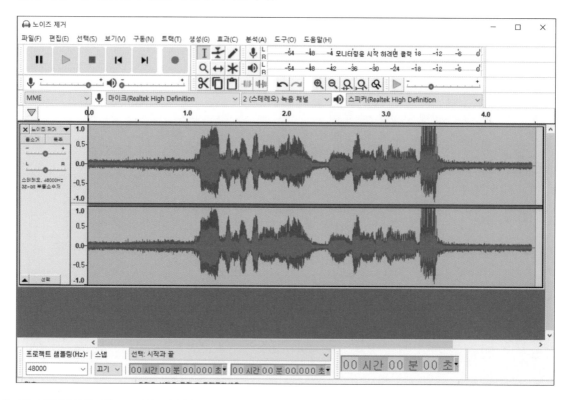

02 노이즈 제거하기

01 노이즈를 제거하기 위해 노이즈를 추출할 부분을 선택합니다. 주파수가 표시된 부분을 드래그하거나 하단에 있는 '선택: 시작과 끝'에 숫자를 입력하면 특정 부분을 선택할 수 있습니다. 시작 부분에 '00.000'초, 끝부분에 '01.000'초를 입력합니다.

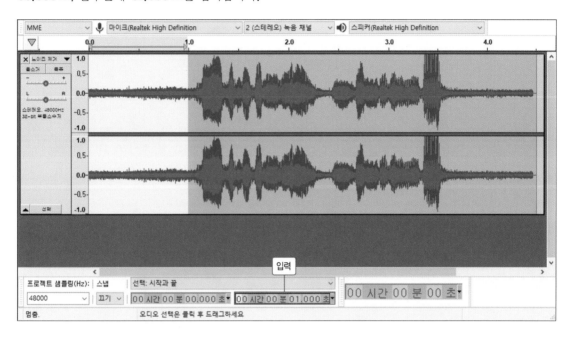

02 메뉴에서 '효과'를 클릭한 다음 **노이즈 리덕션**을 실행합니다.

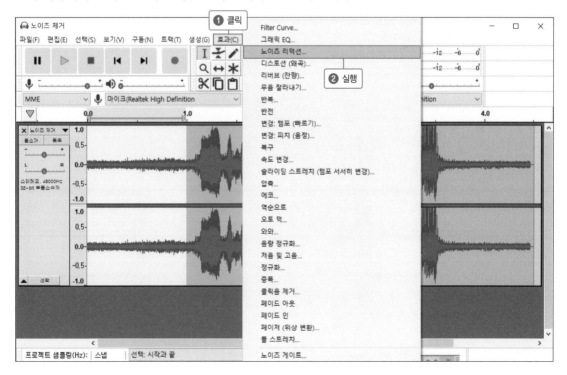

03 노이즈 리덕션 대화상자가 표시됩니다. 스텝 1에서 [노이즈 프로파일 구하기] 버튼을 클릭합니다. 0~1초 범위의 노이즈를 분석하는 과정입니다.

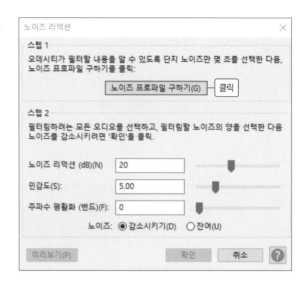

04 노이즈 리덕션 대화상자가 사라지면 분석이 완료됩니다. 음성 파일 주파수 전체를 선택합니다. Ctrl +A를 누르면 주파수 전체를 선택할 수 있습니다.

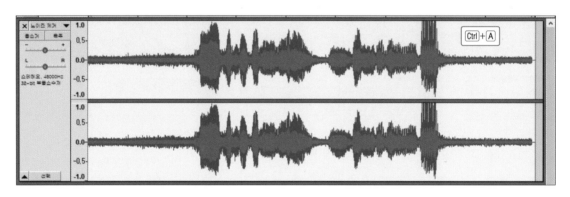

05 다시 한번 메뉴에서 '효과'를 클릭한 다음 **노이즈 리덕션**을 실행합니다.

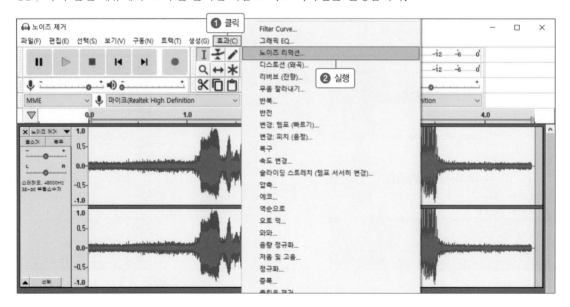

06 노이즈 리덕션 대화상자가 표시됩니다. 스텝 2에서 각 설정 값을 조절하여 노이즈 감소량을 지정할 수 있습니다. 노이즈 리덕션을 '19', 민감도를 '5', 주파수 평활화를 '0'으로 설정한 다음 [확인] 버튼을 클릭합니다.

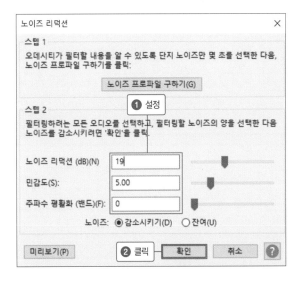

TIP 노이즈 리덕션

• **노이즈 리덕션** : 노이즈의 감소량을 설정합니다. 높으면 높을수록 원본의 소리가 손상되지만 많은 노이즈를 제거합니다.

• **민감도** : 노이즈의 허용 범위를 설정합니다. 높으면 높을수록 많은 종류의 소리를 노이즈로 인식하여 제거합니다.

• **주파수 평활화** : 전체적인 음량을 설정합니다. 높으면 높을수록 결과물의 소리가 작아집니다. 0에 가까울수록 원본의 음량과 비슷합니다.

07 노이즈가 제거됩니다. Spacebar를 눌러 사운드를 재생합니다. 노이즈가 제거된 것을 확인할 수 있습니다.

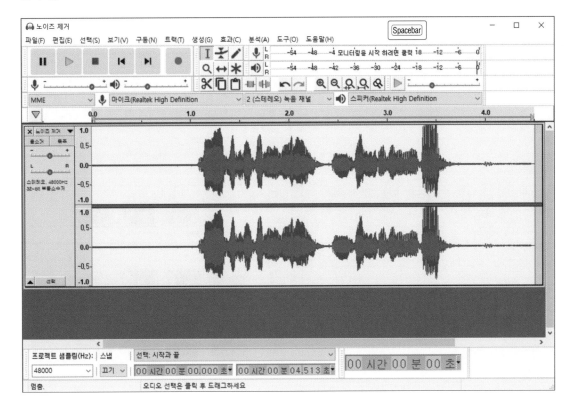

04

한 쪽은 작고, 한 쪽은 크고!
소리를 고르게 조정하기

음성 녹음을 진행하다 보면 마이크와 거리를 잘못 두거나 말하는 습관으로 인해 사운드가 고르지 못한 경우가 발생합니다. 오다시티에서는 녹음본의 불규칙한 볼륨을 바로잡을 수 있는 기능을 제공하여, 사운드를 고르게 보정할 수 있습니다.

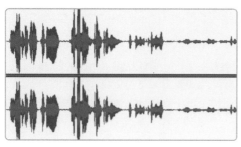

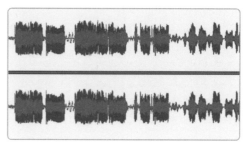

◉ **예제 파일** 05\정규화.mp3

◉ **완성 파일** 05\정규화 완성.mp4

01 사운드 불러오기

01 │ 오다시티를 실행합니다. 메뉴에서 '파일'을 클릭한 다음 **열기**를 실행합니다.

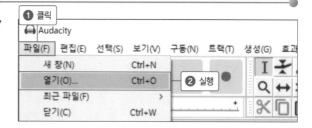

02 │ 파일을 선택할 수 있는 대화상자가 표시됩니다. 05 폴더에서 '정규화.mp3' 파일을 선택하고 [열기] 버튼을 클릭합니다.

03 | 사운드를 편집할 수 있는 화면이 표시됩니다.

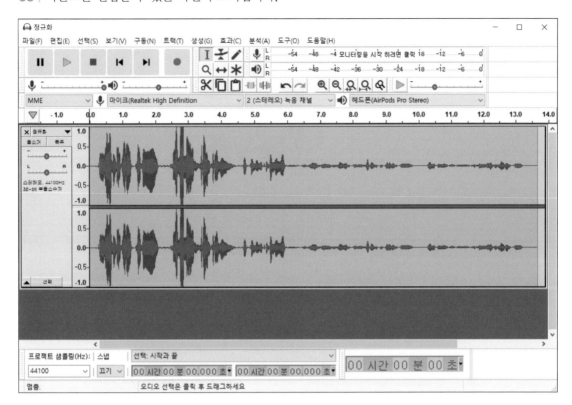

02 증폭 & 리미트 적용하기

01 | 음성 파일의 앞부분과 뒷부분의 음량 차이가 시각적으로도 많은 차이를 보입니다. 이 부분의 차이를 줄여 소리를 균등하게 만듭니다. Ctrl + A 를 눌러 모든 구간을 선택합니다.

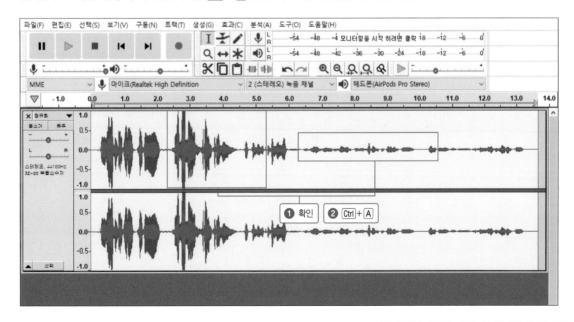

02 | 메뉴에서 '효과'를 클릭한 다음 **리미터**를 실행합니다.

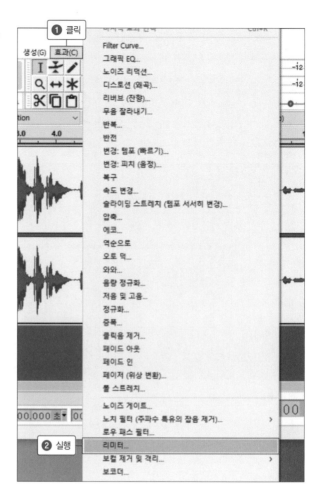

03 | 리미터 대화상자가 표시되면 유형을 '하드 리밋', 레벨 제한 (dB)(V)을 '-5.2'로 설정한 다음 [확인] 버튼을 클릭합니다.

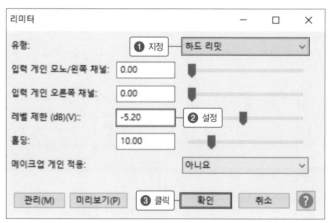

04 | 음성이 튀는 부분에서 가장 높은 부분이 줄어든 것을 볼 수 있습니다. 메뉴에서 '효과'를 클릭한 다음 **증폭**을 실행합니다.

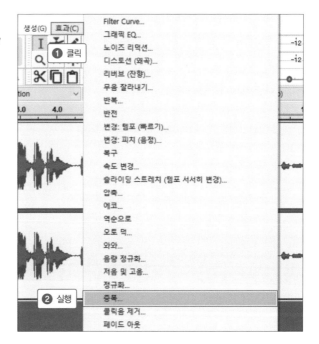

05 | 증폭 대화상자가 표시되면 증폭 (dB)(A)을 '5.2'로 설정한 다음 [확인] 버튼을 클릭합니다.

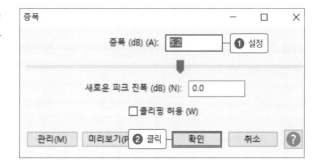

06 | 02번에서 05번까지의 과정을 4번~5번 정도 반복하면 그림과 같이 앞과 뒤의 음량이 균등해집니다.

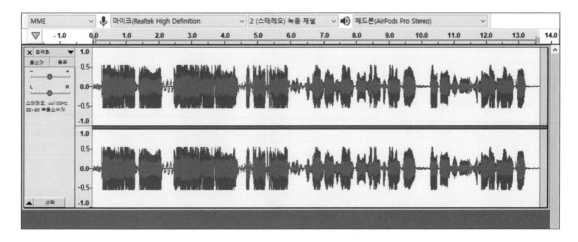

07 | 증폭을 하면 인위적으로 소리를 키우는 것이기 때문에 노이즈가 발생하게 됩니다. 메뉴에서 '효과'를 클릭한 다음 **노이즈 리덕션**을 실행합니다.

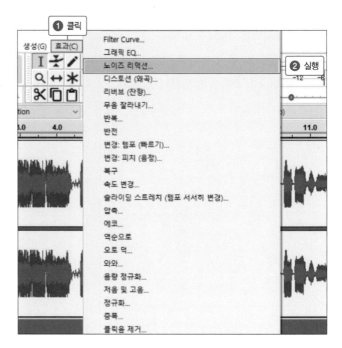

08 | 노이즈 리덕션 대화상자가 표시되면 스텝 1에서 [노이즈 프로파일 구하기] 버튼을 클릭합니다. 0~1초 범위의 노이즈를 분석하는 과정입니다.

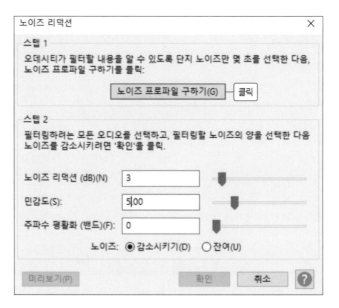

09 | 이미 음성 파일이 전체 선택되어 있으므로 바로 메뉴에서 '효과'를 클릭한 다음 **노이즈 리덕션**을 실행합니다.

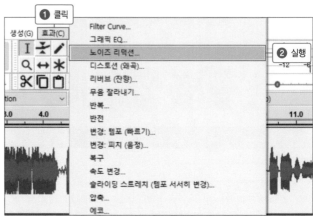

10 노이즈 리덕션 대화상자가 표시되면 스텝 2에서 각 설정 값을 조절하여 노이즈 감소량을 지정할 수 있습니다. 노이즈 리덕션을 '3', 민감도를 '5', 주파수 평활화를 '0'으로 설정한 다음 [확인] 버튼을 클릭합니다.

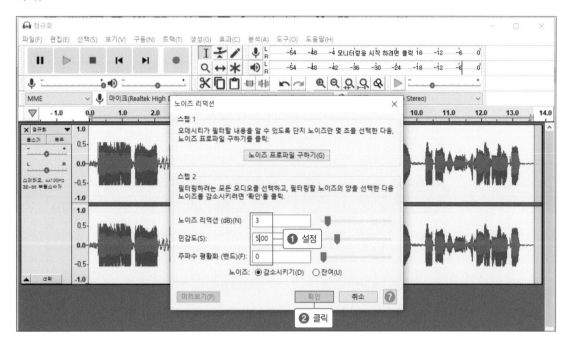

11 노이즈가 소폭 제거됩니다. Spacebar 를 눌러 사운드를 재생합니다. 노이즈가 제거된 것을 확인할 수 있습니다.

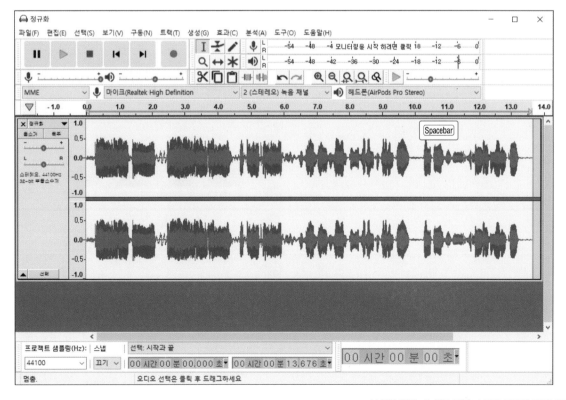

05

SECTION

사운드도 기호에 맞게!
이퀄라이저로 사운드 보정하기

마이크의 성능에 따라 혹은, 녹음 환경에 따라 목소리가 다르게 녹음될 경우 사운드의 주파수를 보정하여 저음 및 고음을 강화하거나, 둔탁하거나 날카로운 소리를 보정할 수 있습니다. 오다시티에서 이퀄라이저 기능을 활용하여 주파수를 보정하는 방법에 대해 알아봅니다.

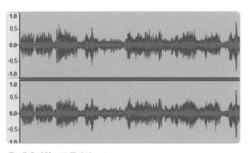

● **예제 파일** 05\클래식.mp3

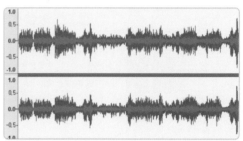

● **완성 파일** 05\클래식 완성.mp4

01 사운드 불러오기

01 오다시티를 실행합니다. 메뉴에서 '파일'을 클릭한 다음 **열기**를 실행합니다.

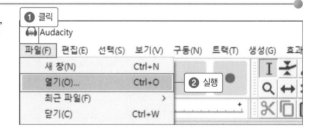

02 파일을 선택할 수 있는 대화상자가 표시됩니다. 05 폴더에서 '클래식.mp3' 파일을 선택하고 [열기] 버튼을 클릭합니다.

03 | 사운드를 편집할 수 있는 화면이 표시됩니다.

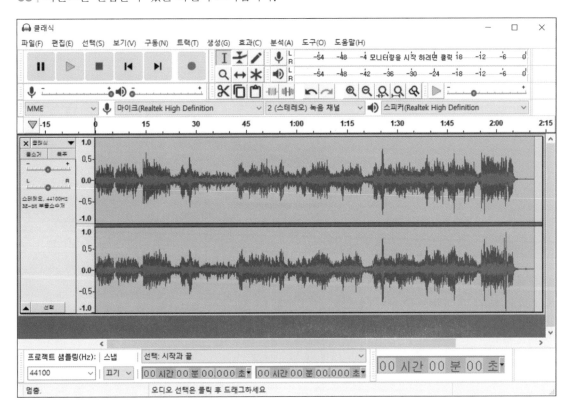

02 이퀄라이저 효과 적용하기

01 | 이퀄라이저를 통해 사운드를 본인의 귀에 듣기 좋게 만들거나 왜곡하여 변형할 수 있습니다. `Ctrl`
`+A`를 눌러 모든 구간을 선택합니다.

02 | 메뉴에서 '효과'를 클릭합니다.

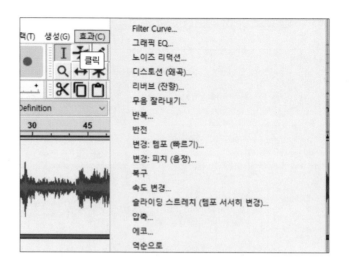

03 | 'Filter Curve', '그래픽 EQ', '저음 및 고음'으로 음성 파일의 이퀄라이저를 조절할 수 있습니다. Filter Curve를 실행합니다.

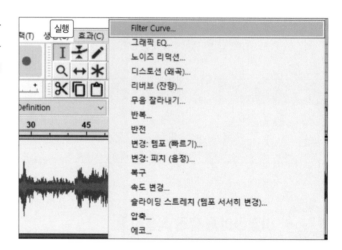

04 | 필터 곡선 EQ 대화상자가 표시됩니다. 숫자가 낮은 부분은 저음 부분을 담당하고, 숫자가 높은 부분은 고음 부분을 담당합니다.

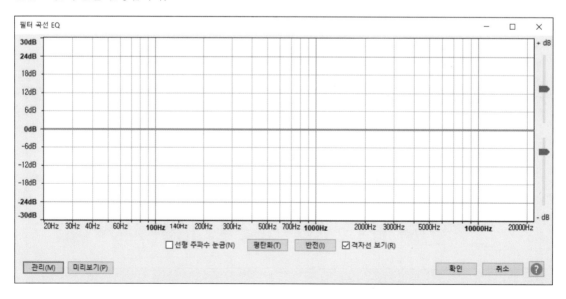

05 [관리] 버튼을 클릭하면 다양한 설정이 표시됩니다. **공장 초기화 → 저음 부스트**를 실행합니다.

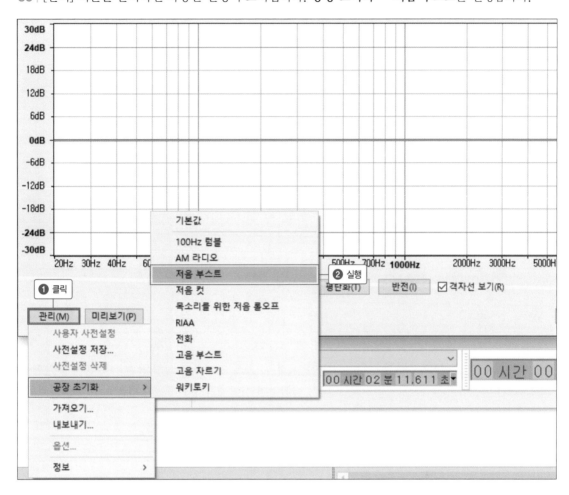

06 숫자가 낮은 부분의 그래프가 소폭 올라옵니다. [미리보기] 버튼을 클릭하면 이퀄라이저가 적용된 샘플 파일을 들을 수 있습니다.

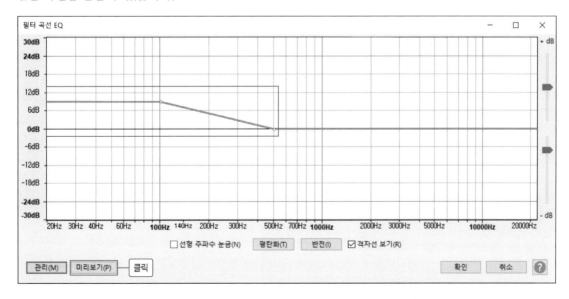

07 | 기호에 따라 그래프를 드래그하여 이퀄라이저를 추가로 조절할 수 있습니다. 30Hz에 있는 그래프를 위로 드래그하면 해당 저음 주파수의 소리를 증폭할 수 있습니다. 적용된 이퀄라이저를 초기화하려면 [평탄화] 버튼을 클릭하여 처음 상태로 되돌릴 수 있습니다.

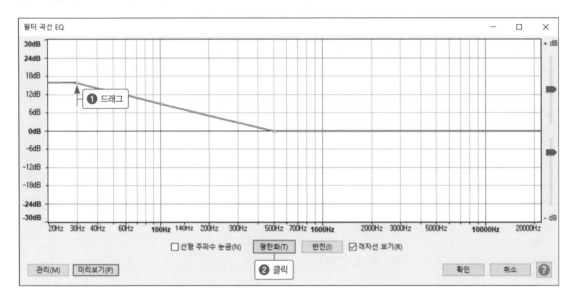

08 | 이번에는 [관리] 버튼을 클릭한 다음 **공장 초기화 → 고음 자르기**를 실행합니다. 숫자가 높은 부분의 그래프가 대폭 내려갑니다. [미리보기] 버튼을 클릭하면 이퀄라이저가 적용된 샘플 파일을 들을 수 있습니다.

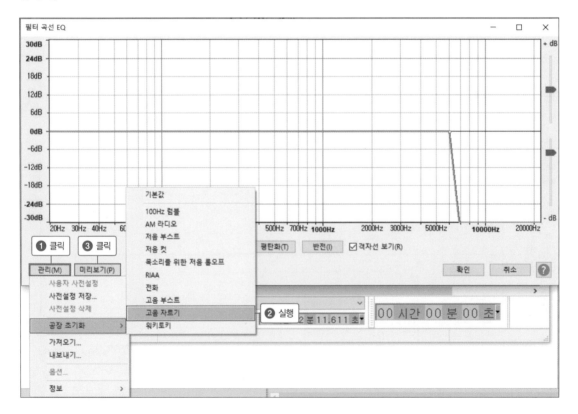

09 기호에 따라 직접 그래프를 조절하여 설정할 수 있습니다. 저음 부분을 드래그하여 소폭 내리고 고음 부분을 드래그하여 소폭 올리면 저음을 깎으면서 고음을 강화하는 음성을 만들 수 있습니다. 적용을 완료한 다음 [확인] 버튼을 클릭합니다.

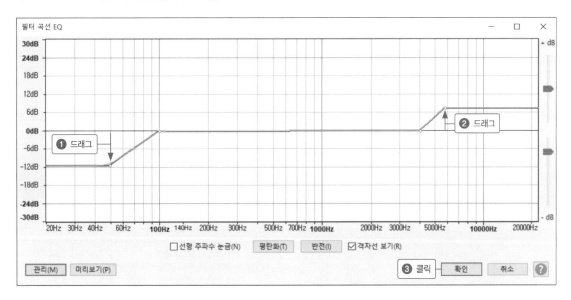

TIP

[관리] 버튼을 클릭하여 '공장 초기화'의 설정을 변형하여 기호에 맞는 음성을 만들 수 있습니다. 음악의 장르, 사람의 목소리마다 가지고 있는 성격에 따라 이퀄라이저를 최적으로 조절할 수 있는 방법이 전부 다릅니다. 본인 귀에 맞는 이퀄라이저 설정을 하도록 합니다.

10 이퀄라이저 적용이 완료됩니다. Spacebar를 눌러 사운드를 재생합니다. 이퀄라이저가 마음에 안 들면 Ctrl + Z를 눌러 이퀄라이저 적용을 취소한 다음 다시 이퀄라이저를 적용하면 됩니다.

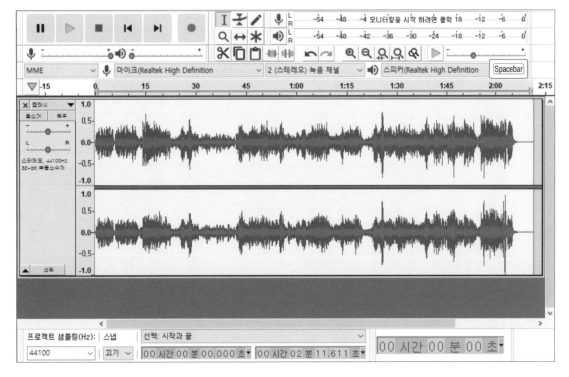

사운드 편집이 끝났다면
MP3 형식으로 오디오 출력하기

무료 사운드 편집 프로그램인 오다시티에서 효과 적용이 끝났다면 출력할 차례입니다. 영상 편집에서 대표적으로 많이 쓰이는 사운드 확장자가 2개 있습니다. 바로 MP3와 WAV입니다. MP3는 용량적으로 이득은 있지만 음질이 상대적으로 낮은 확장자이고, WAV는 용량이 MP3에 비해 크지만 음질이 CD급으로 좋은 확장자입니다. 우선 MP3로 출력하는 방법에 대해 알아봅니다.

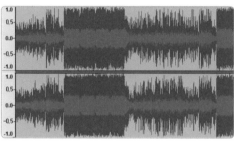

● 예제 파일 05\무료 변환용음악.mp3

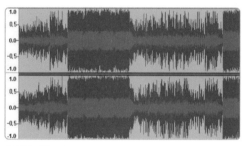

● 완성 파일 05\mp3.mp3

01 사운드 불러오기

01 | 오다시티를 실행합니다. 메뉴에서 '파일'을 클릭한 다음 **열기**를 실행합니다.

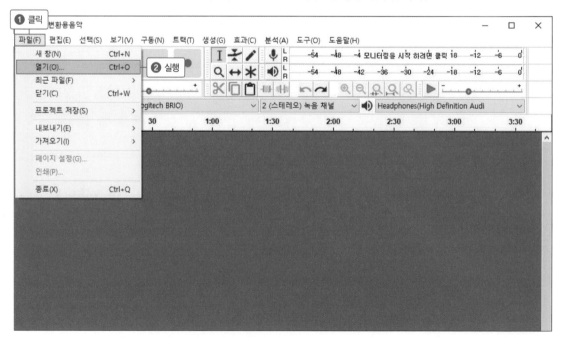

02 | 파일을 선택할 수 있는 대화상자
가 표시됩니다. 05 폴더에서 '무료 변
환용음악.mp3' 파일을 선택하고 [열
기] 버튼을 클릭합니다.

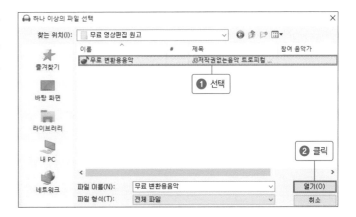

03 | 오다시티의 타임라인에 '무료 변환용음악.mp3'가 배치됩니다.

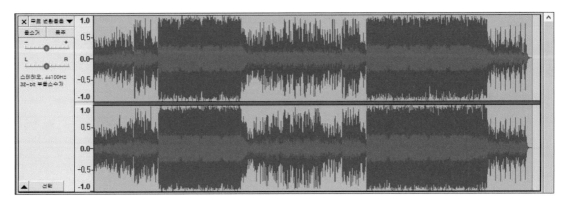

02 사운드 출력하기

01 | Ctrl+A를 눌러 트랙을 전체 선택합니다. 하단에 '선택: 시작과 끝'에서 음악의 시작 시간과 끝 시
간이 음악의 길이와 일치하는지 확인합니다.

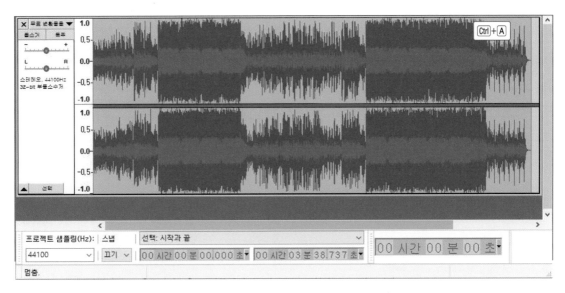

02 | 메뉴에서 '파일'을 클릭한 다음 **내보내기 → MP3로 내보내기**를 실행합니다.

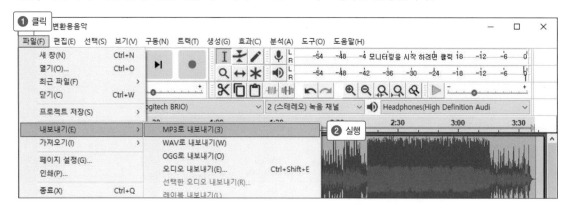

03 | 오디오 내보내기 대화상자가 표시되면 파일 이름을 'MP3', 비트레이트 모드를 '평균', 품질을 '192 kbps'로 지정한 다음 [저장] 버튼을 클릭합니다.

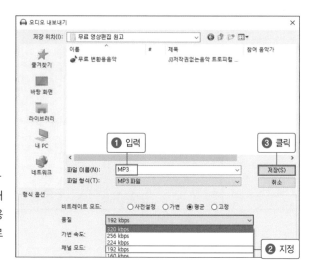

TIP —————————————

kbps는 'bit per second' 즉, 시간당 얼만큼의 용량을 배정하는지에 대한 단위입니다. 클수록 같은 시간에 많은 용량을 할당하므로 음질이 좋습니다. 192 kbps나 320 kbps로 지정합니다.

04 | 메타데이터 태그 편집 대화상자가 표시되면 '오디오 내보내기에서 다시 보이지 않음'에 체크 표시하고 [확인] 버튼을 클릭합니다. 출력이 시작됩니다.

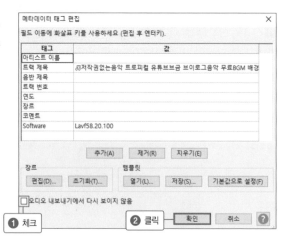

05 | 출력이 진행되며 게이지가 다 차면 출력이 완료됩니다.

SECTION 07

WAV 원본 사운드를 그대로!
WAV 형식으로 출력하기

WAV는 CD급 음질을 지원합니다. 용량이 큰 만큼 음질이 좋은 확장자입니다. 그래서 주로 원본 파일이 WAV나 FLAC 같은 형식일 때 음질 손상 없이 출력합니다. MP3를 WAV로 출력한다고 음질이 좋아지는 않습니다. 그래서 출력할 때 원본이 MP3면 특별한 요청이 없는 이상, WAV로 출력할 이유는 없습니다. WAV를 WAV로 출력하는 방법에 대해 알아봅니다.

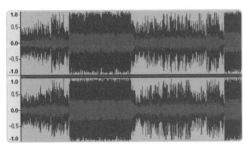

● **예제 파일** 05\무료 변환용음악.wav

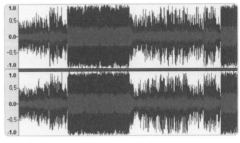

● **완성 파일** 05\wav.wav

 사운드 불러오기

01 | 오다시티를 실행합니다. 메뉴에서 '파일'을 클릭한 다음 **열기**를 실행합니다.

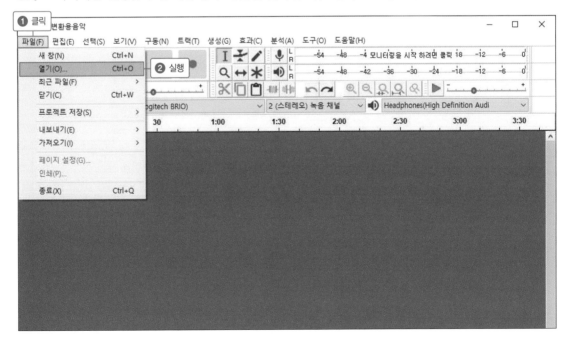

02 | 파일을 선택할 수 있는 대화상자가 표시됩니다. 05 폴더에서 '무료 변환용음악.wav'를 선택하고 [열기] 버튼을 클릭합니다.

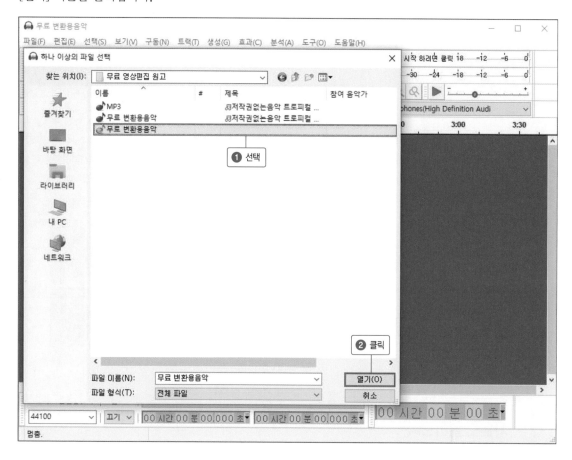

03 | 오다시티의 타임라인에 '무료 변환용음악.wav'가 배치됩니다.

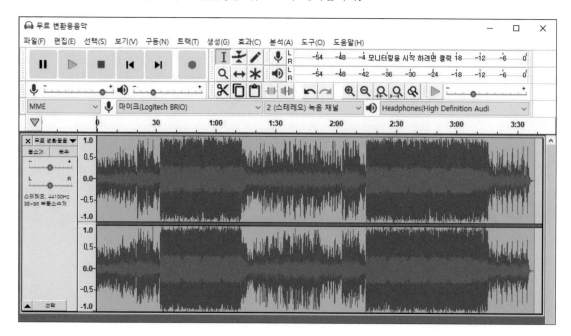

02 사운드 출력하기

01 │ Ctrl+A를 눌러 트랙을 전체 선택합니다. 하단에 '선택: 시작과 끝'에서 음악의 시작 시간과 끝 시간이 길이와 일치하는지 확인합니다.

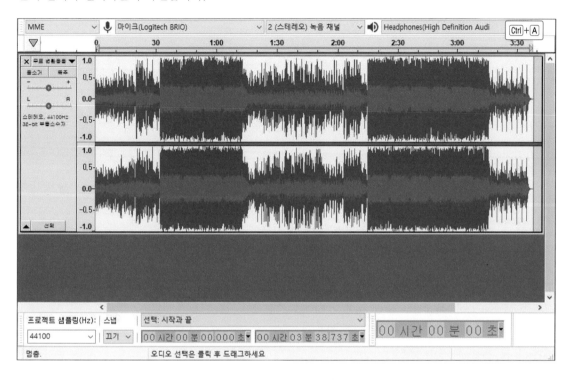

02 │ 메뉴에서 '파일'을 클릭한 다음 **내보내기 → WAV로 내보내기**를 실행합니다.

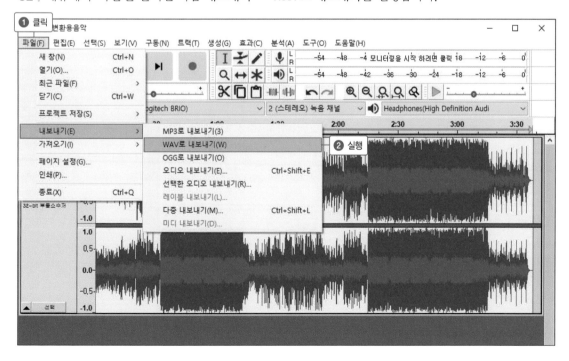

03 | 오디오 내보내기 대화상자가 표시되면 파일 이름을 'WAV'로 입력한 다음 [저장] 버튼을 클릭합니다.

04 | 출력이 진행되며 게이지가 다 차면 출력이 완료됩니다.

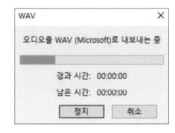

TIP —————————————————————————————————

앞서 챕터에서 메디데이터 태그 편집 대화상사에서 '오디오 내보내기에서 다시 보이지 않음'에 체크 표시하였다면 특별한 설정 없이 바로 출력됩니다.

TIP —————————————————————————————————

'그래픽 EQ'는 그래프가 아니라 막대기로 된 이퀄라이저 설정 대화상자입니다. 'Filter Curve' 설정과 원리는 비슷하기 때문에 그래프 설정이 어려우면 '그래픽 EQ'로 수치를 드래그하면서 설정하면 됩니다.

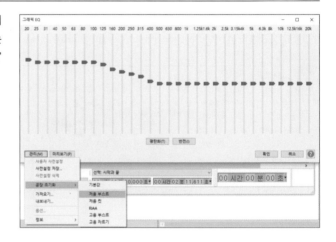

TIP —————————————————————————————————

'저음 및 고음'은 직관적으로 저음과 고음 부분만 있기 때문에 드래그하면서 설정할 수 있습니다. 숫자가 높으면 소리가 강화되고 낮으면 소리가 잘리게 됩니다. 가장 간단한 이퀄라이저 설정 방법임과 동시에 [재생 시작] 버튼을 통해 실시간으로 음원 전체를 들으면서 설정할 수 있습니다. 간단하게 저음과 고음만 설정할 목적의 경우에는 저음 및 고음을 활용하는 것이 좋습니다.

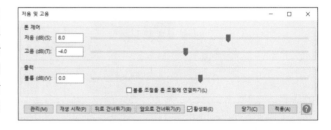

08

히트필름 익스프레스와 오다시티를 활용하여 사운드 편집하기

SECTION

오다시티는 히트필름 익스프레스에 내장된 프로그램이 아닙니다. 히트필름 익스프레스는 사운드 효과가 제한적이기 때문에 사운드 편집 과정에서 오다시티의 도움을 받는 개념입니다. 두 개의 프로그램을 같이 활용하는 방법에 대해 알아봅니다.

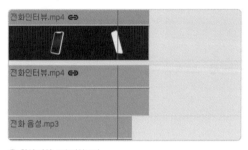

● **예제 파일** 05\전화 음성.mp3, 전화인터뷰.mp4   ● **완성 파일** 05\전화보정.wav

01 음성 추출하기

01 | 히트필름 익스프레스를 실행하고 프로젝트를 설정합니다. [New] 버튼을 클릭하여 New Project Settings 대화상자가 표시되면 Template을 '1080p Full HD @ 25 fps', Duration을 '15:00'으로 지정한 다음 [OK] 버튼을 클릭합니다.

02 | Media 패널을 더블클릭하여 Import 대화상자를 표시합니다. 05 폴더에서 '전화인터뷰.mp4', '전화 음성.mp3' 파일을 선택하고 [열기] 버튼을 클릭합니다.

03 | Media 패널에서 '전화인터뷰.mp4' 파일을 Editor 패널의 타임라인으로 드래그합니다. Editor 패널에 영상 소스가 위치합니다.

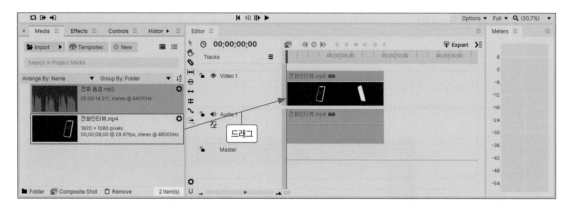

04 | Editor 패널에서 'Audio 1' 트랙에 마우스 오른쪽 버튼을 클릭한 다음 Insert Track을 실행합니다.

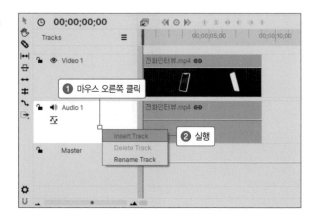

05 | Media 패널에서 '전화 음성.mp3' 파일을 Editor 패널의 'Audio 2'로 드래그합니다.

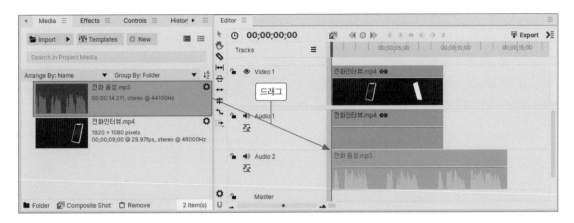

06 | '전화 음성.mp3'의 오른쪽 끝부분을 왼쪽으로 드래그하여 그림과 같이 음성을 'at the moment.'까지 문장이 들리도록 조절합니다.

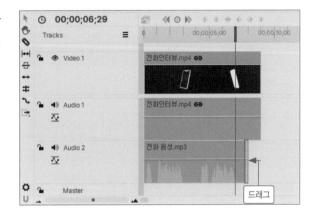

07 | Export 옆에 있는 '패널 메뉴' 아이콘(≡)을 클릭한 다음 Default Preset → PCM Audio Only (WAV)를 실행합니다.

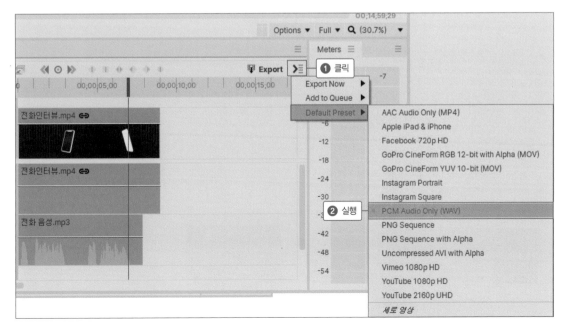

08 | 타임라인 오른쪽 상단의 [Export()]를 클릭합니다. 다른 이름으로 저장 대화상자가 표시됩니다. 'Contents' 방식으로 출력되며 영상의 시작과 끝부분을 기준으로 영상이 출력됩니다. 파일 이름을 '전화음성.wav'로 지정한 다음 [저장] 버튼을 클릭합니다.

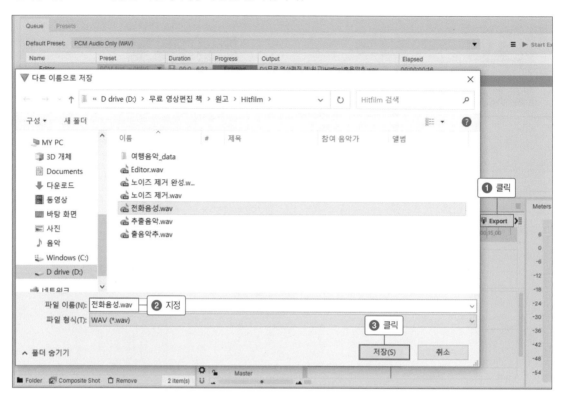

09 | 음성이 WAV 형식으로 추출됩니다.

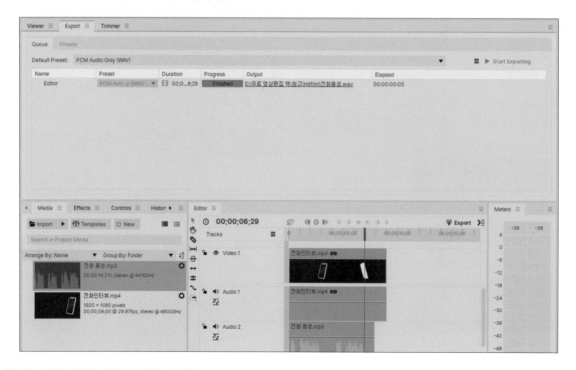

02 음성 보정하기

01 | 히트필름을 종료하지 않은 상태에서 오다시티를 실행합니다. 메뉴에서 '파일'을 클릭한 다음 **열기**를 실행합니다. 또는 열기의 단축키 Ctrl + O 를 누릅니다.

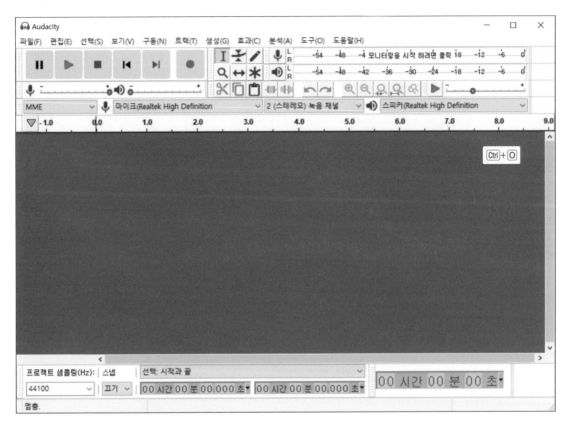

02 | 파일을 선택할 수 있는 대화상자가 표시됩니다. 저장한 '전화음성.wav' 파일을 선택하고 [열기] 버튼을 클릭합니다.

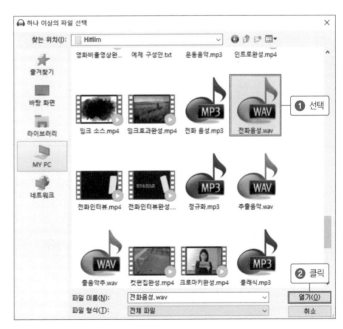

03 | 사운드를 편집할 수 있는 화면이 표시됩니다.

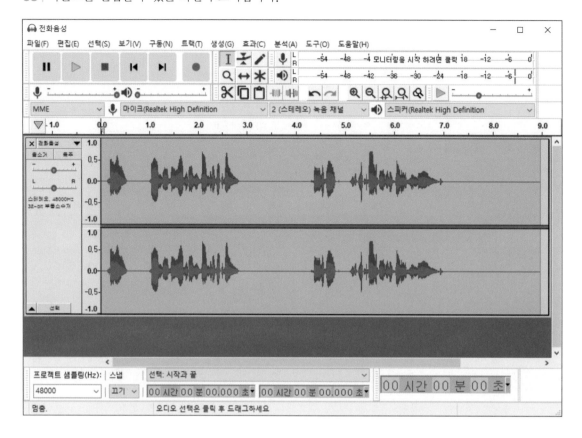

04 | Ctrl + A 를 눌러 모든 구간을 선택합니다.

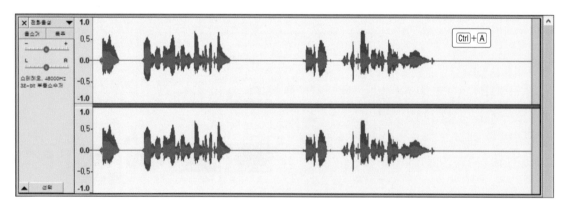

05 | 메뉴에서 '효과'를 클릭한 다음
Filter Curve를 실행합니다.

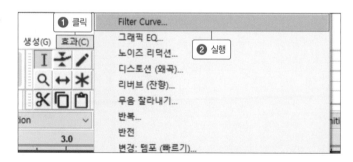

06 | 필터 곡선 EQ 대화상자가 표시되면 [관리] 버튼을 클릭한 다음 **공장 초기화 → 전화**를 실행합니다.

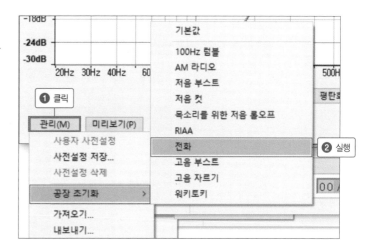

07 | [미리보기] 버튼을 클릭하면 이퀄라이저가 적용된 샘플 파일을 들을 수 있습니다. 설정이 마음에 들면 [확인] 버튼을 클릭합니다.

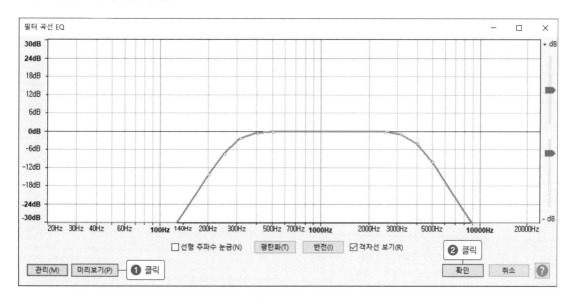

08 | 왼쪽에 있는 휠을 통해 간편하게 음량을 조절할 수 있습니다. 휠을 드래그하여 '+8.0 dB'로 조절하면 음량이 커집니다. 이퀄라이저뿐만 아니라 오다시티에서 다양한 효과를 추가로 적용할 수 있습니다.

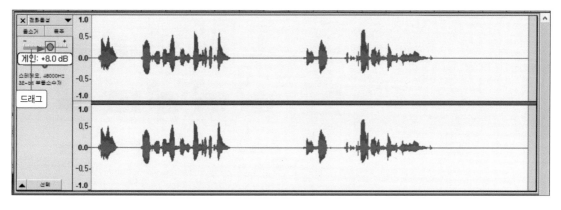

09 │ 음성 파일을 내보내기 위해 메뉴에서 '파일'을 클릭한 다음 **내보내기 → WAV로 내보내기**를 실행합니다.

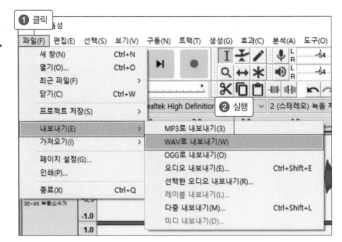

10 │ 오디오 내보내기 대화상자가 표시되면 파일 이름을 '전화보정.wav'로 지정하고 [저장] 버튼을 클릭합니다. 음성 파일이 출력됩니다.

03 히트필름에 보정한 음성 불러와서 덮어씌우기

01 │ 히트필름을 다시 실행합니다. Media 패널을 더블클릭하여 Import 대화상자를 표시합니다. 저장한 '전화보정.wav' 파일을 선택하고 [열기] 버튼을 클릭합니다.

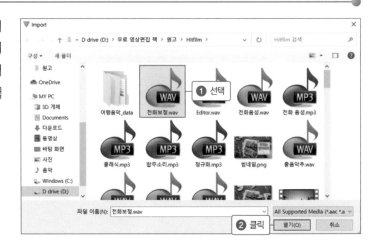

02 | Media 패널에서 '전화보정.wav' 파일을 Editor 패널의 'Audio 2'로 드래그하여 기존의 음성 파일을 덮어씌웁니다.

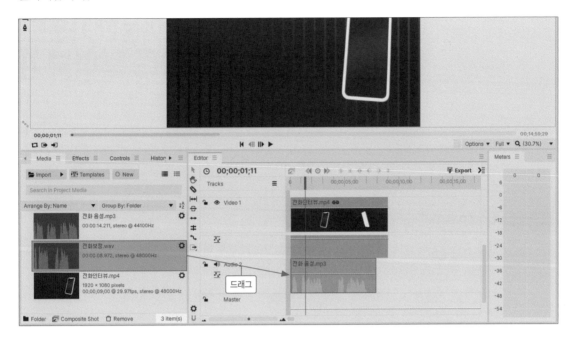

03 | Spacebar를 누르면 오다시티에서 보정한 음성이 재생됩니다. 영상 컷 편집 및 효과는 히트필름에서 적용하고 히트필름에서 보정하기 어려운 음성 및 음악에 대한 효과는 오다시티에서 적용하면 영상의 퀄리티를 높일 수 있습니다.

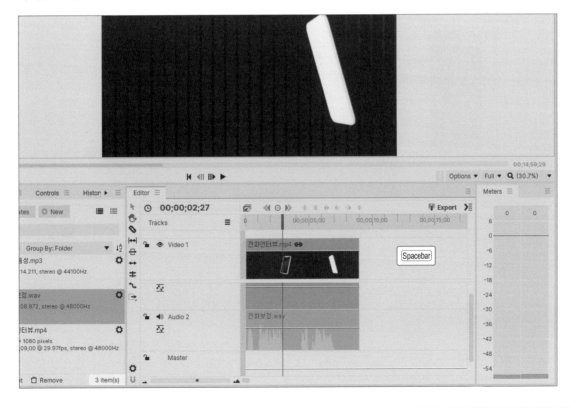

다채롭게 사용 가능한 사운드!
무료 효과음 사이트 알아보기

효과음은 정말 다양한 용도로 사용됩니다. 예능에서 분위기를 살려 주는 용도로도 사용되거나 자막이나 화면이 바뀌는 순간에 삽입되어 집중도를 높여 줍니다. 또한 실제로 녹음이 어려운 소리를 효과음으로 대체하여 사용하기도 합니다. 음원만큼 중요하고 많이 사용되는 효과음을 저작권 문제없이 무료로 얻는 방법에 대해 알아봅니다.

1. 뮤팟(Mewpot)(mewpot.com/search/sound-effects)

뮤팟은 6,000개 이상의 다양한 국내 음악, 효과음, 이미지를 제공하는 사이트입니다. 부분적으로 유료 효과음도 있지만, 상당수 이상의 효과음을 무료로 제공하고 있습니다. 장르나 감정별로 효과음이 분류되어 있어 편리하게 사용과 다운이 가능하며, 실제로 다양한 기업들과 크리에이터들이 뮤팟 사이트를 이용하고 있습니다. 뮤팟에서는 저작권에 안전한 효과음을 쉽고 빠르게 찾을 수 있습니다.

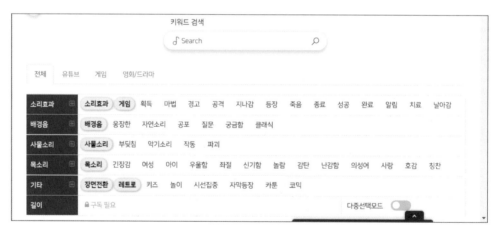

2. freeSFX(freesfx.co.uk)

freeSFX는 국내가 아닌 영국 사이트로, 영어로 구성된 사이트이며 4,500가지 이상의 효과음을 무료로 제공합니다. 상당히 많은 카테고리로 분류되어 있기 때문에 필요한 종류의 카테고리에서 소리를 재생하고 다운받아 사용하면 됩니다. 해당 사이트에는 모든 것을 무료로 제공하는 대신, 소리를 사용하면 'freesfx.co.uk' 링크 삽입을 권유하고 있습니다.

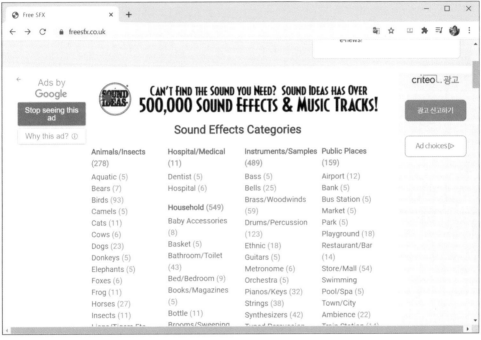

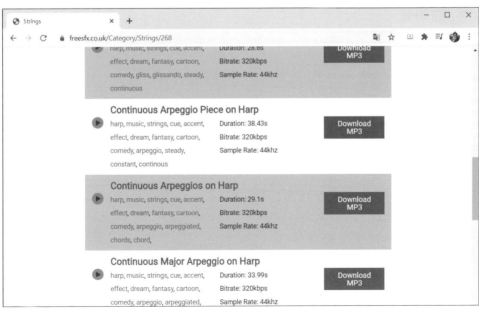

3. 유튜브 오디오 라이브러리(Youtube)

유튜브는 음악뿐만 아니라 음향 효과음도 제공합니다. '음향 효과' 탭을 클릭하면 2,000개 이상의 효과음을 제공합니다. 필터 기능을 통해 장르와 길이로 효과음을 선별적으로 볼 수 있기 때문에 원하는 노래를 찾는 과정에서 시간을 절약할 수 있습니다.

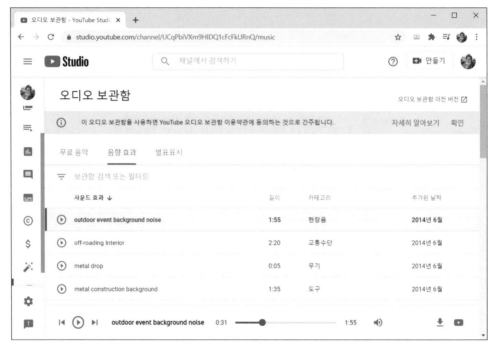

4. 어도비(Adobe)(adobe.com/products/audition/offers/audition_dlc.html)

포토샵, 프리미어 프로, 애프터 이펙트 등 현재 영상과 그래픽, 디자인 시장을 선두하고 있는 기업인 어도비에서 프로그램을 홍보하기 위해 사운드를 무료로 공개하고 다운받을 수 있게 하였습니다. 효과음뿐만 아니라 하단에 있는 음악까지 합치면 15GB 용량의 효과음과 음악을 제공하고 있습니다. 다운받아서 영상에 필요할 때 사용하는 것을 권장합니다.

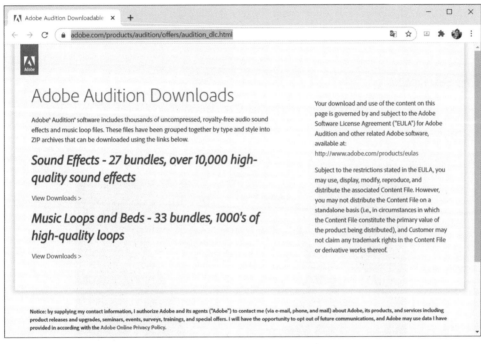

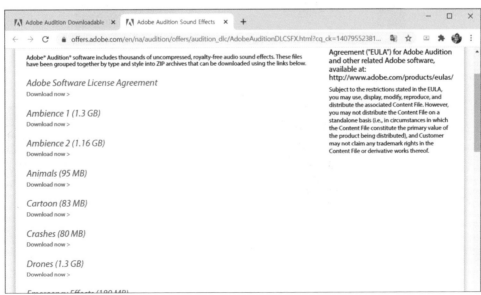

좀 더 다양한 효과를 사용하자!
유료 Add-on 알아보기

Effects 패널에서 무료 효과가 아닌 유료로 결제하여 사용하는 효과를 'Add-on'이라고 합니다. 히트필름 Pro 버전이나 Add-on을 추가로 결제하면 유료 효과를 사용할 수 있습니다. 히트필름 익스프레스에서는 결과물과 Viewer 패널에서 워터마크가 표시되기 때문에 사용할 수 없지만, 결제를 염두에 두고 알아 두면 좋은 Add-on을 살펴봅니다.

1. Pro Skin Retouch

클릭 몇 번으로 피부 트러블을 억제하고 피부 톤을 제어할 수 있습니다. 영상에 피부 보정이 필요하다면 결제해서 사용하도록 합니다.

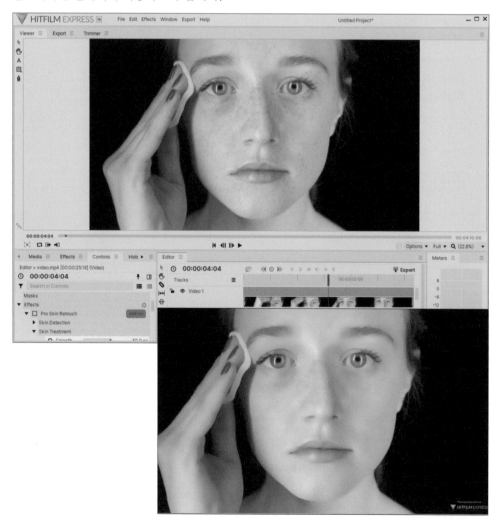

2. Denoise

영상의 우글우글한 노이즈 부분을 부드럽게 만들면서 억제해 줍니다. 야간 촬영이나 조명이 약한 곳에서의 촬영은 노이즈를 유발하기 때문에 부득이하게 영상의 노이즈를 제거해야 하는 경우 사용하면 효과적입니다.

3. Energy/Fluid Distortion

영상에 왜곡 효과를 생성하는 효과입니다. 영상에 직접 사용해도 좋지만, 자막에 사용해도 예능 자막 형태의 느낌을 만들 수 있습니다. 키 프레임이 자동으로 적용되는 효과이기 때문에 적용도 편리합니다.

4. Leave Color

특정 부분의 색상을 남기고 모두 채도를 낮춰 줍니다. 클릭 한두 번으로 효과가 적용된다는 점에서 굉장히 편리합니다. 감성적인 영상이나 여행 영상, 브이로그 등 다양한 영상에 활용이 가능합니다.

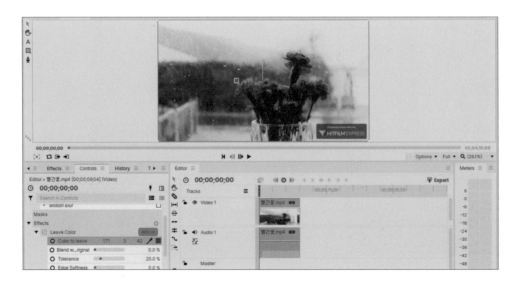

무료 이미지 & 영상 소스
사이트 알아보기

유튜브 영상에서 무료 이미지를 이용하여 채널을 꾸미거나 무료 영상으로 합성 시 소스 파일로 사용하기도 합니다. 저작권에 문제없이 무료로 얻는 방법에 대해 알아봅니다.

1. 무료 이미지 소스를 제공하는 프리픽(www.freepik.com)

프리픽 사이트에서는 무료 이미지부터 디자인에 필요한 벡터 이미지, 아이콘 등 다양한 디자인 소스를 제공합니다. 특히 포토샵 작업이나 이미지 합성이 편하도록 PSD 파일을 다운로드받을 수도 있습니다. 또한 이미지 크기나 형태, 형식, 저작권 범위 등 자세한 필터를 제공하여 원하는 이미지 소스를 손쉽게 검색이 가능합니다.

2. 무료 동영상을 제공하는 픽사베이(pixabay.com)

무료로 동영상을 제공하는 픽사베이는 검색 기능을 통해 테마별 다양한 동영상을 제공합니다. 사용을 원하는 동영상 키워드를 입력하면 인기순, 최신순, 편집자 추천 필터를 이용해 쉽고 빠르게 영상을 검색할 수 있습니다.

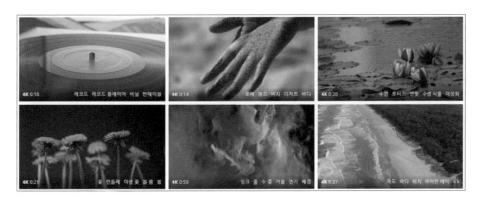